초스피드
영문법 암기비법

❶ 동사편

김 대 영 저

김 대 영

현 신일고등학교 교사
현 교육과정평가원/교육청 전국 모의고사 출제위원
현 육사, 공사, 해사 영어 출제위원

주요 저서
메가스터디 문법 500제, Nexus 중학 영문법뽀개기 시리즈, 새롬N제 문법 400제
+어휘 100제, 새롬N제 장문독해 120선, 레디고 영어 독해, 리딩 패러다임 시리즈,
그래머 패러다임 시리즈, 쎄듀 Power Up 어법어휘 모의고사, 파사쥬 외국어영역
기본편, SPC 외국어영역(대한교과서) 외 다수

초스피드
영문법 암기비법 ❶ 동사편

초판 발행 2008년 11월 5일

지은이 김대영
펴낸이 신성현, 오상욱
만든이 남영림, 성경모, 윤은아
펴낸곳 도서출판 아이엠북스

153-802 서울시 금천구 가산동 327-32 대륭테크노타운 12차 1116호
Tel. (02)6343-0999 Fax. (02)6343-0995

인 쇄 공감 in

출판등록 2006년 6월 7일 제 313-2006-000122호
북디자인 로뎀나무 박선영
ISBN 978-89-92334-61-7 53740

www.iambooks.co.kr

필 자는 다년간 학교 교육의 현장에 있으면서 학생들이 '영문법' 소리만 들어도 진저리를 치는 현실에 안타까움을 느껴왔습니다. 한국에서 치러지는 모든 영어 시험은 영어에 대한 올바른 학습의 유기적인 단계를 무시한 채, 문법이라는 골칫덩어리를 수험생들에게 던져 주고 있습니다. 특정한 영양소가 부족하면 몸이 기형화되는 이치는 영어 학습에 있어서도 마찬가지입니다. 문법과 독해 그리고 듣기 모두가 하나라고 생각해야 합니다.

사실 문법의 필요성에 대해서 많이 느끼고 공감도 하지만 쉽게 다가서기는 힘이 듭니다. 문법이란 것이 방대하기도 하고 특별한 접근법도 없는 것이 현실이기 때문입니다. 하지만 시작이 반이라고 일단은 시작을 해야 합니다. '문법을 암기한다'는 표현 자체가 우습게 들릴지 모르겠지만 일단 무언가 머릿속에 든 것이 있어야 이해도 할 수 있는 것입니다. 머릿속에 무언가를 저장하기 위해서는 저장하고자 하는 정보들을 찾아가는 연결고리를 만드는 것이 매우 효과적입니다. 그래서 저는 그 연결고리 역할을 하는 여러 가지 암기비법들을 연구하게 되었습니다.

어떻게 보면 유치해 보일 수 있는 방법들이지만 그만큼 훨씬 깊은 인상을 받을 수 있을 것입니다. 문법을 이야기 식으로 만들고 나서 그것을 바탕으로 하나하나 세부적인 사항들로 접근해 가는 방식은, 문법 사항들을 통째로 머릿속에 넣어야 했던 기존 방식의 부담감을 덜어 줄 것이고 또 그 기억을 오랫동안 머릿속에 붙잡아 줄 것입니다. 그렇게 모르는 것을 하나 둘 살을 붙여서 가다보면, 어느새 자신도 모르게 난공불락의 성으로 여겨졌던 문법 고수의 길로 접어들고 있음을 발견하게 될 것입니다.

영문법 학습의 대혁명과도 같은 〈초스피드 영문법 암기비법 시리즈〉의 출간을 계기로, 이 책을 접하는 모든 이들의 영어 뼈대가 튼튼해지길 바랍니다.

자! 이제 쉽고도 재미있는 영문법의 세계에 빠져 봅시다.

저자 김 대 영

책의 구성과 특징

문법 해설

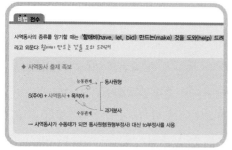

반드시 알아야 할 문법요소에 대한 자세한 해설과 더불어, 독창적인 암기비법과 핵심 시험출제 요소인 출제 족보를 제시하여 학습효율을 극대화하였습니다.

Check It Out!

기본 설명에서 지나치기 쉬운 기본 개념, 심화 학습 내용을 제시하여 더욱 깊이 있는 이해가 가능하도록 하였습니다.

Check-up

방금 학습한 문법요소의 문제를 풀어보고 바로 문제풀이와 정답을 확인함으로써 문법요소 개념을 확실하게 이해하도록 하였습니다.

Review Test

4~5개의 문법요소를 학습한 후 Check-up보다 더 높은 난이도의 Review Test를 풀어봄으로써 학습자의 문법 이해도를 확인하도록 하였습니다.

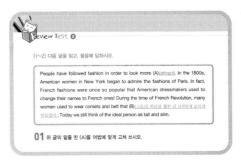

Final Test

앞서 배운 문법요소들을 다양한 문제 유형으로 5차례에 걸쳐 종합 평가함으로써 학습을 마무리하도록 구성하였습니다.

부록: 출제 족보 노트

저자가 풍부한 교육 현장의 경험을 통해 정리한 시험출제 족보 내용을 한눈에 볼 수 있도록 정리함으로써 학습의 편의성을 극대화하였습니다.

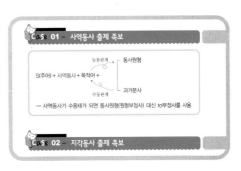

Contents

| 차 례 |

First Step: 기본 동사 필수 문법요소

Second Step: 준동사 필수 문법요소

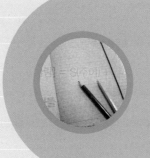

First Step 기본 동사 필수 문법요소

01 다양한 동사의 종류

Case 1~10

1. 다양한 동사의 종류

Case 01 – 사역동사

비법 전수

사역동사의 종류를 암기할 때는 **'할애비(have, let, bid) 만드는(make) 것을 도와(help) 드려라!'** 라고 외운다: 할애비 만드는 것을 도와 드려라!

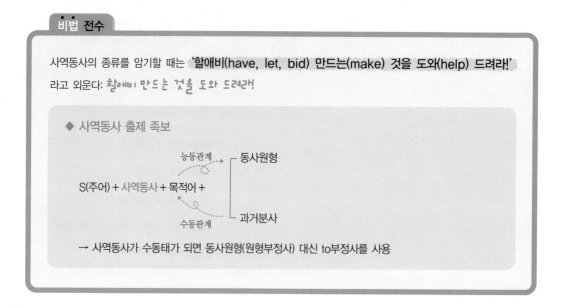

◆ 사역동사 출제 족보

능동관계 ─ 동사원형

S(주어) + 사역동사 + 목적어 +

수동관계 ─ 과거분사

→ 사역동사가 수동태가 되면 동사원형(원형부정사) 대신 to부정사를 사용

사역동사는 '시키다' 라는 의미를 갖는 동사를 말한다. 단순히 부탁을 하는 것이 아니고 강제로 시키는 의미를 지니는 동사이다. 이에 해당하는 동사들은 have, let, bid, make, help이고, 형식은 [주어+사역동사+목적어+목적격 보어]이다. 목적어와 목적격 보어의 관계가 능동일 경우에는 목적격 보어로 동사원형(원형부정사)을 사용하고, 수동일 경우에는 과거분사를 쓴다. 그러나 사역동사가 수동태로 변하면 사역의 대상이 되는 목적어가 없어지므로 더 이상 사역동사가 아니다. 그래서 사역동사가 수동태가 되면 동사원형(원형부정사) 대신 to부정사를 써야 한다.

(1) I had her *bring* the book at once. (나는 그녀에게 그 책을 즉시 가져오라고 했다.)

(2) He had his picture *taken*. (그는 사진을 찍었다.)

(3) This made me *embarrassed*. (이것은 나를 당황하게 만들었다.)

(4) He made me *stand* there. (그는 내가 거기에 서 있도록 시켰다.)

→ I was made *to stand* there by him. [사역동사의 수동태]

(5) Will you help me *(to) carry* this suitcase? (내가 이 가방을 운반하도록 도와주시겠습니까?)

※ 사역동사 중, help와 bid는 목적격 보어로 동사원형(원형부정사)을 사용할 경우에는 to부정사를 취해도 좋다.

Check It Out!

동사원형

동사는 형태의 변화가 상당히 심하다. '먹다'만 해도 '먹다(eat), 먹었다(ate), 먹고 있다, 먹고 있었다' 등으로 형태가 변화하는데, 동사원형은 가장 기초적인 동사의 모양, 즉 '먹다, 놀다, 자다' 처럼 동사의 변형이 없는 초기상태를 나타낸다. 원형동사라고도 한다.

Check-up

1 ~ 5

다음 ( ) 안의 단어 중 어법상 올바른 것을 고르시오.

1. I had him (mend, mended, to mend) my watch.

2. Let the people (know, known, to know) the truth.

3. She had her car (paint, painted, painting) yesterday.

4. Tom (made, allowed, forced) me go there.

5. He was made (do, to do, doing) the work.

6 ~ 10

다음 각 문장의 어법상 잘못된 부분을 바로 잡아 쓰시오.

6. We will have someone come and help us finished this homework.

7. We had him to sign the paper.

8. I had my car steal.

9. My mom makes us to hurry up every morning.

10. I want to go, but my mother would not allow me go.

＊전문 해석＊ 6. 우리는 누군가 와서 이 숙제를 마치도록 돕게 하겠다.

7. 우리는 그에게 그 서류에 서명하도록 했다.

8. 나는 차를 도난당했다.

9. 어머니는 아침마다 우리를 서두르게 만든다.

10. 나는 가기를 원하지만 어머니는 나를 가지 못하게 한다.

＊문제 해결＊ 6. 사역동사 중, help와 bid는 목적격 보어로 동사원형(원형부정사)을 사용할 경우에는 to부정사를 취해도 좋다.

7～10. 사역동사의 형식은 [주어+사역동사+목적어+목적격 보어]이며, 목적어와 목적격 보어의 관계가 능동일 경우에는 목적격 보어로 동사원형(원형부정사)를 사용하고, 수동일 경우에는 과거분사를 쓴다.

＊어휘 해결＊ **sign** 서명하다 / **hurry up** 서두르다

정답 6. finished → (to) finish 7. to sign → sign 8. steal → stolen 9. to hurry → hurry 10. allow → let 또는 go → to go

---

11 ● ● ●

다음 문장을 지시대로 고쳐 쓰시오.

He made me do the work immediately. (수동태로)

→ _____

＊전문 해석＊ 그는 나에게 즉시 그 일을 하도록 했다.

＊문제 해결＊ 사역동사(make)가 수동태가 되면 동사원형은 [to+동사원형]이 된다.

＊어휘 해결＊ **immediately** 즉시, 곧

정답 11. I was made to do the work immediately (by him).

비법 전수

지각동사의 종류를 암기할 때는 '**지각한 놈을 보면(see, watch, observe, notice) 항상 아침에 음식 냄새를 맡다(smell)가 맛을 보고(taste) 느끼다(feel)가, 결국 늦는다는 이야기를 듣는다(hear, listen to)**'라고 외운다: 지각한 놈을 보면 항상 아침에 음식 냄새를 맡다가 맛을 보고 느끼다가, 결국 늦는다는 이야기를 듣는다.

◆ 지각동사 출제 족보

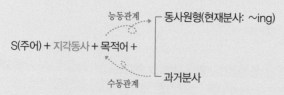

```
                        능동관계        ┌ 동사원형(현재분사: ~ing)
                              ↗        │
S(주어) + 지각동사 + 목적어 +            │
                              ↘        │
                        수동관계        └ 과거분사
```

→ 지각동사가 수동태가 되면 동사원형(원형부정사) 대신 to부정사를 사용

지각동사는 사물이 무엇인지를 깨달을 때 사용하는 다섯 가지 감각, 즉 '보다(see, watch, observe, notice), 듣다(hear, listen to), 맛보다(taste), 냄새 맡다(smell), 느끼다(feel)'를 말한다. 형식은 [주어+사역동사+목적어+목적격 보어]이다. 목적어와 목적격 보어의 관계가 능동일 경우에는 목적격 보어로 동사원형이나 현재분사를 사용하고, 수동일 경우에는 과거분사를 쓴다. 지각동사가 수동태가 되면 동사원형(원형부정사) 대신 to부정사를 써야 한다.

(1) I saw *her* enter the room. (나는 그녀가 방에 들어가는 것을 보았다.)

　　→ She was seen to enter the room (by me). [지각동사의 수동태]

(2) I heard *her* playing the piano. (나는 그녀가 피아노를 치고 있는 것을 들었다.)

(3) I saw *him* crossing the street. (나는 그가 길을 건너고 있는 것을 보았다.)

(4) Did you hear *your name* called? (너는 네 이름이 불린 것을 들었니?)

원형부정사

원형부정사란 부정사를 취하는 동사가 '사역동사나 지각동사'인 경우에, to부정사의 to가 생략된 형태로 오는 경우를 뜻한다. 즉 to부정사(to + 동사원형)의 to가 생략된 '동사원형'을 원형부정사라 일컫는다.

Check-up

1~4

빈칸에 적합한 단어를 보기에서 골라 알맞은 형태로 바꾸어 쓰시오.

| 보기 | feel   hear   see   watch

1. I _____ something touch my feet then.

2. He _____ the door slam behind him.

3. A lot of people were _____ me playing cards.

4. I _____ a dog barking at a girl yesterday.

＊전문 해석＊
1. 나는 그 때 뭔가 내 발에 닿는 것을 느꼈다.
2. 그는 뒤에서 문이 쾅 닫히는 소리를 들었다.
3. 많은 사람들이 내가 카드놀이 하는 것을 지켜보고 있었다.
4. 나는 어제 개가 어떤 소녀에게 짖고 있는 것을 보았다.

＊문제 해결＊
1. 문맥상 '~을 느끼다'는 의미의 동사가 필요하고, 과거를 나타내는 부사 then이 있으므로 felt가 알맞다.
2. 문맥상 '~을 듣다'는 의미의 지각동사 hear의 과거형 heard가 정답이다.
3. 문맥상 '~을 보다'는 의미의 지각동사 watch가 알맞고, playing은 현재분사로 목적격 보어이다. see도 '보다'는 뜻이기는 하지만 진행형(be+~ing)으로 사용하지 않는다.

4. 문맥상 '~을 보다' 는 지각동사 see나 watch가 알맞고, yesterday가 명백한 과거를 나타내므로 saw나 watched가 올바르다.

＊어휘 해결＊　**slam** 쾅하고 닫히다 / **bark** (짐승 등이) 짖다

정답　1. felt　2. heard　3. watching　4. saw(watched)

5~7　● ● ●

우리말과 의미가 일치하도록 괄호 안의 단어들을 올바른 순서로 배열하시오.

5. 그 비행기가 착륙하는 것이 보였다.

(saw / the / I / plane / land).

6. 누가 오는 소리가 들린다.

(somebody / hear / coming / I / can).

7. 우리는 집이 흔들리는 것을 느꼈다.

(felt / the / we / house / shake).

＊문제 해결＊　5~7. [주어+지각동사+목적어+동사원형(현재분사)]의 형식으로 나타내면 된다.

＊어휘 해결＊　**shake** 흔들리다

정답　5. I saw the plane land.　6. I can hear somebody coming.　7. We felt the house shake.

다음 각 문장의 어법상 잘못된 부분을 바로 잡아 쓰시오.

8. He was heard say that she disagreed.

9. I saw him to cross the street.

10. He felt the building shaken last night.

✱전문 해석✱ 8. 그는 그녀가 의견이 다르다고 말하는 것을 들었다.
9. 나는 그가 길을 건너는 것을 보았다.
10. 그는 어젯밤 건물이 흔들리는 것을 느꼈다.

✱문제 해결✱ 8. 지각동사(heard)를 수동태로 바꾸면 목적격 보어인 원형부정사 앞에 to를 써준다.
9. [주어+지각동사(see)+목적어+동사원형]의 형식이어야 한다.
10. felt가 지각동사이고, his house와 shake이 동작의 주체 관계이므로 shake(shaking)가 되어야 한다.

✱어휘 해결✱ **disagree** 의견이 다르다, 불일치하다

✏정답 8. **say** → **to say** 9. **to cross** → **cross(crossing)** 10. **shaken** → **shake(shaking)**

Case 03 - 5형식 동사

비법 전수

> 5형식 동사의 종류를 암기할 때는 '**티**(tell)내는 **개코**(get, admit, allow, advise, cause, order) 녀석 좀, **패라**(permit, persuade, enable, encourage, want)!' 라고 외운다: 티내는 개코 녀석 좀 패라!
>
> ◆ 5형식 동사 출제 족보
>
> S(주어) + 5형식 동사 + 목적어 + to 동사원형
>
> ▶ 5형식 동사들: tell, get, admit, allow, advise, cause, order, permit, persuade, enable, encourage, want

불완전 타동사가 이루는 문장 형식은 [주어+불완전 타동사+목적어+목적격 보어]이다. 불완전 타동사의 목적격 보어로는 '형용사/명사' 가 쓰인다. 이 중에 목적격 보어 자리에 [to+동사원형]을 취하는 동사들이 있는데, 이를 5형식 동사라고 부른다. 아주 중요한 문법 출제 포인트임을 명심하자.

(1) His help enabled *me* to succeed. (그의 도움은 나를 성공할 수 있게 했다.)

(2) He ordered *the wall* to be painted. (그는 그 벽이 페인트칠 되도록 명령했다.)

(3) I advised *him* to come at once. (나는 그에게 즉시 오라고 충고했다.)

(4) She wants *me* to go with her. (그녀는 내가 그녀와 함께 가길 원한다.)

Check It Out!

5형식 문장

[주어 + 동사 + 목적어 + 목적격 보어]로 이루어진 문장을 5형식 문장이라 부른다. 5형식 문장에서 목적어와 목적격 보어의 관계는 의미상 '주어와 동사' 이며, 동사는 불완전 타동사이다.

1 ~ 5

다음 문장의 괄호 안에서 가장 알맞은 것을 고르시오.

1. I advised her (go, to go) there.

2. I ordered him (tear, to tear) up the letter.

3. The noise caused me (jump, to jump) back.

4. My teacher encouraged me (do, to do) the work.

5. I warned him not (be, to be) late.

＊전문 해석＊
1. 나는 그녀에게 거기에 가라고 충고했다.
2. 나는 그에게 편지를 찢어버리라고 명령했다.
3. 그 소리는 나를 펄쩍 뛰게 만들었다.
4. 선생님은 나에게 그 일을 하도록 용기를 북돋아 주셨다.
5. 나는 그에게 늦지 말라고 경고했다.

＊문제 해결＊ 1~5. advise, order, cause, encourage, warn은 5형식 동사이므로 [주어+5형식 동사+목적어+to 동사원형]의 형식을 취해야 한다.

＊어휘 해결＊ **order** 명령하다 / **tear** 찢다 / **cause** 발생시키다, 야기하다 / **encourage** 용기를 북돋아 주다 / **warn** 경고하다

정답 1. to go 2. to tear 3. to jump 4. to do 5. to be

다음 각 문장의 어법상 <u>잘못된</u> 부분을 바로 잡아 쓰시오.

6. His salary enabled him have a holiday abroad.

7. I want you finishing this work today.

8. Money allows one do a lot of things.

9. She persuades her father buy a computer.

10. I got him mend my watch.

＊전문 해석＊   6. 그의 월급은 그가 외국에서 휴일을 보내는 것을 가능하게 했다.
7. 나는 네가 오늘 이 일을 끝냈으면 해.
8. 돈이 있으면 여러 가지 일을 할 수 있다.
9. 그녀는 아버지가 컴퓨터를 사도록 설득하고 있다.
10. 나는 그가 내 시계를 수리하도록 시켰다.

＊문제 해결＊   6~10. enable, want, allow, persuade, get은 5형식 동사이므로 [주어+5형식 동사+목적어 +to 동사원형]의 형식을 취해야 한다.

＊어휘 해결＊   **enable** 할 수 있게 하다 / **abroad** 해외의 / **persuade** 설득시키다 / **mend** 수리하다, 수선하다

정답   6. have → to have 7. finishing → to finish 8. do → to do 9. buy → to buy 10. mend → to mend

Case 04 - 진행형이 불가능한 동사

비법 전수

진행형을 만들 수 없는 동사들을 인생 시리즈에 비유하여 암기한다. '인간은 **존재**하여 **보고 듣고** 하다 보니 **알게** 되어서 **좋아하다**가 **사랑**하게 되면 **결혼**도 하게 된다. 살다보니 **싫어**지면 **증오**하게 되어 **이혼**하게 되는데 서로의 **필요**성을 **원**하게 되면 **기억이 났다 말았다**하므로 부부는 상호 **소유**하며 **닮았다 말았다**하는 **것처럼 보인다.**'

◆ 진행형이 불가능한 동사 출제 족보

존재	be, exist, consist	지각	see, hear
인식	know, think	감정	like, love, marry, dislike, hate, divorce
필요	need, want, remember, forget	소유	have, own, possess, belong to
상태	resemble, differ, look, seem, appear		

이미 동사 자체에 계속의 의미가 포함되어 있는 '존재, 지각, 인식, 감정, 필요, 소유, 상태'를 나타내는 동사는 진행형(be+~ing)을 쓸 수 없다. 하지만 진행형을 사용하지 못하는 동사라도 의미가 달라질 때는 진행형 사용이 가능하다.

(1) I am seeing her swimming in the pool. (×)

　 I see her swimming in the pool. (○) (나는 수영장에서 그녀가 수영하는 것을 본다.)

(2) She is resembling her mother closely. (×)

　 She resembles her mother closely. (○) (그녀는 어머니를 많이 닮았다.)

(3) He is seeing the sight of Busan. (○) (그는 부산을 관광 중이다. → '관광하다'의 의미)

(4) He is having breakfast now. (○) (그는 지금 아침식사 중이다. → '식사 중이다'의 의미)

현재진행형 (be동사의 현재형 + ~ing)

나 혹은 어떤 다른 주어가, '어떤 일을 이미 시작은 했지만 아직 끝나지 않았을 때' 현재진행형을 쓴다.

Check-up

1~3

다음 각 문장에서 어법상 틀린 부분을 찾아 바르게 고쳐 쓰시오.

1. She is resembling her mother.

2. This bicycle is belonging to my sister.

3. You are looking much worried.

＊전문 해석＊　1. 그녀는 엄마를 닮았다.
2. 이 자전거는 내 여동생 것이다.
3. 너는 매우 걱정스러워 보인다.

＊문제 해결＊　1~3. 상태(resemble, look)나 소유(belong to) 등은 진행형을 사용할 수 없다.

＊어휘 해결＊　**resemble** ~을 닮다(=take after) / **belong to** ~의 것이다, ~에 속하다

정답　1. is resembling → resembles 2. is belonging → belongs 3. are looking → look

다음 ( ) 안의 단어 중 어법상 올바른 것을 고르시오.

4. They (hate, are hating) each other.

5. I (have, am having) some money with me.

6. Bill (sees, is seeing) us off at the airport.

✱ 전문 해석 ✱ 4. 그들은 서로 미워한다.
　　　　　　　 5. 나는 돈을 조금 가지고 있다.
　　　　　　　 6. Bill은 공항에서 우리를 배웅하고 있다.

✱ 문제 해결 ✱ 4, 5. 감정(hate)이나 소유(have)를 나타내는 동사는 진행형을 쓰지 않는다.
　　　　　　　 6. see는 지각동사로 진행형을 사용할 수 없으나, see off(배웅하다), see the sight of(관광하다) 등과 같이 의미가 달라질 경우에는 진행형을 사용한다.

✱ 어휘 해결 ✱ **hate** 싫어하다, 증오하다 / **see off** 배웅하다

✏ 정답 4. **hate** 5. **have** 6. **is seeing**

다음 밑줄 친 부분 중, 어법상 자연스럽지 못한 것을 고르시오.

Jazz ① is belonging to the people, but popular taste is always changing. Jazz had to keep up to date. Over the past half century it ② has changed many times in style. Each change ③ added something new. Today, "Jazz" does not mean Dixieland alone. Rock'n'roll, while not exactly a form of jazz, ④ grew out of it. All kinds of jazz ⑤ are played with great freedom.

*Dixieland 남북 전쟁 때 유행한 남부를 찬양하는 노래

＊전문 해석＊ Jazz는 대중에게 속해 있으나 대중의 취향은 항상 변하고 있다. jazz는 최신식을(가장 새로운 것을) 유지해야 했다. Jazz는 지난 반세기에 걸쳐 스타일에 있어 여러 번 변해왔다. 그 각각의 변화는 새로운 것을 추가했다. 오늘날 "Jazz"는 단지 Dixieland만을 의미하지는 않는다. 로큰롤은 정확히 jazz의 한 형태는 아니지만 jazz로부터 성장했다. 모든 종류의 jazz는 대단히 자유롭게 연주된다.

＊문제 해결＊ belong은 소유를 나타내는 동사로 진행형을 쓸 수 없으므로 belongs로 고쳐야 한다.

＊어휘 해결＊ **popular taste** 대중의 취향(기호) / **up to date** 최신의, 최신식의

정답 7. ①

비법 전수

~에게'의 뜻을 가질 때 [to + 사람]으로 써야 하는 동사들은 다음과 같이 암기한다: 골프의 캐디인 쌔디(라는 사람이 라면을) 익어서 프리!

◆ [to + 사람]으로 써야 하는 동사 출제 족보

S(주어) + 동사 + 목적어 + [to + 사람] = S(주어) + 동사 + [to + 사람] + 목적어

▶ [to + 사람]으로 써야 하는 동사들

캐: carry	쌔: say, talk, speak	어: announce	리: reply
디: deliver	디: describe	서: suggest	
인: introduce	익: explain	프: propose	

위에 제시된 동사들은 3형식을 이루는 완전 타동사임에도 불구하고, 4형식을 이루는 수여동사로 혼동하기 쉬우니 특별히 주의를 요한다. 특히 '~에게'의 뜻을 가질 때 [to+사람]으로 써야 한다.

(1) He explained me the difference. (×)

He explained the difference *to me*. (○)

He explained *to me* the difference. (○) (그는 나에게 그 차이를 설명했다.)

(2) She described him the sight. (×)

She described the sight *to him*. (○)

She described *to him* the sight. (○) (그녀는 그에게 그 광경을 묘사했다.)

(3) I proposed her a marriage. (×)

I proposed a marriage *to her*. (○)

I proposed *to her* a marriage. (○) (나는 그녀에게 결혼을 제안했다.)

Check-up

1~3

다음 빈칸에 들어갈 알맞은 것을 고르시오.

1. He announced his engagement _____.
　① me　　　　　　　　② for me
　③ to me　　　　　　　④ myself
　⑤ I

2. Can you describe _____?
　① the man me　　　　　② me the man
　③ for the man me　　　　④ me for the men
　⑤ the man to me

3. My brother delivered _____ milk.
　① the neighbors　　　　② to the neighbors
　③ for the neighbors　　　④ with the neighbors
　⑤ of the neighbors

전문 해석　1. 그는 그의 약혼을 나에게 공표했다.
　　　　　　　2. 그 사람에 관해서 나한테 말해 줄 수 있니?
　　　　　　　3. 내 남동생은 이웃사람들에게 우유를 배달했다.

1~3. announce, describe, deliver는 '~에게'의 뜻을 가질 때 [to+사람]으로 써야 하는 동사들이다.

engagement 약혼 / **deliver** 배달하다

정답 1. ③ 2. ⑤ 3. ②

4~6 ● ● ●

우리말과 의미가 일치하도록 괄호 안의 단어들을 올바른 순서로 배열하시오.

4. 내가 자네에게 내 누이동생을 소개해 주겠네.
(my sister / to / I'll / you / introduce).

5. 나는 그 위원회에 다른 계획을 제안했다.
(another / the / to / I / suggested / plan / committee).

6. 그녀는 친구들에게 결혼한다고 발표했다.
(announced / her / her friends / marriage / she / to).

4~6. introduce, suggest, announce는 '~에게'의 뜻을 가질 때 [to+사람]으로 써야 하는 동사들이다.

committee 위원회 / **marriage** 결혼

정답 4. I'll introduce my sister to you. 5. I suggested another plan to the committee. 6. She announced her marriage to her friends.

[1-2] 다음 글을 읽고, 물음에 답하시오.

About the year 1900, a small dark-haired boy named Charlie Chaplin was often seen ①wait outside the back entrances of London theaters. He looked ②thin and hungry but his blue eyes showed a strong will. He was hoping ③to get work in show business. He could sing and dance. His parents were music-hall artists, and he ④had been born into the life of the stage. And, although his own boyhood was ⑤painful and hard, he knew how to make people (A)(laugh, laughing, laughed, to laugh).

01 위 글의 밑줄 친 ①~⑤ 중에서 어법상 자연스럽지 못한 것은?

02 위 글의 밑줄 친 (A)에서 어법상 가장 적절한 것을 고르시오.

[3-4] 다음 글을 읽고, 물음에 답하시오.

For most American teenagers, dating is just for fun. It does not mean that they ①want to get married. Young people may even ②date several friends at the same time. They usually ③choose their own dates. Sometimes, however, someone arranges a date for two people who ④are not knowing each other. This ⑤is called a "blind date."

03 밑줄 친 부분 중 어법상 틀린 것을 골라 바르게 고쳐 쓰시오.

04 dating에 대한 미국 젊은이들의 태도를 가장 잘 표현한 것은?
① serious   ② light-hearted
③ doubtful   ④ respectful
⑤ indifferent

05 빈칸 (A)와 (B)에 적절한 것끼리 짝지은 것은?

Adults can teach children to handle money well by _____ (A) _____ management plan. First, children should be taught ways to earn money. Baby-sitting, newspaper routes, or little jobs at home may be options. Then, children should be shown how to save money for something special. A plan can be developed that allows _____ (B) _____ a little of the money they earn for minor purchases, such as birthday cards and candy. The rest of the money they earn can be put in the bank. When there is enough, the child can make that special purchase.

	(A)	(B)
①	helping them to follow	they use
②	help them follow	them to use
③	help them follow	they use
④	helping them to follow	them to use
⑤	helping them follow	they use

06 다음 글의 밑줄 친 부분 중, 어법상 틀린 것은?

Sexual abuse of the young — a tragedy that victimizes one in every four girls and one in every ten boys under age 18 — can ①often be prevented. When children are very young, they should ②be taught that they have a right to the privacy of their own bodies. In addition, parents should teach children ③to recognize potential abusers and how to say no to adults. As many as 85 percent of sexually abused children are victims of an adult they know and trust. Similarly, parents should encourage children ④to trust their instincts to run away from elders that make them ⑤felt uneasy.

비법 전수

2형식 동사 중에서 형용사 보어를 취하는 동사는 '**토탈**(touch, taste) **합이**(appear) **2s**(smell, sound) **100**(look의 앞부분이 100과 비슷)점이니까 – **리필**(remain, feel)됩니다!' 라고 암기한다: 토탈 합이 25 100점이니까 리필 됩니다!

◆ 2형식 동사 출제 족보

S(주어) + 2형식 동사 + 형용사 주격 보어

▶ 2형식 동사들: touch, taste, appear(=seem), smell, sound, look, remain, feel

주어와 동사만으로 주어의 성질·상태·신분 등을 완전히 설명할 수 없을 때에는 이를 보충하는 말이 필요하다. 이 말을 주격 보어라 하고, 이때의 동사를 불완전 자동사라고 부른다. 특히 불완전 자동사 중에서 touch, taste, appear(=seem), smell, sound, look, remain, feel 등은 형용사 주격 보어를 취한다.

(1) You look tired. (너는 피곤해 보인다.)

(2) I feel quite comfortable. (나는 매우 기분이 좋다.)

(3) This rose smells sweet. (이 장미는 달콤한 냄새가 난다.)

(4) Good medicine tastes bitter to the mouth. (좋은 약은 입에 쓰다.)

Check It Out!

주격 보어

동사가 불완전하여 보충해 주는 말이 필요한 경우가 있다. 이 보충해 주는 말을 '주격 보어' 라고 하며, 보어가 될 수 있는 품사는 '명사와 형용사' 이다.

1~5

빈 칸에 들어갈 알맞은 단어를 보기에서 고르시오.

| 보기 | smell   remain   seem   taste   feel

1. He _____s faithful to his boss.

2. This soup _____s delicious. What's in it?

3. Chinese food always _____s good.

4. She _____s pleased with her high school life.

5. You will _____ much better if you take this medicine.

＊전문 해석＊
1. 그는 사장님에게 충실하다.
2. 이 수프는 맛이 좋다. 그 안에 무엇이 들어 있지?
3. 중국 음식은 항상 좋은 냄새가 난다.
4. 그녀는 고등학교 생활에 만족하고 있는 듯하다.
5. 이 약을 먹으면 훨씬 좋아질 것이다.

＊문제 해결＊
1. 내용상 '~한 상태로 (남아) 있다' 는 불완전 자동사 remain이 알맞다.
2. 불완전 자동사 taste(~한 맛이 나다)가 알맞고 delicious(형용사)는 보어이다.
3. 불완전 자동사 smell(~한 냄새가 나다)이 알맞다.
4. 내용상 '~처럼 보이다' 는 불완전 자동사 seem이 알맞다.
5. 불완전 자동사 feel이 올바르다.

＊어휘 해결＊ **faithful** 충실한 / **boss** 사장 / **delicious** 맛있는 / **medicine** 약

정답 1. **remain** 2. **taste** 3. **smell** 4. **seem** 5. **feel**

다음 각 문장의 어법상 잘못된 부분을 바로 잡아 쓰시오.

6. Your idea sounds well.

7. Her uncle looks youngly for his age.

8. He always seems seriously.

9. The flower smells sweetly.

10. She remained silently all day.

＊전문 해석＊
6. 너의 생각은 좋게 들린다.
7. 그녀의 삼촌은 나이에 비해서 어리게 보인다.
8. 그는 항상 심각한 것처럼 보인다.
9. 그 꽃은 달콤한 냄새가 난다.
10. 그녀는 온종일 조용히 있었다.

＊문제 해결＊ 6~10. sound, look, seem, smell, remain은 형용사를 보어로 취하는 불완전 자동사이다.

＊어휘 해결＊ **for one's age** 나이에 비해 / **serious** 진지한, 심각한 / **all day** 하루 종일

정답 6. well → good 7. youngly → young 8. seriously → serious 9. sweetly → sweet
10. silently → silent

다음 빈칸에 알맞은 것을 고르시오.

I feel _____ this morning.

① sadly
② great
③ badly
④ happily
⑤ wonderfully

＊전문 해석＊   나는 오늘 아침 기분이 좋다.

＊문제 해결＊   불완전 자동사 feel은 주격 보어로 형용사를 취한다.

＊어휘 해결＊   **sadly** 슬프게

정답   11. ②

중요 불규칙 동사   잠깐! Check

현 재	과 거	과거분사
abide 머물다, 체류하다	abode/abided	abode/abided/abidden
alight (말·차·배 등에서) 내리다	alit/alighted	alit/alighted
arise (문제·곤란 등이) 일어나다	arose	arisen
awake 깨우다	awoke	awoken
bear 견디다, (아이를) 낳다	bore	born/borne
beat 때리다, 패배시키다	beat	beaten
become ~이 되다	became	become
begin 시작하다	began	begun
behold 보다, 주시하다	beheld	beheld
bend 구부리다	bent	bent

비법 전수

절대 3형식 동사는 'God! Embarrassment!(신이시여! 당황스럽소이다!) – greet, obey, discuss, enter, mention, approach, resemble, attend, survive, marry, telephone'라고 단어의 첫 글자를 따서 암기한다: God! Embarrassment!

◆ 절대 3형식 동사 출제 족보

S(주어) + 절대 3형식 동사 + [~~전치사~~] + 목적어

▶ 절대 3형식 동사들: greet, obey, discuss, enter, mention, approach, resemble, attend, survive, marry, telephone

타동사임에도 불구하고 자동사로 혼동하여 전치사를 붙여 쓰기 쉬운 타동사가 있다. 이러한 타동사는 바로 목적어를 취해야 하고, 만약 전치사를 붙여 쓰면 틀린다. 이런 동사를 절대 3형식 동사라 부른다. 절대 3형식 동사에는 greet, obey, discuss, enter, mention, approach, resemble, attend, survive, marry, telephone 등이 있다.

(1) We discussed about the problem. (×)

　　 We discussed the problem. (○) (우리들은 그 문제에 관해 토론했다.)

(2) He mentioned about it briefly. (×)

　　 He mentioned it briefly. (○) (그는 그것에 관해 간단히 언급했다.)

(3) He resembled with his father. (×)

　　 He resembled his father. (○) (그는 그의 아버지와 닮았다.)

(4) He entered into a tunnel. (×)

　　 He entered a tunnel. (○) (그는 터널 안으로 들어갔다.)

attend

attend가 '참석하다(출석하다)' 라는 뜻으로 쓰이면 절대 3형식 동사가 되어, 전치사 없이 목적어를 취해야 한다. 하지만 attend to(주의하다), attend on(시중들다)처럼 다른 의미로 쓰일 경우에는 전치사를 붙일 수 있다.

ex. 나는 회의에 참석했다 → I attended at the meeting. (×) → I attended the meeting. (○)

Check-up

1~5

다음 (   ) 안의 단어 중에서 어법상 올바른 것을 고르시오.

1. You should (enter, enter into) the classroom early.

2. We ought to (discuss, discuss about) the situation seriously.

3. They (attended, attended to) the class regularly.

4. He and his friend (greeted, greeted with) each other yesterday.

5. She (married, married with) a rich merchant.

＊전문 해석＊　1. 너는 교실에 일찍 들어가야 한다.
2. 우리는 그 상황에 대해 진지하게 의논해야 한다.
3. 그들은 규칙적으로 그 수업 시간에 출석했다.
4. 그와 그의 친구는 어제 서로 인사했다.
5. 그녀는 부유한 상인과 결혼했다.

＊문제 해결＊　1~5. enter, discuss, attend, greet, marry는 절대 3형식 동사로 전치사 없이 목적어를 취해야 한다.

＊어휘 해결＊　**merchant** 상인

6 ~ 10

다음 밑줄 친 부분을 어법에 맞게 고치시오.

6. We should <u>discuss about</u> the matter.

7. My boss <u>married with</u> Jane.

8. The teacher <u>telephoned to</u> my mother.

9. The beggar <u>approached to</u> me last night.

10. My grandfather <u>survived after</u> Korean War.

＊전문 해석＊ 6. 우리는 그 문제에 대해 의논해야 한다.
7. 사장님은 Jane과 결혼했다.
8. 선생님은 엄마에게 전화를 하셨다.
9. 어젯밤 거지가 나에게 다가왔다.
10. 할아버지는 한국전쟁에서 살아남으셨다.

＊문제 해결＊ 6~10. discuss, marry, telephone, approach, survive는 절대 3형식 동사로 전치사 없이 목적어를 취해야 한다.

＊어휘 해결＊ **boss** 사장 / **beggar** 거지 / **survive** 살아남다

정답 6. discuss about → discuss 7. married with → married 8. telephoned to → telephoned
9. approached to → approached 10. survived after → survived

Case 08 – 4형식을 3형식으로 만드는 방법

4형식을 3형식으로 만들 때 전치사는 '**gsbl**(give, send, bring, lend)은 **to**로, [**묻다/요구하다**]는 **of**로, **나머지는 for**로 처리해!' 라고 명령문처럼 암기한다: gsbl은 to로, [묻다/요구하다]는 of로, 나머지는 for로 처리해!

◆ 4형식을 3형식으로 만드는 방법 출제 족보

4형식: 주어 + 수여동사 + 간접목적어 + 직접목적어

→ **3형식**: 주어 + 동사 + 직접목적어 + [전치사 + 간접목적어]

▶ **수여동사의 종류**(결합하는 전치사에 따른 분류)

종류	결합하는 전치사	해당 동사 어휘
give형	to	give, send, bring, lend 등
ask형	of	ask, inquire, require, demand 등
나머지형	for	나머지

4형식을 3형식으로 만들 때에는 간접목적어를 적절한 전치사와 결합시켜(**to, of, for**) 3형식 문장으로 만들 수 있다. 동사가 give, send, bring, lend 등일 경우에는 전치사 to를, ask, inquire, require, demand 등일 경우에는 of를, 나머지는 for를 사용한다.

(1) She gave me a pen. [4형식]

　　→ She gave a pen to me. [3형식] (그녀는 나에게 펜을 주었다.)

(2) He made me a kite. [4형식]

　　→ He made a kite for me. [3형식] (그는 나에게 연을 만들어 주었다.)

(3) He asked his teacher a question. [4형식]

　　→ He asked a question of his teacher. [3형식] (그는 선생님에게 질문을 했다.)

Check-up

1 ~ 5

다음 두 문장이 같은 뜻이 되도록 빈칸에 알맞은 말을 쓰시오.

1. The math teacher gave us exams on Saturday.

= The math teacher gave exams _____ _____ on Saturday.

2. The policeman asked me some questions.

= The policeman asked some questions _____ _____.

3. She made her daughter a new dress.

= She made a new dress _____ _____ _____.

4. He left his home to buy me a gold ring.

= He left his home to buy a gold ring _____ _____.

5. My grandmother sent my mother a wonderful present.

= My grandmother sent a wonderful present _____ _____ _____.

＊전문 해석＊ 1. 수학 선생님은 토요일에 우리에게 시험을 치르게 했다.
2. 경찰관은 나에게 몇 가지 질문을 했다.
3. 그녀는 딸에게 새 드레스를 만들어 주었다.
4. 그는 나에게 금반지를 사주기 위해서 집을 나섰다.
5. 할머니는 엄마에게 멋있는 선물을 보내 주셨다.

6~8

다음 빈칸에 알맞은 것을 고르시오.

6. They asked a lot of questions _____ him.

　① of　　② for　　③ to　　④ with　　⑤ at

7. The mailman gave a package _____ her.

　① of　　② in　　③ at　　④ for　　⑤ to

8. He made a bookcase _____ me yesterday.

　① of　　② to　　③ for　　④ on　　⑤ in

Case 09 – 동사 + 목적어 + from ~ing

비법 전수

prevent 계열의 동사들은 다음과 같이 암기한다. **'함포(hamper) 사격을 빵빵(ban) 계속(keep)함을 멈추는 것(stop)을 방해(hinder)하고 막는 것(block)을 금지(prohibit)하여 낙담(discourage)하지 못하도록 설득 하여라!** : 함포 사격을 빵빵 계속함을 멈추는 것을 방해하고 막는 것을 금지하여 낙담하지 못하도록 설득 하여라!

◆ [동사 + 목적어 + from ~ing] 출제 족보

$$S(주어) + \begin{bmatrix} hamper & hinder \\ ban & block \\ keep & prohibit \\ stop & discourage \end{bmatrix} + 목적어 + from \sim ing$$

타동사 중에서 prevent, hamper, ban, keep, stop, hinder, block, prohibit, discourage는 주어가 사물일 때 [목적어(사람)+from ~ing]의 구문을 취한다. 이를 주어가 사물이어서 무생물 주어 구문이라고 표현하기도 한다. 특히 주목할 것은 **keep**을 제외한 나머지 동사들은 부정적 개념을 나타낸다. keep만 긍정의 의미이지만 뒤에 from ~ing를 만나면 부정적 개념으로 변함을 꼭 기억하자.

(1) The heavy rain kept us from going out. (폭우 때문에 우리는 외출할 수 없었다.)

(2) His illness prevented him from attending the meeting. (몸이 아파서 그는 회의에 참석할 수 없었다.)

(3) Her advice stopped me from starting the task. (그녀의 충고 때문에 나는 그 일을 시작하지 않았다.)

(4) The law prohibits ships from approaching this island. (법률은 선박이 이 섬 가까이 접근하는 것을 금하고 있다.)

encourage와 discourage

① I encouraged her to tell me what had happened.
(나는 그녀에게 용기를 북돋아 주어 자초지종을 이야기하게 했다.)

② Lack of recognition discouraged him from publishing more novels.
(인정을 받지 못하여 그는 더 이상 소설을 출판하려는 의욕을 잃었다.)

Check-up

1 ~ 5

다음 문장들이 모두 같은 뜻이 되도록 빈칸에 알맞은 말을 쓰시오.

His illness kept him going abroad.

= 1._____ he was ill, he could not go abroad.

= 2._____ _____ his illness, he could not go abroad.

= He was so ill 3._____ he could not go abroad.

= He was too ill 4._____ go abroad.

= His illness 5._____ him to go abroad.

＊전문 해석＊ 그는 아팠기 때문에 외국에 갈 수 없었다.

＊문제 해결＊ 1~5. [주어+keep+목적어+from ~ing]은 '…가 ~하지 못하게 하다'는 뜻이므로 이 내용과 일치하도록 빈칸을 채운다.

6 ●●●

다음 빈칸에 공통으로 들어갈 알맞은 것은?

• Nothing shall prevent me _____ doing my duty.

• The noisy sound hindered us _____ hearing what he was saying.

① to   ② of   ③ on   ④ with   ⑤ from

＊전문 해석＊ • 아무것도 내가 임무를 수행하는 것을 막지 못할 것이다.
• 떠드는 소리 때문에 우리는 그가 말하는 것을 들을 수 없었다.

＊문제 해결＊ [주어+prevent(hinder)+목적어+from ~ing]은 '…가 ~하지 못하게 하다' 는 뜻이다.

＊어휘 해결＊ **duty** 의무, 임무, 직책

정답 6. ⑤

다음 문장을 우리말로 옮기시오.

His poverty prohibited him from going to school.

＊전문 해석＊ 가난 때문에 그는 학교에 갈 수 없었다.

＊문제 해결＊ [주어+prohibit+목적어+from ～ing]는 '…가 ～하지 못하게 하다'는 뜻이다.

＊어휘 해결＊ **poverty** 가난

정답 7. 가난 때문에 그는 학교에 갈 수 없었다.

중요 불규칙 동사 잠깐! Check

현 재	과 거	과거분사
bid 말하다, 명령하다	bade	bidden
bid 값을 매기다	bid	bid
bind 묶다, 결박하다	bound	bound
bite 물다	bit	bitten
bleed 피가 나다	bled	bled
blow 바람이 불다, 폭발하다	blew	blown
break 깨다, 부수다	broke	broken
breed 새끼를 낳다, 양육하다	bred	bred
bring 가져오다, 초래하다	brought	brought
broadcast 방송하다	broadcast/broadcasted	broadcast/broadcasted

Case 10 – 공급동사

공급동사의 종류를 기할 때에는 'pet(provide, entrust, trust)을 **선물**(present)로 두 마리 **공급하라** (supply, furnish)' 라고 암기한다: pet을 선물로 두 마리 공급하라!

◆ 공급동사 출제 족보

S(주어) + 공급동사 + A with B

= S(주어) + 공급동사 + B 전치사 A

'공급하다, 선사하다, 맡기다' 라는 뜻을 갖는 동사를 공급동사라 한다. 공급동사의 전형적인 형태는 공급동사 A with B(A에게 B를 공급하다)이다. 이에 해당하는 동사는 provide, entrust, trust, present, supply, furnish 등이다. A와 B의 순서가 바뀔 경우에는 전치사가 동사의 종류에 따라 달라진다.

(1) He provided us with food.

   = He provided food for(to) us. (그는 우리에게 음식을 제공해 주었다.)

(2) The river furnishes our village with water.

   = The river furnishes water to our village. (그 강은 마을에 물을 공급해 준다.)

(3) They trusted me with the books.

   = They trusted the books to me. (그들이 내게 그 책들을 맡겼다.)

※ (1) provide(supply) A with B = provide(supply) B for(to) A

   (2) present(trust, entrust) A with B = present(trust, entrust) B to A

Check It Out!

present의 품사별 의미 변화

- 명사 선물
- 형용사 ① 현재의 → the present situation (현재 상황)

    ② 출석한 → those present at the party (파티에 참석한 사람들)
- 동사 ① 주다, 선사하다 ② 출석하다 ③ 발표하다

Check-up

1~5

빈칸에 들어갈 알맞은 전치사를 [보기]에서 고르시오.

| 보기 | with   to   for   on   in   from

1. The school supplies the pupils _____ books.

2. They provided electricity _____ domestic consumers.

3. The sea supplies us _____ seaweeds.

4. Sheep provide wool _____ us.

5. They presented food and shelter _____ us.

＊전문 해석＊
1. 학교에서는 학생들에게 책을 공급한다.
2. 그들은 국내 소비자들에게 전기를 공급했다.
3. 바다는 우리에게 해초류를 공급해 준다.
4. 양은 우리에게 양모를 제공해 준다.
5. 그들은 우리에게 음식과 쉴 곳을 제공했다.

정답 1. with 2. for[to] 3. with 4. for[to] 5. to

6~9 ● ● ●

다음 문장의 괄호 안에서 가장 알맞은 것을 고르시오.

6. The boss entrusted him (with, to) the task.

7. She presented a book (with, to) me.

8. The man provided them (with, for, to) clothing.

9. The cow supplies milk (with, for) us.

정답 6. with 7. to 8. with 9. for

10 ● ● ●

다음 문장을 우리말로 해석하시오.

The sea can provide the world's population with a valuable food supply.

＊전문 해석＊ 바다는 세상 사람들에게 귀중한 식량 공급을 해 줄 수 있다.

＊문제 해결＊ provide A with B는 'A에게 B를 공급하다' 는 뜻이다.

＊어휘 해결＊ **population** 인구(사람) / **valuable** 가치 있는

정답 10. 바다는 세상 사람들에게 귀중한 식량 공급을 해 줄 수 있다.

중요 불규칙 동사 · 잠깐! Check

현 재	과 거	과거분사
build 짓다, 쌓아 올리다	built	built
burn 불타다, 태우다	burnt/burned	burnt/burned
burst 터지다, 파열하다	burst	burst
bust 파열하다, 깨지다	bust	bust
buy 사다	bought	bought
cast 던지다	cast	cast
catch 붙들다, 받다	caught	caught
choose 고르다, 선택하다	chose	chosen
clap 손뼉을 치다, 가볍게 치다	clapped/clapt	clapped/clapt
cling 달라붙다	clung	clung

[1~2] 다음 글을 읽고, 물음에 답하시오.

People have followed fashion in order to look more (A)(attract). In the 1800s, American women in New York began to admire the fashions of Paris. In fact, French fashions were once so popular that American dressmakers used to change their names to French ones! During the time of French Revolution, many women used to wear corsets and belt that (B)(그들의 허리를 훨씬 더 날씬하게 보이게 만들었다.) Today we still think of the ideal person as tall and slim.

---

01 위 글의 밑줄 친 (A)를 어법에 맞게 고쳐 쓰시오.

02 위 글의 밑줄 친 (B)의 의미가 되도록 아래 단어들을 어법에 맞게 배열하시오.

---

their appear made slimmer much waists

---

03 다음 글의 밑줄 친 부분 중, 어법상 틀린 것은?

In some ways, the American criminal-justice system ①resembles with a "wedding cake" with four layers, representing different kinds of cases. In the top layer are criminal cases ②that get heavy news coverage. The next layer down is made up of other serious crimes — murders, rapes, robberies — that don't get as much news coverage. In most of these cases the criminals are able to agree to plead guilty to a lesser crime, but they usually ③do serve time in prison. In the next layer are "less serious" crimes, such as car theft, that may not result in prison terms. Finally, the lowest and largest layer is made up of ④the huge number of smaller crimes such as traffic violations. These cases ⑤are handled in a routine way, and seldom result in jail terms.

---

04 빈칸 (A)와 (B)에 적절한 것끼리 짝지은 것은?

Sometimes we just want our clothes pressed while other times we want our clothes cleaned. _____(A)_____ to be cleaned, spots are taken out first. The clothes are not washed in water. They are run through a special cleaning machine. Then big presses are used to iron the clothes. After they are pressed, the clothes are covered with see-through bags. These bags keep the clothes _____(B)_____ dusty. They also let us see if we are getting the right clothes back again.

(A)	(B)
① Clothes are	from getting
② Clothes are	getting
③ Clothes are	to get
④ When clothes are	from getting
⑤ When clothes are	getting

05 어법이 잘못된 것끼리 짝지은 것은?

Every plant and animal (A)need energy to survive and this energy must (A)be obtained from its surroundings. Plants and animals feed on other living things, while they, in turn, provide other living things (C)for food. Each organism in an ecosystem is interdependent on other living things. This means that each organism depends on other organisms and there are organisms which in turn (D)depend upon it. In short, no living thing is totally independent. (E)That's why we must start considering the importance of the environment.

① (A), (B) ② (A), (C)

③ (B), (E) ④ (C), (D)

⑤ (D), (E)

First Step 기본 동사 필수 문법요소

02 동사의 시제

Case 11~15

2. 동사의 시제

Case 11~15

 Case 11 – will, shall을 쓰지 않는 시간 · 조건의 부사절

비법 전수

시간이나 조건을 나타내는 부사절에서는 미래 대신 현재를 사용한다는 규칙을 **'시조 부사 현미씨!**(시간 조건 **부사절 – 현재**가 **미래** 대신 사용) 한 곡 때려 주세요!' 라고 외우자: 시조 부사 현미씨! 한 곡 때려 주세요!

◆ will, shall을 쓰지 않는 시간 · 조건의 부사절 출제 족보

① when(while, until, till, before, as soon as) + 주어 + will/shall 동사원형 ~ (×)

　→ 현재동사로! (○)

② if(unless) + 주어 + will/shall 동사원형 ~ (×)

　→ 현재동사로! (○)

시간이나 조건을 나타내는 부사절에서는 미래시제 대신에 현재시제를 사용한다. 미래를 표시하는 부사 등이 있다고 해서 미래시제를 사용해서는 안 된다. 하지만, 명사절이나 형용사절에서는 미래시제를 그대로 쓴다. 특히 when이나 if처럼 명사절도 이끌고 부사절도 이끄는 접속사의 경우 혼돈하지 않도록 특히 주의를 해야 한다.

(1) I will start here when she will arrive tomorrow. (×)

　→ I will start here when she arrives tomorrow. (○) (그녀가 내일 도착할 때 나는 이곳을 떠날 것이다.)

(2) Let's start as soon as he will come back. (×)

　　→ Let's start as soon as he comes back. (○) (그가 돌아오자마자 바로 출발합시다.)

(3) Will you please come to my house if you shall be free? (×)

　　→ Will you please come to my house if you are free? (○) (만일 한가하시다면, 우리

　　집에 와 주시겠습니까?)

(4) I will not start if it rains tomorrow. [조건의 부사절] (나는 내일 비가 온다면 출발하지 않을 것

　　이다.)

　　I don't know if it will rain tomorrow. [명사절] (나는 내일 비가 올지 안 올지 모르겠다.)

Check It Out!

as soon as 용법

① as soon as 주어 + 과거동사 ~, 주어 + 과거동사: 과거일 때

　As soon as she saw me, she ran away. (그녀는 나를 보자마자 도망쳤다.)

② as soon as 주어 + 현재동사 ~: 미래일 때

　He'll attend the party as soon as he finishes the work. (일을 끝마치자마자 그는 파티에 참석할 것이다.)

1 ~ 5

다음 문장의 괄호 안에서 가장 알맞은 것을 고르시오.

1. It won't be long before he (come, will come, comes).

2. You had better stay home till the rain (stop, will stop, stops).

3. I don't know if they (buy, will buy, buys) the house next year.

4. We'll begin to build the office as soon as he (agree, will agree, agrees) to me.

5. I will tell him so when he (come, will come, comes) here.

＊전문 해석＊
1. 곧 그가 올 것이다.
2. 너는 비가 멈출 때까지 집에 머무르는 것이 더 낫다.
3. 나는 그들이 내년에 그 집을 살지 어떨지를 모르겠다.
4. 우리는 그가 내 의견에 동의하자마자 사무실 건물을 짓기 시작할 것이다.
5. 나는 그가 여기에 올 때 그렇게 말할 것이다.

＊문제 해결＊
1. 시간을 나타내는 부사절(before)에서는 미래 대신 현재를 사용한다.
2. 시간을 나타내는 부사절(till)에서는 미래 대신 현재를 사용한다.
3. if절이 조건의 부사절이 아니고, 타동사 know의 목적어로 쓰인 명사절이므로 will buy로 표현해야 한다.
4. 시간을 나타내는 부사절(as soon as)에서는 미래 대신 현재를 사용한다.
5. 시간을 나타내는 부사절(when)에서는 미래 대신 현재를 사용한다.

정답 1. comes 2. stops 3. will buy 4. agrees 5. comes

괄호 안의 동사를 적절한 시제의 형태로 바꾸시오.

6. He will not start if it (rain) tomorrow.

7. I don't know when she (arrive) here.

8. It will not be long before spring (come).

＊전문 해석＊ 6. 내일 비가 온다면 그는 출발하지 않을 것이다.
　7. 그녀가 언제 여기에 도착할지 모르겠다.
　8. 머지않아 봄이 올 것이다.

＊문제 해결＊ 6. 조건을 나타내는 부사절(if)에서는 미래 대신 현재를 쓴다.
　7. when 이하는 시간을 나타내는 부사절이 아니라 know라는 타동사의 목적어로 사용된 명사절이므로 미래가 현재를 대신하지 못하고, 미래시제를 그대로 써야 한다.
　8. 시간을 나타내는 부사절(before)에서는 미래 대신 현재를 사용한다.

정답 6. rains 7. will arrive 8. comes

다음 우리말과 같은 뜻이 되도록 빈칸에 알맞은 것을 고르시오.

> 내가 그녀를 만나면 네게 알려 줄게.
> = I'll let you know when I ＿＿＿＿＿＿ her.

① see　　② saw　　③ will see　　④ have seen　　⑤ will be seen

＊문제 해결＊ 시간이나 조건을 나타내는 부사절에서는 미래 대신 현재시제를 쓴다.

정답 9. ①

비법 전수

현재시제를 사용해야 하는 것을 **'현재인기 습진미역 완직반'** 이라고 첫 글자를 따서 암기한다: 현재인기 습진미역 완직반!

◆ 현재시제 출제 족보

① **미래 대용**: It will not be long before he comes. (그가 오래지 않아 올 것이다.)

② **진리**: The earth moves round the sun. (지구는 태양 주위를 돈다.)

현재시제는 '현재의 동작과 상태, 재능, 인격, 기호, 습관, 진리, 미래 대용, 역사적 현재, 완료 대용, 직업, 반복적 행위'를 나타낼 때 사용한다.

(1) 현재의 동작과 상태: He lives in seoul. (그는 서울에 산다.)
I am an English teacher. (나는 영어 교사다.)

(2) 재능, 재주: He has a good hand. (그는 손재주가 좋다. / 필체가 좋다.)

(3) 인격, 성격: He is noble and gentle. (그는 고상하고 점잖다.)

(4) 기호, 취미: Mary likes music. (Mary는 음악을 좋아한다.)

(5) 습관, 생활양식: I (always) write with a special pen when I sign my name. (나는 서명할 때 (언제나) 특별한 펜으로 쓴다.)

(6) 진리: The sun sets in the west. (태양은 서쪽으로 진다.)

(7) 미래 대용: I will tell him so when he comes back. (나는 그가 돌아올 때 그것을 말할 것이다.)

(8) 역사적 현재(과거 사실을 현재 벌어지는 것처럼 생생하게 표현): Caesar crosses the Rubicon. (시저가 루비콘 강을 건넌다.)

(9) 완료 대용: He says that he is happy. (그는 행복하다고 말한다.)

(10) 직업: He plays the piano at hotel. (그는 호텔에서 피아노를 연주한다.)

(11) 반복적 행위: I get up at six every morning. (나는 매일 아침 6시에 일어난다.)

Check-up

1~5

다음 중 밑줄 친 현재형의 의미를 아래 [보기]에서 골라 쓰시오.

| 보기 | ① 습관   ② 미래 대용   ③ 진리   ④ 역사적 현재   ⑤ 기호

1. Let us start as soon as he <u>comes</u> back. (   )

2. Honesty <u>is</u> the best policy. (   )

3. Tom <u>likes</u> to play soccer. (   )

4. Napoleon's army now <u>advances</u> and the great battle begins. (   )

5. He <u>smokes</u> two packs of cigarettes a day. (   )

＊전문 해석＊
1. 그가 돌아오자마자 출발합시다.
2. 정직이 최고의 정책이다.
3. Tom은 축구하는 것을 좋아한다.
4. 이제 나폴레옹의 군대가 전진하여, 대전투는 시작된다.
5. 그는 하루에 담배 두 갑을 피운다.

＊문제 해결＊
1. 시간을 나타내는 부사절에서는 현재시제가 미래를 대신한다.
2. 진리를 나타내는 현재시제이다.
3. 기호나 취미를 나타낼 때에는 현재시제를 사용한다.
4. 역사적 현재를 나타낸다.
5. 습관을 나타내는 현재시제이다.

＊어휘 해결＊ **honesty** 정직함 / **policy** 정책, 방책 / **advance** 전진하다

정답 1. ② 2. ③ 3. ⑤ 4. ④ 5. ①

---

6 ~ 10 ● ● ●

밑줄 친 부분이 <u>어색한</u> 경우, 바르게 고쳐 쓰시오.

6. Mary <u>loves</u> her children very much.

7. Jennifer <u>had</u> lunch at noon every day.

8. Most people <u>are learning</u> to swim when they are young.

9. The moon <u>goes</u> round the earth in about 27 days.

10. She will wait here until her son <u>will come</u> back.

＊전문 해석＊

6. Mary는 그녀의 아이들을 매우 사랑한다.

7. Jennifer는 매일 정오에 점심을 먹는다.

8. 대부분의 사람들은 어릴 때 수영을 배운다.

9. 달은 약 27일 만에 지구를 돈다.

10. 그녀는 아들이 돌아올 때까지 여기에서 기다릴 것이다.

＊문제 해결＊

6. 현재의 상태를 나타내므로 현재시제를 쓴다.

7. every day로 보아 현재의 습관을 나타냄을 알 수 있다.

8. 일반적인 사실을 서술할 때에는 현재시제를 사용한다.

9. 변하지 않는 진리는 현재시제를 쓴다.

10. 시간을 나타내는 부사절에서는 현재가 미래를 대신한다.

 정답 6. 올바름 7. had → has 8. are learning → learn 9. 올바름 10. will come → comes

중요 불규칙 동사 잠깐! Check

현 재	과 거	과거분사
clothe 옷을 입히다	clad/clothed	clad/clothed
come 오다, 가다	came	come
cost (비용·시간이) 들다	cost	cost
creep 기다, 살살 걷다	crept	crept
cut 베다, 자르다	cut	cut
dare 감히 ~하다	dared/durst	dared
deal 다루다, 처리하다	dealt	dealt
dig 파다, 파헤치다	dug	dug
dive 뛰어들다, 잠수하다	dived/dove	dived
draw 당기다, 끌다	drew	drawn

비법 전수

과거시제와 찰떡궁합을 이루는 부사는 '**이지연** 씨(in + **지나간 연도**)! **어제**(yesterday, ago, just now) **타타타**(then, that time, those days – 총) **팔았어요**(past, last)?' 라고 암기하자: 이지연 씨! 어제 타타타 팔았어요?

◆ 과거시제 출제 족보

[in + 지나간 연도], yesterday, ago, just now, then, that time, those days, past, last

→ 과거시제 사용

과거시제는 과거에 일어난 사실을 나타낼 때 쓰인다. 현재형과 마찬가지로 과거의 지속적인 상태나 반복적인 습관을 나타낼 때도 쓰이지만, 단지 한 번 일어난 사건을 나타내기도 한다. 특히 ago, then, last, past, just now, that time, those days, yesterday, [in+지나간 연도]가 포함된 문장은 과거시제로 표현해야 한다.

(1) 과거의 사실, 동작, 상태

He **was** happy at that time. (그는 그 당시에 행복했다.)

(2) 과거의 습관, 반복적인 동작

He **played** violin every day when he was in elementary school. (그는 초등학교 때 매일 바이올린을 연주했다.)

(3) 역사적 사실

The First World War **broke** out in 1914. (제1차 세계대전이 1914년에 일어났다.)

Tommy **went** to his friend's house three days ago. (Tommy는 3일 전에 친구 집에 갔다.)

Check-up

1 ~ 5

다음 문장의 괄호 안에서 가장 알맞은 것을 고르시오.

1. His son (is, was) killed in the war two years ago.

2. The World War II (ended, had ended) in 1945.

3. She (lives, lived) in Texas when she was young.

4. He (arrives, arrived) home last night.

5. My teacher (bought, will buy) the book this morning.

＊전문 해석＊
1. 그의 아들은 2년 전 전쟁에서 죽었다.
2. 제2차 세계대전은 1945년에 끝났다.
3. 그녀는 어렸을 때 Texas에서 살았다.
4. 그는 어젯밤 집에 도착했다.
5. 선생님은 오늘 아침 그 책을 구입하셨다.

＊문제 해결＊
1, 4. 명백한 과거를 나타내는 ago, last가 있으므로 과거시제로 표현한다.
2. 역사적 사실은 과거시제로 나타낸다.
3. 과거의 사실을 나타낸다.
5. 내용상 과거 사실을 나타낸다.

6~7

빈칸에 주어진 단어를 알맞은 형태로 바꾸어 쓰시오.

6. He _____ from Japan yesterday. (come)

7. I _____ in Paris last year. (live)

＊전문 해석＊ 6. 그는 어제 일본에서 왔다.
7. 나는 작년에 Paris에 살았다.

＊문제 해결＊ 6, 7. 명백한 과거를 나타내는 부사 yesterday, last가 있으므로 과거시제로 나타낸다.

정답 6. came 7. lived

8

밑줄 친 ① ~ ⑤ 중 어법상 어색한 것은?

①When we ②were in elementary school, we ③learned ④that Columbus
⑤had discovered America in 1492.

＊전문 해석＊ 우리가 초등학교에 다닐 때, Columbus가 1492년에 미국을 발견했다고 배웠다.

＊문제 해결＊ 역사적 사실은 과거시제로 나타낸다.

정답 8. ⑤

---

9 ● ● ●

빈칸에 알맞지 <u>않은</u> 것을 고르시오.

He went to the movies with his friend _____.

① two days ago　　　　② last night
③ on Saturday　　　　④ just now
⑤ next Sunday

＊전문 해석＊ 그는 _____에 친구와 함께 영화 보러 갔다.

＊문제 해결＊ 동사의 시제가 과거(went)이므로 미래를 나타내는 next Sunday는 사용할 수 없다.

정답 9. ⑤

비법 전수

현재완료 용법은 '**경험**이 많은 놈들은 **전에(before) 결코(ever, never) 한번 두번(one, twice, ~times)**이 아니고, 그 버릇은 **이미(already), 아직도(yet), 지금도(now), 오늘날(today)**도 **완료** 안 되었으며, 앞으로도 **시간**만 나면 **계속**될 것이며, **나머지**는 **결과**에 맡기는 수밖에 없다' 라고 외우면 된다.

경험이 많은 놈들은 전에(before) 결코(ever, never) 한번 두 번(one, twice, ~times)이 아니고, 그 버릇은 이미(already), 아직도(yet), 지금도(now), 오늘날(today)도 완료 안 되었으며, 앞으로도 시간만 나면 계속될 것이며, 나머지는 결과에 맡기는 수밖에 없다.

◆ 현재완료 출제 족보

① S(주어) + 현재완료(have/has + 과거분사) since S(주어) + 과거

② S(주어) + 현재완료(have/has + 과거분사) for 시간 단위 복수명사

현재완료형(have/has+과거분사)은 과거로부터 현재까지 일어난 동작, 상태를 현재를 중심으로 서술할 때 사용한다.

(1) **경험**: 과거부터 현재까지 경험한 일을 나타냄

I can easily recognize him, for I have met him *before*. (나는 그를 쉽게 알아볼 수 있다. 왜냐하면 전에 그를 본 적이 있었기 때문이다.)

※ **경험의 부사**: ever, never, once, twice, ~times, often, seldom, before

(2) **완료**: 동작의 완료를 나타냄

He has *just* come back home. (그는 방금 집으로 돌아왔다.)

※ **완료의 부사**: already, yet, just, now, this, today

(3) **계속**: 과거의 한 시점부터 현재까지 계속되고 있는 동작이나 상태를 나타냄

① 상태의 계속: 현재완료(have + p.p)

② 동작의 계속: 현재완료 진행형(have + been + ~ing)

I have known her *since* she was a child. (그녀가 어린 아이였을 때 이후로 나는 그녀를 알고 있다.)

He has been studying English for ten years. (그는 10년 동안 영어를 배우고 있다.)

※ 계속의 부사: lately, during(+시간), for(+시간), since(+시간), these(+시간), how long(+시간)

(4) 결과: 과거에 행한 동작의 결과가 현재에 나타남

She has bought a new car. (그녀는 새 차를 샀다. → 지금도 가지고 있다.)

※ She bought a new car. (그녀는 새 차를 샀다. → 지금도 가지고 있는지 알 수 없다.)

Check It Out!

have gone to

have gone to는 '(주어가) 가버리고 여기는 없다'는 뜻으로, 주어가 '1인칭과 2인칭'일 때는 사용할 수 없다.

① I(You) have gone to the station. (×)

② He has gone to the station. (○) (그는 역에 가버렸다.)

1 ~ 5 • • •

다음 문장에서 <u>틀린</u> 부분을 고치시오.

1. He had been sick since last week.

2. She has just do her homework.

3. You have gone to America.

4. John hasn't eat his hamburger yet.

5. I hadn't seen him lately.

＊전문 해석＊
1. 그는 지난주부터 아프다.
2. 그녀는 방금 숙제를 했다.
3. 너는 미국에 가버렸다(지금은 없다).
4. John은 아직 햄버거를 먹지 않았다.
5. 나는 최근에 그를 보지 못했다.

＊문제 해결＊
1. [주어＋현재완료 since 과거]의 형식에 착안한다.
2. just는 '방금, 막'이라는 의미로 과거에 시작한 숙제를 현재 마쳤음을 의미하므로 현재완료를 사용해야 한다.
3. have gone to는 '~에 가버리고 없다'라는 현재완료의 결과를 나타내므로 주어가 1·2인칭인 경우에는 사용할 수 없다.
4. 현재완료의 완료적 용법을 사용해야 한다.
5. lately는 현재완료와 같이 사용되는 부사이다.

정답 1. had been → has been 2. do → done 3. have gone to → have been to 4. eat → eaten
5. hadn't seen → haven't seen

6~8

다음 문장의 괄호 안에서 가장 알맞은 것을 고르시오.

6. He (worked, has worked) in this factory for 10 years.

7. I (am, have been) a teacher since 2000.

8. She has lived Seoul (since, during) she was born.

＊전문 해석＊
6. 그는 10년 동안 이 공장에서 일해 왔다.
7. 나는 2000년부터 교사 생활을 했다.
8. 그녀는 태어나서 지금까지 서울에 산다.

＊문제 해결＊
6. [주어 + 현재완료 for 시간]의 구문에 착안한다.
7. [주어 + 현재완료 since 과거]의 형식에 착안한다.
8. [주어 + 현재완료 since 과거]의 형식에 착안한다.

정답 6. **has worked** 7. **have been** 8. **since**

9

다음 문장들이 같은 뜻이 되도록 (   )에 알맞은 말을 넣으시오.

He died three years ago.

= Ten years (   ) (   ) since he died.

＊전문 해석＊ 그가 죽은 지 10년이 되었다.

＊문제 해결＊ [주어+현재완료 since 과거]의 형식에 착안한다.

정답 9. **have passed(elapsed)**

Case 15 – 대과거와 과거완료(had + 과거분사)

비법 전수

주절이 **과거**이고 종속절이 **과거완료**인 경우의 과거완료는 단순히 **대과거**(주절보다 과거의 뜻)이고, 주절이 **과거완료**이고 종속절이 **과거**이면 **경험, 계속, 완료, 결과**의 뜻이 되는데, 첫 글자만 따서 **'주과 종과완이면 대과거이고, 주과완이고 종과이면 경계완결이다'** 라고 암기하면 된다: 주과 종과완이면 대과거이고, 주과완이고 종과이면 경계완결이다.

◆ **대과거와 과거완료 출제 족보**

① 과거보다 먼저 일어난 일을 표현하기 위해 사용한다.

② 과거 이전에 시작되어 과거에 완료된 상황을 나타낸다.

과거완료는 과거의 기준시점 이전부터 과거 기준시점까지의 일을 나타낸다. 대과거의 용법으로 쓰이기도 한다.

(1) She *gave* me the watch which she had stolen. (그녀는 훔쳤던 시계를 나에게 주었다.)

(2) She *was excited* because she had never been to a dance before. (그녀는 전에 무도회에 가본 적이 없었기 때문에 흥분했다.)

(3) I had just finished the work when he *came* in. (그가 왔을 때 나는 막 일을 끝마쳤다.)

(4) I had never seen a tiger till I *visited* the zoo. (내가 동물원에 방문했을 때까지 나는 호랑이를 본 적이 없었다.)

실현되지 못한 과거의 소망

hope, expect, want, desire, intend, mean 등의 소망, 의도, 기대의 뜻이 있는 동사가 과거완료로 쓰이면 이루지 못한 과거의 소망을 나타낸다.

① I had hoped to call on you then. (그때 당신을 찾아뵙고 싶었는데.)

② I had intended to be a teacher. (나는 선생님이 되고자 했었는데.)

Check-up

1 ~ 4

다음 문장의 괄호 안에서 가장 알맞은 것을 고르시오.

1. I told the man that I (have met, had met) him before.

2. The concert (have, had) already begun when I got to the hall.

3. Jenny (have done, had done) the cleaning before Mom got home.

4. I (haven't heard, hadn't heard) the news until I turned on the TV.

＊전문 해석＊　1. 나는 그 사람에게 전에 그를 만난 적이 있었다고 말했다.
2. 내가 연주회장에 도착했을 때는 이미 연주회가 시작되었다.
3. Jenny는 엄마가 집에 도착하기 전에 청소를 했다.
4. TV를 켤 때까지 나는 뉴스를 듣지 못했다.

5~6

다음 우리말과 같은 뜻이 되도록 빈칸에 알맞은 것을 고르시오.

5. 그 거리는 내게 익숙했는데 그 이유는 내가 그 곳에 여러 번 가봤기 때문이다.

= The street was familiar to me because I _____ there many times.

① went   ② have gone

③ has gone   ④ had went

⑤ had gone

6. 나는 엄마가 생일 선물로 주었던 MP3 플레이어를 잃어버렸다.

= I lost the MP3 player that my mother _____ for my birthday present.

① had given   ② has given

③ have given   ④ gave

⑤ gives

5. 익숙한 시제가 과거(was)이고, 그 곳에 가 본 것은 그 이전에 벌어진 일이므로 과거완료 (had+과거분사)로 표현해야 한다.

6. 잃어버린 시제가 과거(lost)이고, 선물을 주신 것은 그 이전 일이므로 과거완료(had+과거분사)로 표현해야 한다.

＊어휘 해결＊ **be familiar to** ～에 익숙하다 / **present** 선물

정답 5.⑤ 6.①

---

7 ● ● ●

다음 밑줄 친 부분의 쓰임이 바르지 <u>못한</u> 것을 고르시오.

He ①<u>has</u> been ②<u>angry</u> at me ③<u>for</u> three days ④<u>when</u> I visited ⑤<u>him</u>.

＊전문 해석＊ 내가 그를 방문했을 때 그는 3일 동안 나에게 화가 나 있었다.

＊문제 해결＊ 방문한 때가 과거(visited)이고, 그 이전부터 화가 나 있었으므로 과거완료(had+과거분사)로 표현해야 한다.

정답 7.①

[1~3] 다음 글을 읽고, 물음에 답하시오.

One morning last week, an attractive, darkhaired woman in her thirties (A)(walk) into a large department store in Glasgow. She wore a bulky coat with hood attached. She carried a large, square parcel in one hand, a shopping bag in the other. In the outfitting department, the woman admired a row of suits. In a twinkling, she tucked away a loud suit into a big secret pocket in her coat lining. In the jewelry department she tried on a pearl necklace. Skillfully she _____(B)_____.

01 위 글의 밑줄 친 (A)를 어법에 맞게 고쳐 쓰시오.

02 위 글의 밑줄 친 (B)에 들어갈 가장 적절한 것은?
① bought it there
② wore necklace there
③ slipped it in the hood of her coat
④ looked at all kinds of jewels
⑤ ran away from there

03 위 글의 주인공이 훔친 물건 2가지를 찾아 영어로 쓰시오.
(1) _____
(2) _____

[4~6] 다음 글을 읽고, 물음에 답하시오.

The connection between sunlight and cancer (A)<u>know</u> for a long time. In 1894, German scientists claimed that too much sun could cause skin cancer. Then in 1928, an English scientist proved that this theory was true. Today, there are many kinds of skin cream to protect against the danger of skin cancer. Doctors advise everyone, especially young people, to use these creams when they stay in the sun. A recent study shows, however, that this advice is not being followed. In fact, most young people _____(B)_____.

04 위 글의 밑줄 친 (A)를 어법에 맞게 고쳐 쓰시오.

05 위 글의 밑줄 친 (B)에 들어갈 가장 적절한 것은?

① often stay in the sun

② do not use these creams

③ like to stay out of the sun

④ sometimes use these creams

⑤ are concerned about skin cancer

06 독일과 영국의 과학자들이 암을 유발시키는 원인이라고 주장한 것은?

① 물   ② 열

③ 공기   ④ 가스

⑤ 햇빛

07 다음 글의 밑줄 친 부분 중, 어법상 틀린 것은?

I never really thought I had pretty legs. I felt they were too big at the knees, too fat at the thighs, and too small at the calves. Last Thursday I ①have worn gym shorts while ②playing basketball with some boys. Later my boyfriend told me a lot of the guys thought I had really nice legs. I looked at my legs, and I thought, "Boy, my legs do ③look pretty good." So I tried wearing my skirt again today. A couple of my girlfriends told me I had pretty legs. Though it may sound ④strangely, my legs have been looking better and better to me. Now I want to ⑤show them off.

08 어법이 잘못된 것끼리 짝지은 것은?

He was born in Austria in 1947. He enjoyed (A)playing sports as a child, and he first lifted weights to build up his strength for soccer and swimming. Then, when he was around 15 years old, he started (B)to lift weights seriously for the purpose of body building. He also began (C)taking part in body building competitions in England at this time. When he was 18, he won the junior Mr. Europe competition. Then he later won Mr. Olympia. He finally decided (D)stopping body building in the late 1970s after he (E)have won 13 world championships. For eight years in a row, he was the world champion body builder.

① (A), (B)   ② (A), (D)
③ (B), (C)   ④ (C), (E)
⑤ (D), (E)

First Step 기본 동사 필수 문법요소

03 조동사

Case 16~20

3. 조동사

Case 16~20

Case 16 – will의 특수 용법

비법 전수

will의 용법에는 **간접화법**, **종속절**, **양보절**, **경향**, **추측**, **능력**, 강한 **의지**(고집), **습성** 등에 쓰이는데, 첫 글자를 따서 이야기를 만들어 '**간종양이 경추의 능력이나 의지나 습성을 없애버렸다**'로 암기하도록 한다: 간종양이 경추의 능력이나 의지나 습성을 없애버렸다.

◆ will의 특수 용법 출제 족보

① 강한 의지(고집): She will have her own way. (그녀는 자기 고집대로만 하려고 한다.)

② 습성: Dogs will bark when they see strangers. (개는 낯선 사람을 보면 짖는 습성이 있다.)

will의 용법에는 간접화법, 종속절, 양보절, 경향, 추측, 능력, 강한 의지(고집), 습성 등에 쓰이는데, 특히 '강한 의지(고집)와 습성'을 나타낼 때 사용되는 will의 용법은 독해를 하는데 중요한 요소이다.

(1) 습성 (habit)

The bear will not touch a dead body. (곰은 시체를 건드리지 않는다.)

(2) 강한 의지

She will have her own way. (그녀는 고집이 세다.)

(3) 능력 (capacity)

That will do. (그만하면 됐어.)

(4) 추측 (probability)

I think it will be a Korean porcelain. (그것은 고려자기일 것 같다.)

(5) 경향 (tendency)

Accidents **will** happen. (사고는 일어나게 마련이다.)

(6) 간접화법의 will

You think he **will** pass. (= You say, "I think he will pass.") [단순미래]

(너는 그가 합격할 것이라고 생각한다.)

You say you **will** try harder. (= You say, "I will try harder.") [의지미래]

(너는 네가 더 노력할 것이라고 말한다.)

(7) 종속절의 will: 인칭에 관계없이 종속절 주어의 의지를 표명한다.

We shall be much obliged if you **will** inform us of your address.

(주소를 알려주시면 고맙겠습니다.)

(8) 양보절의 will: 양보절의 의지

Come what **will**, I am prepared for it. (어떤 난관이 닥쳐오든지, 나는 이제 맞설 각오가 되어 있다.)

Check It Out!

명사로서의 will

① 의지/뜻

Where there's a will, there's a way. (뜻이 있는 곳이 길이 있다.)

② 유언(장)

Have you made your will yet? (당신은 벌써 유언을 해 두었습니까?)

1~5 ● ● ●

다음 중 밑줄 친 will(won't)의 용법을 아래 [보기]에서 골라 쓰시오.

| 보기 | ① 습성   ② 강한 의지(고집)   ③ 추측   ④ 경향   ⑤ 양보절의 의지

1. Whatever you <u>will</u> give me, I won't do it. (   )

2. Oil <u>will</u> float on water. (   )

3. Your mother <u>will</u> wait for you. (   )

4. A drowning man <u>will</u> catch at a straw. (   )

5. This window <u>won't</u> open. (   )

✽전문 해석✽
1. 무엇을 준다하더라도, 나는 그것을 하지 않을 것이다.
2. 기름은 물 위에 뜬다.
3. 아마도 너의 어머니가 기다리실 거야.
4. 물에 빠진 사람은 지푸라기라도 잡으려 한다.
5. 이 창문은 도무지 열리지 않는다.

✽문제 해결✽
1. 양보절의 의지를 나타내는 표현이다.
2. 습성을 나타내는 조동사이다.
3. 추측을 나타내는 조동사이다.
4. 경향을 나타내는 조동사이다.
5. 강한 의지를 나타내는 조동사이다.

✽어휘 해결✽   **float** 떠다니다, 표류하다 / **drown** 물에 빠뜨리다 / **straw** 지푸라기

정답   1. ⑤ 2. ① 3. ③ 4. ④ 5. ②

다음 문장을 밑줄 친 부분에 유의하여 우리말로 해석하시오.

6. I guess this luggage <u>will</u> be yours.

7. He <u>will</u> comb his hair at the table.

8. Boys <u>will</u> be boys.

9. She <u>won't</u> help me.

＊전문 해석＊ 6. 이 짐은 너의 것일 것 같다.
7. 그는 식탁에서 머리를 빗으려 한다.
8. 애들은 역시 애들이다.
9. 그녀는 결코 나를 돕지 않으려 한다.

＊문제 해결＊ 6. 추측을 나타내는 조동사이다.
7, 9. 강한 의지(고집)를 나타내는 조동사이다.
8. 경향을 나타내는 조동사이다.

＊어휘 해결＊ **luggage** 짐, 수화물 / **comb** (머리 등을) 빗다

정답 6. 이 짐은 너의 것일 것 같다. 7. 그는 식탁에서 머리를 빗으려 한다. 8. 애들은 역시 애들이다. 9. 그녀는 결코 나를 돕지 않으려 한다.

Case 17 – 가능의 조동사 can/cannot

비법 전수

'~을 할 수 있다'라는 의미의 표현 중에서 can, be able to와 be capable of는 암기해야 한다. **'모자 (cap) 쓰고 옷(of) 입으면 당신도 할 수 있어요(can = be able to)'** 라고 외운다: 모자 쓰고 옷 입 으면 당신도 할 수 있어요.

◆ 가능의 조동사 can/cannot 출제 족보

[~을 할 수 있다]	↔	[~을 할 수 없다]
can		can't(cannot)
= be able to		= be unable to
= be capable of		= be incapable of

'~을 할 수 있다(없다)'는 의미의 가능성을 나타내는 표현들은 자주 등장하므로 다음을 암기해 두는 것 이 좋다.

나는 수영할 수 있다.	나는 수영할 수 없다.
I can swim.	I cannot swim.
= I am able to swim.	= I am unable to swim.
= I am capable of swimming.	= I am incapable of swimming.
= I am equal to swimming.	= I am unequal to swimming.
= I know how to swim.	= I don't know how to swim.
= It is possible for me to swim.	= It is impossible for me to swim.
= Swimming is within my ability(power).	= Swimming is beyond my ability(power).
= Swimming is within me.	= Swimming is beyond me.

Check-up

1 ~ 5

모두 같은 뜻의 문장이 되도록 빈칸에 알맞은 단어를 쓰시오.

> She can drive a car very well.

1. = She is _____ to drive a car very well.

2. = She is _____ of driving a car very well.

3. = She is _____ to driving a car very well.

4. = It is _____ for her to drive a car very well.

5. = Driving a car very well is _____ her ability.

＊전문 해석＊　그녀는 자동차를 매우 잘 운전할 수 있다.

＊문제 해결＊　'~을 할 수 있다'는 가능성의 can은 be able to, be capable of, be equal to ~ing 등으로 바꾸어 나타낼 수 있다.

정답　1. able　2. capable　3. equal　4. possible　5. within

다음 두 문장의 의미가 같도록 빈칸에 알맞은 말을 쓰시오.

6. When I was young, I wasn't able to ride a bicycle.

= When I was young, I _____ ride a bicycle.

7. Mira could play the piano when she was only three.

= Mira was _____ play the piano when she was only three.

＊전문 해석＊ 6. 내가 어렸을 때 나는 자전거를 탈 수 없었다.
7. Mira는 겨우 세 살이었을 때 피아노를 칠 수 있었다.

＊문제 해결＊ 6, 7. be able to는 can(가능)과 같은 의미이다.

＊어휘 해결＊ **ride a bicycle** 자전거를 타다

정답 6. could not(couldn't) 7. able to

비법 전수

추측을 나타내는 조동사는 cannot, may, must가 있는데 cannot은 부정의 의미로 쓰이고, may와 must는 긍정의 의미이지만, 의미의 강도가 must가 더 확실하다고 알아두면 된다. 부등호로 간단히 **cannot≠ may<must**로 기억해 두자: *cannot ≠ may < must*

◆ 추측의 조동사 출제 족보

① cannot (~일 리가 없다)   ② may (~일지도 모른다)   ③ must (~임에 틀림없다)

추측을 나타내는 조동사는 **cannot, may, must**가 있는데 cannot은 부정의 의미로 쓰이고, may와 must는 긍정의 의미이다.

	추측의 현재	추측의 과거	
cannot	~일 리가 없다	cannot have + p.p	~이었을 리가 없다
may	~일지도 모른다	may have + p.p	~이었을지도 모른다
must	~임에 틀림없다	must have + p.p	~이었음에 틀림없다

(1) can

Can it be true? [강한 부정적 추측] (그것이 사실일까?)

= Is it possible that it is true?

He cannot have been honest. [과거의 추측] (그가 정직했을 리가 없다.)

= It is impossible that he is honest.

(2) may

He may be rich. (그는 부자일지도 모른다.)

= It is possible that he is rich.

He may have been rich. (그는 부자였을지도 모른다.)

= It is possible that he was rich.

(3) must

He must be honest. [현재의 추측] (그는 정직함에 틀림없다.)

= I am sure that he is honest.

= It is certain that he is honest.

He must have been honest. (그는 정직했음에 틀림없다.)

= It is certain that he was honest.

Check It Out!

추측의 조동사 may

① may + 동사원형: 현재의 추측

　　She may meet him. (그녀는 그를 만날지 모른다.)

② may have + 과거분사: 과거의 추측

　　She may have met him. (그녀는 그를 만났을지도 모른다.)

③ might have + 과거분사: 가정법 과거완료

　　She might have met him. (그녀는 그를 만났었을 텐데. → 사실은 만나지 않았다)

1 ~ 5

두 문장의 의미가 일치하도록 빈칸에 알맞은 단어를 쓰시오.

1. It is possible that they will reach an agreement tomorrow.

= They _____ reach agreement tomorrow.

2. I am sure that she will pass the exam.

= She _____ pass the exam.

3. It is impossible that we will solve the problem.

= We _____ solve the problem.

4. It is possible that he was friendly.

= He _____ _____ _____ friendly.

5. It is certain that she bought the house.

= She _____ _____ _____ the house.

＊전문 해석＊
1. 그들은 내일 합의에 도달할지도 모른다.
2. 그녀는 시험을 통과할 것이 틀림없다.
3. 우리는 그 문제를 풀 수 없을 것이다.
4. 그가 친절했을지도 모른다.
5. 그녀는 그 집을 산 것이 확실하다.

＊문제 해결＊
1. 조동사 may는 기본적으로 '(아마) ~이겠지, ~하는 일이 있다, ~일지 모른다' 라는 약한 추측을 나타낸다.
2. must는 '~임에 틀림없다' 는 강한 추측의 뜻으로 사용할 수 있다.
3. can't는 '~일 리가 없다' 는 부정적 추측의 뜻이 있다.
4. 과거의 약한 추측을 나타내는 표현은 [may have+과거분사]이다.
5. 과거의 확실성 있는 추측을 나타내는 표현은 [must have+과거분사]이다.

＊어휘 해결＊ **agreement** 합의, 동의, 협정

정답 1. may 2. must 3. can't 4. may have been 5. must have bought

● 6~8 ● ● ●

괄호 안의 우리말과 같은 뜻이 되도록 may, can(can't), must를 이용하여 빈칸을 알맞게 채우시오.

6. He _____ be sick. (그는 아플지도 모른다.)

7. He _____ be sick. (그는 아픔에 틀림이 없다.)

8. He _____ be sick. (그는 아플 리가 없다.)

＊문제 해결＊ 6. '~일지도 모른다'는 약한 추측을 나타내는 조동사는 may이다.
7. '~임에 틀림없다'는 강한 추측을 나타내는 조동사는 must이다.
8. '~일 리가 없다'는 부정의 추측을 나타내는 조동사는 can't이다.

＊어휘 해결＊ **sick** 아픈

정답 6. may 7. must 8. can't

● 9~10 ● ● ●

우리말과 같은 뜻이 되도록 빈칸에 알맞은 말을 쓰시오.

9. 그녀가 그 남자를 좋아했을 리가 없다.

= She _____ _____ liked the man.

10. 그는 유명한 배우였는지도 모른다.

= He _____ _____ been a famous actor.

＊문제 해결＊ 9. '～이었을 리가 없다'는 과거의 부정적 추측을 나타내는 것은 [cannot(can't) have+과거분사]이다.

10. '～이었을지도 모른다'는 과거의 약한 추측을 나타내는 것은 [may have+과거분사]이다.

＊어휘 해결＊ **famous** 유명한 / **actor** 배우

정답 9. **cannot(can't) have** 10. **may have**

중요 불규칙 동사 잠깐! Check

현 재	과 거	과거분사
dream 꿈꾸다	dreamt/dreamed	dreamt/dreamed
drink 마시다	drank	drunk
drive 운전하다, 몰다	drove	driven
dwell 살다, 머무르다	dwelt	dwelt
eat 먹다	ate	eaten
fall 떨어지다, 추락하다	fell	fallen
feed 음식을 먹이다	fed	fed
feel 느끼다, 지각하다	felt	felt
fight 싸우다	fought	fought
find 발견하다	found	found

Case 19 – [조동사 have + 과거분사]의 용법

비법 전수

[조동사 have + 과거분사] 중에서 출제빈도가 가장 높은, [should have + 과거분사(~했어야 했는데 …)]는 과거의 유감이나 비난, 후회를 나타낸다. **'과거에 슈드(should)가 완료**(have + 과거분사)**했어야 했는데 … 정말 유감이다!'** 라고 암기한다: 과거에 슈 드 가 완료했어야 했는데… 정말 유감이다!

◆ [조동사 have + 과거분사]의 용법 출제 족보

① may have + 과거분사: ~이었을지도 모른다

② must have + 과거분사: ~이었음에 틀림없다

③ cannot have + 과거분사: ~이었을 리가 없다

④ should(ought to) have + 과거분사: ~했어야 했는데 (과거의 유감, 비난, 후회)

[조동사 have + 과거분사]에서 자주 사용되는 것은 과거의 추측을 나타내는 [may have + 과거분사 (~이었을지도 모른다)], [must have + 과거분사 (~이었음에 틀림없다)], [cannot have + 과거분사 (~이었을 리가 없다)]와 과거의 유감이나 후회를 나타내는 [should(ought to) have + 과거분사]가 있다.

(1) may have + 과거분사: ~이었을지도 모른다

He **may have been** a rich man. (그는 부유한 사람이었을지도 모른다.)

= It is possible that he *was* a rich man.

(2) must have + 과거분사: ~이었음에 틀림없다

She **must have visited** my office. (그녀가 나의 사무실을 방문했었음에 틀림없다.)

= It is certain (=I am sure) that she *visited* my office.

(3) cannot have + 과거분사: ~이었을 리가 없다

The fact **cannot have been** true. (그 사실은 진실이었을 리가 없다.)

= It is impossible that the fact *was* true.

(4) should(ought to) have + 과거분사: ~했어야 했는데 (과거의 유감 · 비난 · 후회를 나타냄)

You should have worked hard. (너는 열심히 일했어야 했는데.)

(5) would rather have + 과거분사: ~하는 것이 나았을 것이다

She would rather have left last week. (그녀는 지난 주말에 떠나는 것이 나았을 것이다.)

(6) need not have + 과거분사: ~할 필요가 없었는데

She need not have gone there early. (그녀가 그곳에 일찍 갈 필요가 없었는데.)

Check It Out!

[need not have + 과거분사]와 [didn't have to + 동사원형]의 차이

(1) He need not have hurried. (그는 서두를 필요가 없었는데. → 하지만 서둘렀다)

(2) He didn't need to hurry. (그는 서두를 필요가 없었다. → 그래서 서두르지 않았다)

Check-up

1 ~ 5

다음 문장에서 <u>틀린</u> 부분을 고치시오.

1. You ought have done the work much earlier.

2. I must not have written to him because he phoned me shortly afterwards.

3. She would rather to have left last week.

4. He may have gone out, because his hat is here.

5. I am surprised at his failure; he cannot have succeed.

전문 해석 1. 너는 일을 훨씬 일찍 했어야 했는데.

2. 그가 그 이후에 곧 전화를 했으므로 나는 그에게 편지를 쓸 필요가 없었는데.

3. 그녀는 지난 주말에 떠나는 것이 나았을 것이다.

4. 모자가 여기 있는 것으로 보아 그는 갔을 리가 없다.

5. 나는 그가 실패한 것에 놀랐다. 그는 성공했어야 했는데.

문제 해결 1. 과거의 유감을 나타내는 것은 [should(ought to) have+과거분사]이므로 ought 뒤에 to를 첨가해야 한다.

2. 내용상 '~할 필요가 없었는데' 라는 표현이 되어야 하므로 [need not have+과거분사]로 써야 한다.

3. [would rather have+과거분사]는 '~하는 것이 나았을 것이다' 라는 뜻으로 조동사 would가 있으므로 have라는 동사원형은 필수적이다.

4. 내용상 '그는 갔을 리가 없다' 가 되어야 하므로 과거의 부정적 추측을 나타내는 [cannot have+과거분사]를 써야 한다.

5. 내용상 '그는 성공했어야 했는데' 라는 뜻이 되어야 하므로 [should(ought to) have+과거분사]를 사용해야 한다.

 1. ought → ought to 2. must not → need not 3. to have → have 4. may → cannot 5. cannot → should, ought to

---

6~9

다음 문장이 같은 뜻이 되도록 (   )에 알맞은 말을 넣으시오.

6. He must have been honest.

= It is _____ that he _____ honest.

7. It would have been better to have scolded him.

= You _____ _____ scolded him.

8. You wrote to him again, but it was not necessary.

= You _____ not _____ _____ to him again.

9. You should not have said so.

= It is _____ of you to have said so.

＊전문 해석＊ 6. 그는 정직했음에 틀림없다.

7. 너는 그를 좀 꾸짖었어야 했는데.

8. 너는 그에게 다시 편지를 쓸 필요가 없었는데.

9. 너는 그렇게 말하지 말았어야 했다.

＊문제 해결＊ 6. [must have+과거분사]는 '~했음에 틀림없다'는 의미이다. 빈칸에는 certain과 함께 시제가 과거이므로 be동사는 was가 알맞다.

7. [should(ought to) have+과거분사]는 '~했어야 했는데'라는 과거의 유감이나 원망을 나타내는 표현이다.

8. 내용상 '~할 필요가 없었는데'라는 표현이 되어야 하므로 [need not have+과거분사]로 써야 한다.

9. [should not(ought not to) have+과거분사]는 '~하지 말았어야 했는데'라는 과거의 유감이나 원망을 나타내는 표현이므로 빈칸에는 foolish나 stupid라는 단어가 적절하다.

정답 6. certain, was 7. should have 8. need, have written 9. foolish 또는 stupid

중요 불규칙 동사

현 재	과 거	과거분사
fit 맞다, 적합하다	fit/fitted	fit/fitted
flee 달아나다	fled	fled
fling 내던지다	flung	flung
fly 날다	flew	flown
forbid 금지하다	forbade/forbad	forbidden
forecast 예보하다	forecast/forecasted	forecast/forecasted
foresee 예견하다	foresaw	foreseen
foretell 예언하다, 예고하다	foretold	foretold
forget 잊다	forgot	forgotten
forgive 용서하다	forgave	forgiven

Case 20 – 조동사 should의 용법

비법 전수

조동사 should가 사용되는 경우 중 출제빈도가 높은 '이성적 판단, 감정적 판단, 충고 등'은 '**이**(이성적 판단) **감**(감정적 판단) **충**(충고)! **슛**(should)! **골인!**'이라고 암기 한다: *이감충! 슛! 골인!*

◆ 조동사 should의 용법 출제 족보

① It is(was) 이성적 판단 that S(주어) + (should) 동사원형

② It is(was) 감정적 판단 that S(주어) + (should) 동사원형

③ S(주어) + 주장/명령/충고/소망/요구/제안의 동사 that S(주어) + (should) 동사원형

조동사 **should**는 '~해야 한다'는 의무의 뜻 이외에도 '이성적 판단, 감정적 판단, 충고' 등과 같은 표현 뒤에 관용적으로 쓰이지만, 생략할 수 있다.

(1) It is(was) 이성적 판단 that S + (should) 동사원형

※ 이성적 판단: natural, rational, irrational, good, bad, right, wrong, important, necessary, essential, imperative 등

It is natural that he *(should) oppose* a plan like that. (그가 그와 같은 계획에 반대하는 것은 당연하다.)

(2) It is(was) 감정적 판단 that S + (should) 동사원형

※ 감정적 판단: strange, sorry, surprising, surprised, a pity, astonished, shocked 등

It is strange that she *(should) go* to such a place. (그녀가 그런 곳에 가다니 참 이상하다.)

(3) S + 주장 / 명령 / 충고 / 소망 / 요구 / 제안의 동사 that S + (should) 동사원형

※ 주장/명령/충고/소망/요구/제안의 동사: insist, order, advise, require, request, move, recommend, propose, suggest 등

He insisted that the budget *(should) be* discussed at the next meeting. (그는 그 예산을 다음 회의에서 토론할 것을 주장했다.)

Check-up

1 ~ 5

다음 ( ) 안에서 알맞은 것을 고르시오.

1. I insisted that he (would, could, should) start at once.

2. It is essential that he (is, was, be) prepared for this.

3. It is necessary that he (go, goes, went) there.

4. He proposed that we (start, started, would start) at six.

5. The officer ordered that the men (shall, should, would) fire the guns.

＊전문 해석＊
1. 나는 그가 즉시 출발해야 한다고 주장했다.
2. 그는 반드시 이것에 대비해야 한다.
3. 그가 그곳에 갈 필요가 있다.
4. 그는 6시에 출발하자고 제안했다.
5. 그 장교는 사병들에게 발사하라고 명령했다.

정답 1. should 2. be 3. go 4. start 5. should

6~9

다음 문장에서 <u>틀린</u> 부분을 고치시오.

6. It is necessary that you may be present at the meeting.

7. It is natural that he was tired.

8. He insisted that he went alone.

9. I recommend that you would buy this dictionary.

정답 6. may → should 7. was → (should) be 8. went → (should) go 9. would buy → (should) buy

10 ● ● ●

빈칸에 공통으로 들어가기에 알맞은 것은?

- It is important that you ＿＿＿＿ keep your word.
- The doctor suggested that the patient ＿＿＿＿ stop smoking.

① could　　　　　　② would
③ might　　　　　　④ ought
⑤ should

＊전문 해석＊
- 너는 약속을 지키는 게 중요하다.
- 의사는 그 환자가 담배를 끊을 것을 권고했다.

＊문제 해결＊ important와 같은 이성적 판단과 suggest 같은 제안의 동사 뒤에는 조동사 should를 쓴다.

＊어휘 해결＊ **keep one's promise** 약속을 지키다 / **patient** 환자

정답 10. ⑤

[1~2] 다음 글을 읽고, 물음에 답하시오.

> The foundation of public education has always been reading, writing and arithmetic — the three "Rs." Yet the schools insist that students who have not mastered these fundamentals (A)continue/continued to take all the other subjects as well. What good does it do for young people to (B)sit/seat in on a history or science class if they can't read or calculate well? Schools ought to require students who (C)is/are very behind in the fundamentals to devote all their time to the three Rs until they are at or near grade level.

01 위 글의 밑줄 친 (A), (B), (C)에서 어법에 맞는 표현을 골라 짝지은 것으로 가장 적절한 것을 고르시오.

	(A)	(B)	(C)
①	continue	sit	is
②	continue	seat	is
③	continue	sit	are
④	continued	seat	are
⑤	continued	sit	is

02 위 글에서 제시하는 '대중 교육의 기초' 세 가지를 찾아 영어로 쓰시오.

(1) _____

(2) _____

(3) _____

03 글의 흐름으로 보아 밑줄 친 부분을 고칠 필요가 있는지를 알아보고, 필요가 있다면 가장 잘 고쳐진 것은?

Sixty-five million years ago, the age of the dinosaurs suddenly came to an end. The dinosaurs all disappeared from the earth. Scientists have always wondered why this happened. A new discovery of a huge circle 180 kilometers wide, in Mexico may give them the answer. This circle was probably caused by some very large object that hit the earth. When it hit, it <u>cannot have caused</u> changes in the earth's climate and sea levels which may have been disastrous for dinosaurs.

① 고칠 필요 없음　　　　　　② must have caused

③ should have caused　　　　④ may have caused

⑤ need not have caused

04 빈칸 (A)와 (B)에 적절한 것끼리 짝지은 것은?

The person _____(A)_____ most is the person who saved my life. Last winter, on the way home, I got into a bad car accident. I was driving. After I was hit, I couldn't get out of my car. At that moment one very special lady ran straight to the car. When she saw I was hurt, she told me not to move. About 30 seconds later the car started smoking. This woman was no more than five feet tall and she _____(B)_____ more than 100 pounds. I don't know how someone that small could have lifted me out of my car. A minute later, when I turned around, the driver's seat was totally in flames.

	(A)	(B)
①	my life affected	must have weighed
②	affected my life	may have weighed
③	my life affected	cannot have weighed
④	who affected my life	must have weighed
⑤	who affected my life	cannot have weighed

05 다음 글에서 밑줄 친 부분 중, 어법상 틀린 것은?

A bird in a cage at a window ①used to sing at night-time. A bat which heard her came up and asked ②why she never sang by day, but only at night. She explained that there was a good reason: it was while she was singing once in the daytime that she ③was captured, and this had taught her a lesson. "It's no good ④taking precautions now," said the bat. "You ⑤should be careful before you were caught."

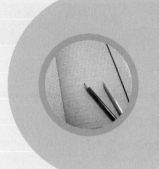

First Step 기본 동사 필수 문법요소

04 태

Case 21~25

First Step

4. 태

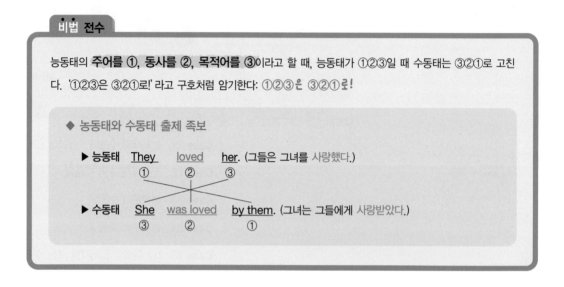

Case 21~25

Case 21 – 능동태와 수동태

비법 전수

능동태의 **주어를 ①, 동사를 ②, 목적어를 ③**이라고 할 때, 능동태가 ①②③일 때 수동태는 ③②①로 고친다. '①②③은 ③②①로' 라고 구호처럼 암기한다: ①②③은 ③②①로!

◆ 능동태와 수동태 출제 족보

▶ **능동태**   <u>They</u>   <u>loved</u>   <u>her</u>. (그들은 그녀를 사랑했다.)
　　　　　　 ①　　　 ②　　 ③

▶ **수동태**   <u>She</u> <u>was loved</u> <u>by them</u>. (그녀는 그들에게 사랑받았다.)
　　　　　　 ③　　　 ②　　　　 ①

영어의 큰 특징 중 하나는 우리말에서 잘 사용하지 않는 수동태(be+과거분사)의 발달이다. 최근 시험 문제 중에는 수동태와 관련된 문제들도 직접 출제되고 있지만, 더욱더 중요한 것은 수동태의 독해(해석)이다. 수동태를 해석할 경우에는 원래 동사의 뜻에다가 '되다, 당하다' 등의 의미를 첨가한다.

(1) He lost a knife. [능동태] (그는 칼을 잃어버렸다.)

　　→ A knife was lost by him. [수동태]

(2) They teach us English. [능동태] (그들은 우리에게 영어를 가르친다.)

　　→ We are taught English by them. [수동태]

　　→ English is taught us by them. [수동태]

(3) He made his son a dentist. [능동태] (그는 아들을 치과 의사로 만들었다.)

→ His son was made a dentist by him. [수동태]

Check-up

1 ~ 5

다음 문장을 아래와 같이 바꿔 쓸 때 빈칸에 알맞은 말을 쓰시오.

1. My father painted the wall.

   → The wall _____ by my father.

2. Shakespeare wrote *Romeo and Juliet*.

   → *Romeo and Juliet* _____ by Shakespeare.

3. Many people use buses every day.

   → Buses _____ by many people every day.

4. They cleaned the street yesterday.

   → The street _____ by them yesterday.

5. Someone gave Sarah the money.

   → The money _____ by someone.

6 ~ 7

다음 빈칸에 알맞은 것을 고르시오.

6.

A: Do you know the song, *Yesterday*?
B: Yes. It _____ by the Beatles.

① sang   ② sung
③ was sung   ④ is singing
⑤ was singing

7.

A: Who broke the window?
B: It _____ by Jack.

① breaks   ② broken
③ is breaking   ④ is broken
⑤ was broken

＊전문 해석＊ 　6. A : Yesterday라는 노래를 아니?

　　　　　　　　B : 그럼. 그 노래는 Beatles가 불렸지.

　　　　　　7. A : 누가 창문을 깼니?

　　　　　　　　B : Jack이 깼어.

＊문제 해결＊ 　6. 문맥상 '노래 불리다' 는 의미가 되어야 하므로 수동태가 올바르다.

　　　　　　7. 창문이 Jack에 의해 깨졌고 과거의 일이므로 과거형 수동태가 알맞다.

＊어휘 해결＊ 　**break** 깨뜨리다

정답 　6. ③ 7. ⑤

중요 불규칙 동사 　잠깐! Check

현 재	과 거	과거분사
forsake 버리다	forsook	forsaken
freeze 얼다	froze	frozen
frostbite 동상을 입히다	frostbit	frostbitten
get 얻다	got	got/gotten
give 주다	gave	given
go 가다	went	gone/been
grind 갈다, 빻다	ground	ground
grow 자라다	grew	grown
handwrite 손으로 쓰다	handwrote	handwritten
hang 걸다, 매달아 두다	hung	hung
hang 교수형에 처하다	hanged	hanged

Case 22 – 진행형/완료형 수동태

진행형(be + ~ing)을 수동태로 만들면 [be being + 과거분사], 완료형(have + 과거분사)을 수동태로 만들면 [have been + 과거분사]가 된다. **'진행형은 비 빙(be being) 피피(p.p), 완료형은 해 빈(have been) 피피(p.p)'**라고 노래 부르듯이 리듬감을 살려 외운다: 진행형은 비 빙 피피, 완료형은 해 빈 피피!

◆ 진행형/완료형 수동태 출제 족보

▶ **진행형 수동태:** be being + 과거분사

▶ **완료형 수동태:** have been + 과거분사

진행형(be+~ing)을 수동태로 만들면 [be being+과거분사], 완료형(have+과거분사)을 수동태로 만들면 [have been+과거분사]가 된다. 진행형 수동태는 진행과 수동태가 합쳐진 개념이고, 완료형 수동태는 완료와 수동태가 합쳐진 것이다.

(1) He is reading an interesting book. (그는 재미있는 책을 읽고 있는 중이다.)

→ An interesting book is being read by him.

(2) A French lady has taught her lessons in piano. (프랑스 아가씨가 그녀에게 피아노 교습을 시켰다.)

→ She has been taught lessons in piano by a French lady.

(3) He had asked me to come and visit him. (그는 나에게 자기를 찾아와 방문해 달라고 부탁했다.)

→ I had been asked to come and visit him by him.

Check-up

1~5

다음을 주어진 말로 시작하는 문장으로 바꿔 쓰시오.

1. She was making a toy car.

   → A toy car _____.

2. He was writing a long letter.

   → A long letter _____.

3. I have finished the work.

   → The work _____.

4. He had sent his e-mail to her by mistake.

   → His e-mail _____ by mistake by him.

5. He was doing the work when we arrived.

   → The work _____ when we arrived.

＊전문 해석＊ 1. 그녀는 장난감 차를 만들고 있었다.

2. 그는 장문의 편지를 쓰고 있었다.

3. 나는 그 일을 끝마쳤다.

4. 그는 실수로 그녀에게 이메일을 보냈다.

5. 우리가 도착했을 때 그는 일을 하고 있었다.

＊문제 해결＊ 1~5. 진행형(be+~ing)을 수동태로 만들면 [be being+과거분사], 완료형(have+과거분사)을 수동태로 만들면 [have been+과거분사]가 된다.

＊어휘 해결＊ **by mistake** 실수로

 1. was being made by her 2. was being written by him 3. has been finished by me 4. had been sent to her 5. was being done by him

---

● 6 ● ● ● ●

다음 우리말과 같은 뜻이 되도록 빈칸에 알맞은 말을 고르시오.

집에 도착했을 때, 저녁식사가 준비되고 있었다.

= Dinner _____ when I got home.

① prepared

② was prepared

③ was preparing

④ has prepared

⑤ was being prepared

＊문제 해결＊ 과거진행형 수동태는 [be동사 과거형+being+과거분사]이다.

 6. ⑤

다음 우리말을 영어로 가장 바르게 옮긴 것은?

> 수년 동안 많은 편지가 그녀에게 보내져 오고 있다.

① For many years, many letters was sent to her.

② For many years, many letters is being sent to her.

③ Many letters were sent her for many years.

④ Many letters have been sent to her for many years.

⑤ Many letters have sent to her for many years.

＊문제 해결＊　완료형 수동태는 [have been+과거분사]이다.

정답　7. ④

중요 불규칙 동사　잠깐! Check

현 재	과 거	과거분사
hear 듣다	heard	heard
hide 감추다, 숨기다	hid	hidden
hit 때리다, 치다	hit	hit
hold 쥐다, 유지하다	held	held
hurt 다치게 하다, 아프다	hurt	hurt
inlay 새겨 넣다, 상감하다	inlaid	inlaid
input 입력하다	input/inputted	input/inputted
interlay ~의 사이에 넣다	interlaid	interlaid
keep 보유하다, 계속하다	kept	kept

Case 23 – 부정문의 수동태

비법 전수

no, never, neither, nobody, nothing 등이 들어 있는 문장을 수동태로 만들 경우에는 특히 주의를 기울여야 한다. nothing이 주어인 경우의 수동태를 예를 들어 다음과 같이 암기한다. **'나빠요(not ~ by)! 애니씨(anything)!'** : 나빠요! 애니씨!

◆ 부정문의 수동태 출제 족보

▶ nothing이 주어 → [주어 ~ by nothing] (×), [주어 ~ <u>not ··· by anything</u>] (○)

▶ nobody가 주어 → [주어 ~ by nobody] (×), [주어 ~ <u>not ··· by anybody</u>] (○)

nothing, nobody가 능동의 주어인 경우, 수동태를 [주어 ~ by nothing]이나 [주어 ~ by nobody]로 고치면 틀리고, [주어 ~ not ··· by anything]와 [주어 ~ not ··· by anybody]로 나타내어야 한다.

(1) **Nobody** thanked me. (아무도 나에게 감사하지 않았다.)

→ I was thanked **by nobody**. (×)

→ I was **not** thanked **by anybody**. (○)

(2) **No one** has ever solved the problem. (이제까지 그 문제를 해결한 사람은 아무도 없다.)

→ The problem has ever been solved **by no one**. (×)

→ The problem has **never** been solved **by anyone**. (○)

Check-up

1~2

다음 문장을 아래와 같이 바꿔 쓸 때 빈칸에 알맞은 말을 쓰시오.

1. No one has ever visited the island.

→ The island has never been visited _____.

2. Nobody has ever punished me before.

→ I have _____ been punished before by anybody.

＊전문 해석＊ 1. 어떤 사람도 지금까지 그 섬을 방문한 적이 없다.
2. 어떤 사람도 전에 나를 벌 준 적이 없었다.

＊문제 해결＊ 1~2. nothing, nobody가 능동태의 주어인 경우, 수동태는 [주어 ~ not … by anything]과
[주어 ~ not … by anybody]로 나타낸다.

＊어휘 해결＊ **punish** 벌주다

정답 1. by anyone 2. never

다음 문장에서 어법상 <u>틀린</u> 부분을 찾아 바르게 고치시오.

3. The idea would be accepted by nobody.

4. It is not believed by nobody.

5. The question was not solved by no one.

＊전문 해석＊ 3. 아무도 그런 생각은 용납지 않을 것이다.
4. 아무도 그것을 믿지 않는다.
5. 아무도 그 문제를 풀지 못했다.

＊문제 해결＊ 3~5. nothing, nobody가 능동태의 주어인 경우, 수동태는 [주어 ~ not ⋯ by anything]과 [주어 ~ not ⋯ by anybody]로 나타낸다.

＊어휘 해결＊ **accept** 받아들이다

정답 3. The idea would be accepted by nobody. → The idea would not be accepted by anybody.
4. nobody → anybody 5. no one → anyone

다음 빈칸에 알맞은 것을 고르시오.

> The fact was not believed _____.

① by nobody   ② by anybody
③ to nobody   ④ to anybody
⑤ with anyone

＊전문 해석＊ 아무도 그 사실을 믿지 않았다.

＊문제 해결＊ nothing, nobody가 능동태의 주어인 경우, 수동태는 [주어 ~ not … by anything]과 [주어 ~ not … by anybody]로 나타낸다.

정답 6. ②

중요 불규칙 동사

현 재	과 거	과거분사
kneel 무릎 꿇다	knelt/kneeled	knelt/kneeled
knit 뜨개질하다	knit/knitted	knit/knitted
know 알다	knew	known
lay 눕히다, 놓다	laid	laid
lead 인도하다, 지휘하다	led	led
lean 기대다, 의지하다	leant/leaned	leant/leaned
leap 껑충 뛰다	leapt/leaped	leapt/leaped
learn 배우다	learnt/learned	learnt/learned
leave 떠나다	left	left
lend 빌려주다	lent	lent

Case 24 – 동사구의 수동태

비법 전수

동사에 전치사나 부사가 결합된 동사구는 수동태로 바뀌어도 한 덩어리로 움직인다. 특히 타동사구 속에 있는 목적어 앞에 every, good, great, no, any, some, much, little 등이 나오면 그 목적어도 수동태가 가능하다. 단어들의 첫 글자를 이용해 **'애그그 노예 섬머리'**라고 암기한다: 애ㄱ그 노예 섬머리!

◆ 동사구의 수동태 출제 족보

Everyone laughed at Polly. [능동태]

→ **Polly** was laughed at **by everyone.** [수동태]

동사에 전치사나 부사가 결합된 동사구는 수동태로 바뀌어도 한 덩어리로 움직인다. 특히 타동사구 속에 있는 목적어 앞에 every, good, great, no, any, some, much, little 등이 나오면 그 목적어도 수동태가 가능하다.

(1) A car ran over him. (자동차가 그를 치었다.)

→ He was run over by a car.

(2) I looked after the sick dog carefully. (나는 그 아픈 개를 주의 깊게 돌보아 주었다.)

→ The sick dog was looked after carefully by me.

(3) The villagers looked up to the doctor. (마을 사람들은 그 의사를 존경했다.)

→ The doctor was looked up to by the villagers.

(4) They took good care of the child. (그들은 그 아이를 잘 돌보아 주었다.)

→ The child was taken good care of by them.

→ Good care was taken of the child by them.

Check-up

1 ~ 4

다음 문장을 아래와 같이 바꿔 쓸 때 빈칸에 알맞은 말을 쓰시오.

1. The nurse took great care of the baby.

→ The baby _____ by the nurse.

→ Great care _____ by the nurse.

2. My father put up with the bad situation.

→ The bad situation _____ by my father.

3. You may take off your coat.

→ Your coat may _____.

4. The car ran over a child.

→ A child _____ the car.

＊전문 해석＊ 1. 간호사는 그 소년을 잘 돌보아 주었다.

2. 아버지는 어려운 상황을 참았다.

3. 너는 코트를 벗을 수 있다.

4. 그 차가 어린이를 치었다.

＊문제 해결＊ 동사구를 수동태로 만들면 한 덩어리로 취급되어 [be+동사구의 과거분사+by]의 형태가 된다.

＊어휘 해결＊ **put up with** 참다, 견디다(=endure) / **take off** (옷 등을) 벗다 / **run over** (자동차가 사람·물건을) 치다

 정답 1. was taken great care of, was taken of the boy 2. was put up with 3. be taken off by you
4. was run over by

5

다음 중 어법상 바르지 <u>못한</u> 것은?

① The boy is taken care by her.

② The building was built in 2007.

③ The letter was being written by him.

④ He was looked up to by them.

⑤ These old papers can be done away with by us.

＊전문 해석＊ ① 그 소년은 그녀에 의해 보살핌을 받는다.

② 그 건물은 2007년에 지어졌다.

③ 그 편지는 그에 의해 쓰여 지고 있다.

④ 그는 그들로부터 존경을 받았다.

⑤ 이 낡은 종이들은 우리에 의해 제거될 것이다.

＊문제 해결＊ ① 수동태를 만들 때 동사구는 하나의 동사처럼 취급되므로 taken care by는 taken care of by로 고쳐야 한다.

＊어휘 해결＊ **take care of** ～을 돌보다 / **look up to** 존경하다 / **do away with** 제거하다

정답 5. ①

다음 두 문장이 같은 뜻이 되도록 빈칸에 알맞은 말을 쓰시오.

The boss looked down on his workers.

= His workers _____ by the boss.

＊전문 해석＊ 사장님은 근로자들을 경멸했다.

＊문제 해결＊ 동사구(look down on)를 수동태로 만들 때에는 덩어리로 이동한다.

＊어휘 해결＊ **look down on** 경멸하다(=despise)

정답 6. were looked down on

중요 불규칙 동사

현 재	과 거	과거분사
let ~에게 시키다, 허용하다	let	let
lie 드러눕다	lay	lain
lie 거짓말하다	lied	lied
light 불을 붙이다	lit	lit
lose 잃다, 지다	lost	lost
make 만들다	made	made
mean 의미하다	meant	meant
meet 만나다	met	met
melt 녹다	melted	molten/melted
mislead 잘못 인도하다	misled	misled

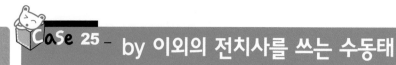

Case 25 – by 이외의 전치사를 쓰는 수동태

비법 전수

수동태의 행위자를 표시할 때 by 이외의 전치사를 사용하는 경우 중에서, 특히 중요한 것을 '나의 작은 소망 — 나의 미래에 대해 **아빠(about)**는 늘 **걱정(worried, concerned)**하고 계신다. **아(at)빠를 놀라게 (surprised) 해드리고 싶다. 합격 소식으로(with) 기쁘게(pleased) 만족시켜(satisfied) 흥분하신 (excited)** 모습을 보고 싶다'라고 암기한다. 나의 작은 소망 — 나의 미래에 대해 아빠는 늘 걱정하고 계신다. 아빠를 놀라게 해 드리고 싶다. 합격 소식으로 기쁘게 만족시켜 흥분하신 모습을 보고 싶다.

> ◆ by 이외의 전치사를 쓰는 수동태 출제 족보
>
> ① I was surprised at the news. (나는 그 소식에 놀랐다.)
>
> ② I was pleased with the news. (나는 그 소식에 기뻤다.)
>
> ③ I was satisfied with his offer. (나는 그의 제안에 만족했다.)

능동태를 수동태로 고칠 때 행위자 표시는 [by+목적격]으로 한다. 하지만 by 이외의 전치사를 쓰는 수동태도 있다. 이런 것들은 숙어처럼 암기해야 한다.

(1) I am interested in rock music. (나는 록 음악에 관심이 있다.)

(2) She is known to everyone. (그녀는 모든 사람에게 알려져 있다.)

(3) I was excited with the news. (나는 그 소식에 흥분했다.)

(4) I was worried(concerned) about his accident. (나는 그의 사고를 걱정했다.)

(5) This desk is made of wood. (이 책상은 나무로 만들어진다.)

(6) The mountain is covered with snow. (그 산은 눈으로 덮여 있었다.)

(7) The room is filled with a lot of books. (방은 많은 책들로 가득 차 있었다.)

Check It Out!

by 이외의 전치사를 쓰는 수동태

① I am engaged in **the bank.** (나는 그 은행에서 근무한다.)

② I am **not** accustomed to **being treated like that.** (나는 그런 대접을 받는데 익숙하지 못하다.)

③ I am **not** acquainted with **her father.** (나는 그녀의 아버지를 알지 못한다.)

④ We were caught **in a shower on the way home.** (우리는 집으로 오는 도중에 소나기를 만났다.)

Check-up

○ 1 ~ 5 ○ ● ●

다음 문장에서 어법상 <u>틀린</u> 부분을 찾아 바르게 고치시오.

1. This table is made by glass.

2. I am satisfied by the result.

3. Kevin is much interested of economics.

4. The poet is known by people.

5. My uncle was pleased to the story.

＊전문 해석＊
1. 이 테이블은 유리로 만들어진다.
2. 나는 결과에 만족한다.
3. Kevin은 경제(학)에 관심이 많다.
4. 그 시인은 사람들에게 알려져 있다.
5. 삼촌은 그 이야기에 기뻐하셨다.

＊문제 해결＊
1. '～으로 만들어지다'는 be made of이다.
2. '～에 만족하다'는 be satisfied with이다.
3. '～에 관심이 있다'는 be interested in이다.
4. '～에게 알려지다'는 be known to이다.
5. '～에 기뻐하다'는 be pleased with이다.

＊어휘 해결＊ **result** 결과 / **economics** 경제(학) / **poet** 시인

정답 1. by → of 2. by → with 3. of → in 4. by → to 5. to → with

---

6 ● ● ●

다음 빈칸에 공통으로 들어갈 알맞은 말은?

- My mother was satisfied _____ my grade.
- The box is filled _____ vegetables.

① in   ② of
③ by   ④ with
⑤ for

＊전문 해석＊
- 엄마는 나의 성적에 만족하셨다.
- 박스는 야채로 가득 차 있다.

＊문제 해결＊ be satisfied with는 '～에 만족하다'이고, be filled with는 '～으로 가득 차다'는 의미이다.

정답   6. ④

---

7 ~ 9 ● ● ●

다음 밑줄 친 곳에 알맞은 전치사를 쓰시오.

7. Her shirt is made _____ silk.

8. My teacher was concerned _____ my sickness.

9. He was surprised _____ the wonderful outcome.

---

* 전문 해석 *   7. 그녀의 셔츠는 비단으로 만들어졌다.
8. 선생님은 내가 아픈 것을 걱정하셨다.
9. 그는 멋진 결과에 놀랐다.

* 문제 해결 *   7. '~으로 만들어지다' 는 be made of이다.
8. '~에 대해 걱정하다' 는 be concerned about이다.
9. '~에 놀라다' 는 be surprised at이다.

* 어휘 해결 *   **sickness** 질병 / **outcome** 결과

정답   7. of   8. about   9. at

[1~2] 다음 글을 읽고, 물음에 답하시오.

In China, there is a wall that is two thousand four hundred kilometers long. (A)It ①is called the Greet Wall of China. Every bit of the wall ②was built by hand. The Great Wall of China was built many years ago. The people of China made it to keep out their enemies. There are watchtowers all along the way. The wall is ③made by bricks and earth. It is high and wide on top. It ④is said that it took ten years to build just one part of this wall. It's one of the most popular tourist places in the world. It ⑤has been visited by a lot of people from around the world.

01 위 글의 밑줄 친 (A)에 대한 설명으로 알맞지 <u>않은</u> 것은?

① It is in China.
② Many people have visited it.
③ It was built by some big machines.
④ It was built for keeping China safe.
⑤ It was known as a popular tourist place.

02 위 글의 밑줄 친 ①~⑤ 중 어법상 바르지 <u>못한</u> 것은?

03 빈칸 (A)와 (B)에 적절한 것끼리 짝지은 것은?

The ancient Egyptians strongly believed the universe was ordered. This was probably due to the fact the Nile River flooded at the same time every year, __(A)__ the fields and crops. The sun also was extremely important to them, and it was even more ordered in its movements than the Nile. The Egyptians also believed in an ordered society, in which people acted as they were expected to. They viewed an ordered society as __(B)__ to the order in the universe. They called this order in the universe *ma'at*.

	(A)	(B)
①	brought water to	being connected
②	bringing water to	being connected
③	bringing water to	connect
④	brought to water	connect
⑤	bringing to water	connecting

04 다음 글에서 밑줄 친 부분 중, 어법상 틀린 것은?

If you are changing your address, *Please Notify Us In Writing At Least Six Week In Advance*. This is to give us ①enough time to process the change. In your letter, never forget ②including your full name and complete address and phone number. Always indicate the name of your building/office/department, street, village, city, and zip code. For your address to be ③complete, also include the name of the two nearest streets between which your address ④is located. Include landmarks such as stores and buildings. Again, this is ⑤to ensure that the delivery process will be error-free and more systematic.

05 빈칸 (A)와 (B)에 들어갈 말로 올바른 것끼리 짝지은 것은?

Many public figures have hired speech writers for political or business purposes. You may have heard such well-known phrases as "Read my lips" or "A kinder, gentler nation." A female professional speech writer ___(A)___ with creating these phrases, capturing abstract ideas and putting them into practical language. The very existence of speech writers like her causes many politicians or business people ___(B)___ that if they just hire a good speech writer, they will become memorable speech makers overnight. Unfortunately, that assumption is wrong. In reality, speech writers cannot make their clients great, or even good, speakers.

	(A)	(B)		(A)	(B)
①	credits	think	②	credits	to think
③	is credited	think	④	is credited	to think
⑤	is credited	thinking			

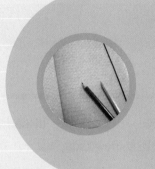

First Step 기본 동사 필수 문법요소

05 가정법

Case 26~30

First Step

5. 가정법

Case 26~30

Case 26 – 일반 가정법

비법 전수

> 가정법 과거는 [if 과거, would 동사원형], 가정법 과거완료는 [If had p.p, would have p.p], 혼합 가정법은 [if had p.p, would 동사원형, now today]라고 주문 외우듯 암기한다.

◆ 일반 가정법 출제 족보

① **가정법 과거**: 현재의 사실에 정반대되는 것을 가정해서 나타낸 표현

    If S + 과거동사(were) ~, S + would / should / could / might + 동사원형 …

② **가정법 과거완료**: 과거의 사실에 정반대되는 것을 가정하는 표현

    If S + had 과거분사 ~, S + would / should / could / might + have 과거분사 …

③ **혼합 가정법**

    If S + had 과거분사 ~, S + will / shall / can / may + 동사원형 … (now, today)

사실과 반대되거나 실현 가능성이 희박한 일을 가정·상상해서 표현하는 것을 가정법이라 한다. 가정법에서는 시제의 형태와 실제로 나타내는 때가 일치하지 않으므로 해석에 유의해야 한다. 특히, 가정법 과거, 가정법 과거완료, 혼합 가정법의 형식을 기억해 두자.

(1) If I were you, I would not do the work. [가정법 과거] (만일 내가 너라면, 나는 그 일을 하지 않을 것이다.)

(2) If he had been honest, I would have employed him. [가정법 과거완료] (만약 그가 정직했다면, 나는 그를 고용했을 것이다.)

(3) **If** we **had gone** by car, we **could have saved** time. [가정법 과거완료] (만약 우리가 자
동차로 갔다면, 우리는 시간을 절약할 수 있었는데.)

(4) **If** she **had bought** the house, she **would be** happy *now*. [혼합 가정법] (만일 그녀
가 그 집을 샀었더라면, 그녀는 지금 행복할 텐데.)

Check It Out!

법의 종류

① **직설법**: 존재하는 사실 그대로를 객관적으로 표현하는 방법
I am happy. (나는 행복하다.)

② **명령법**: 명령, 제안, 요구, 권유, 강제성을 띤 부탁 등을 표현하는 방법
Bring me an orange. (오렌지 하나 가져와라.)

③ **가정법**: 가정, 추측, 의심, 소망 등을 주관적으로 표현하는 방법
If it rains tomorrow, I'll be home. (만일 내일 비가 온다면 나는 집에 있을 것이다.)

1 ~ 3

다음 빈칸에 알맞은 것을 고르시오.

1. If I _____ you, I wouldn't do such a thing.
① am   ② is
③ are   ④ were
⑤ am being

2. If he had studied hard, he _____ the exam.
① can pass   ② could pass
③ can be passed   ④ could be passed
⑤ could have passed

3. If I _____ your advice then, I should be happier now.
① had taken   ② have taken
③ took   ④ were taken
⑤ take

＊전문 해석＊   1. 내가 너라면, 나는 그러한 일을 하지 않을 것이다.
2. 그가 좀 더 열심히 공부했다면, 그는 시험을 통과할 수 있었는데.
3. 그 때 너의 충고를 들었더라면, 지금은 더 행복할 텐데.

＊문제 해결＊   1. 가정법 과거의 형식은 [If 주어+과거동사(were) ～, 주어+조동사의 과거형+동사원형 …]이다. 동사가 be동사이므로 were가 올바르다.
2. 가정법 과거완료의 형식은 [If 주어+had 과거분사 ～, 주어+조동사의 과거형+have 과거분사 …]이다.
3. 혼합 가정법의 형식은 [If 주어+had 과거분사 ～, 주어+조동사의 과거형+동사원형 … (now, today)]이다.

＊어휘 해결＊   **advice** 충고

정답   1. ④   2. ⑤   3. ①

4~5

다음 우리말과 같은 뜻이 되도록 빈칸에 알맞은 말을 쓰시오.

4. 내가 자동차를 가지고 있다면, 더 많이 여행을 할 수 있을 텐데.

= If I had a car, I _____ more.

5. 내가 부자였더라면, 너를 도우려 했을 텐데.

= If I _____ rich, I would have helped you.

＊문제 해결＊ 4. 가정법 과거의 형식은 [If 주어+과거동사(were) ∼, 주어+조동사의 과거형+동사원형 …]이다.
5. 가정법 과거완료의 형식은 [If 주어+had 과거분사 ∼, 주어+조동사의 과거형+have 과거분사 …]이다.

정답 4. could travel 5. had been

6

다음 두 문장이 같은 뜻이 되도록 빈칸에 알맞은 말을 쓰시오.

As I don't know her phone number, I can't give her a call.

= If I knew her phone number, I _____ give her a call.

＊전문 해석＊ 내가 그녀의 전화번호를 안다면, 나는 그녀에게 전화를 할 수 있을 텐데.

＊문제 해결＊ 가정법 과거의 형식은 [If 주어+과거동사(were) ∼, 주어+조동사의 과거형+동사원형 …]이다.

정답 6. could

비법 전수

I wish 가정법 뒤에 오는 동사의 종류는 wish의 시제와 비교하여 **'하나 앞에 간다 – had 빙빙(had p.p), 같이 간다 – 고등어(과거동사, were), 하나 뒤에 온다 – 조과거(조동사 과거형)!'** 라고 암기한다: 하나 앞에 간다 – had 빙빙, 같이 간다 – 고등어, 하나 뒤에 온다 – 조과거!

◆ I wish 가정법 출제 족보

I wish (that) 주어 + ┌ had p.p (과거분사)
　　　　　　　　　├ 과거동사 (were)
　　　　　　　　　└ 조동사의 과거형 (would/should/might 등)

'~라면 좋을 텐데(~라면 좋았을 텐데)'라는 의미를 갖는 I wish 가정법은 뒤에 나오는 동사의 종류가 중요하다. wish의 시제를 기준으로 하여, 뒤에 이어지는 문장과 시제 비교를 해서 뒤에 이어지는 시제가 '하나 앞에 갈 경우에는 had+과거분사'를, '같이 갈 경우에는 과거동사(were)'를, '하나 뒤에 올 경우에는 조동사의 과거형'을 쓴다.

(1) I wish I knew how to drive *now*. (내가 지금 운전하는 방법을 안다면 좋을 텐데.)

(2) I wish it were raining *now*. (지금 비가 내리면 좋을 텐데.)

(3) I wish he had gone to the doctor at once. (그가 즉시 의사에게 갔었더라면 좋았을 텐데.)

(4) I wish she would be rich *in the future*. (그녀가 미래에 부자가 된다면 좋을 텐데.)

Check It Out!

I wish 다음에는 반드시 가정법 동사만이 와야 하는 것은 아니고 직설법 동사를 쓰기도 한다.
① I wish he was coming with us. (그가 우리와 같이 간다면 좋을 텐데.)
② I wish she will succeed. (그녀가 성공하면 좋을 텐데.)

1~5

다음 ( ) 안에서 알맞은 것을 고르시오.

1. I wish I (had, had had) a car now.

2. I wish that I (didn't make, hadn't made) such a mistake yesterday.

3. I wish he (told, had told) the truth last night.

4. I wish my friend (were, would be) successful in the future.

5. I wish she (was, were) there right now.

＊전문 해석＊
1. 내가 지금 차가 있다면 좋을 텐데.
2. 내가 어제 그러한 실수를 하지 않았더라면 좋았을 텐데.
3. 그가 어젯밤 진실을 말했더라면 좋았을 텐데.
4. 내 친구가 미래에 성공한다면 좋을 텐데.
5. 그녀가 거기에 있다면 좋을 텐데.

＊문제 해결＊
1~5. I wish 가정법은 뒤에 나오는 동사의 종류가 중요하다. wish의 시제를 기준으로 하여, 뒤에 이어지는 문장과 시제 비교를 해서 뒤에 이어지는 시제가 [하나 앞에 갈 경우에는 had+과거분사]를, [같이 갈 경우에는 과거동사(were)]를, [하나 뒤에 올 경우에는 조동사의 과거형]을 쓴다.

＊어휘 해결＊ **make a mistake** 실수하다 / **successful** 성공적인

정답 1. had 2. hadn't made 3. had told 4. would be 5. were

다음 우리말과 같은 뜻이 되도록 빈칸에 알맞은 말을 쓰시오.

6. 너랑 이야기할 시간이 더 있다면 좋을 텐데.

= I wish I _____ more time to talk with you. (have)

7. 네가 시험에 합격했었더라면 좋았을 텐데.

= I wish you _____ the test. (pass)

＊문제 해결＊ 6~7. I wish 가정법은 뒤에 나오는 동사의 종류가 중요하다. wish의 시제를 기준으로 하여, 뒤에 이어지는 문장과 시제 비교를 해서 뒤에 이어지는 시제가 [하나 앞에 갈 경우에는 had+과거분사]를, [같이 갈 경우에는 과거동사(were)]를, [하나 뒤에 올 경우에는 조동사의 과거형]을 쓴다.

＊정답＊ 6. had 7. had passed

다음 빈칸에 알맞은 것은?

I woke up very late this morning.
I wish I _____ to bed earlier last night.

① had gone   ② have gone   ③ went
④ go   ⑤ would go

＊전문 해석＊ 나는 오늘 아침 아주 늦게 일어났다. 어젯밤에 좀 더 일찍 잠자리에 들었으면 좋았을 텐데.

＊문제 해결＊ I wish 가정법은 뒤에 나오는 동사의 종류가 중요하다. wish의 시제를 기준으로 하여, 뒤에 이어지는 문장과 시제 비교를 해서 뒤에 이어지는 시제가 [하나 앞에 갈 경우에는 had+과거분사]를, [같이 갈 경우에는 과거동사(were)]를, [하나 뒤에 올 경우에는 조동사의 과거형]을 쓴다.

＊정답＊ 8. ①

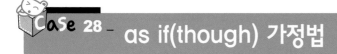

Case 28 – as if(though) 가정법

as if나 as though는 '마치 ~인 것처럼, 마치 ~이었던 것처럼'이란 뜻의 가정법 구문이다. **'애집(아이집 – as if의 우리말 연상)도 애도(as though) 모두 예쁜 것처럼 보인다'** 라고 암기한다: 애집도 애도 모두 예쁜 것처럼 보인다.

◆ as if(though) 가정법 출제 족보

▶ S + V as if(though) S +
- had p.p (과거분사)
- 과거동사 (were)
- 조동사의 과거형 (would/should/might 등)

as if나 as though는 '마치 ~인 것처럼, 마치 ~이었던 것처럼'이란 뜻의 가정법 구문이다. 우리말의 '~하는 척'에 해당하는 영어 표현이다. I wish 가정법과 같이 as if(though) 앞의 동사 시제를 기준으로 하여, 뒤에 이어지는 문장과 시제 비교를 해서 뒤에 이어지는 시제가 '하나 앞에 갈 경우에는 had+과거분사'를, '같이 갈 경우에는 과거동사(were)'를, '하나 뒤에 올 경우에는 조동사의 과거형'을 쓴다.

(1) She *acts* <u>as if</u> she <u>were</u> famous. (그녀는 마치 유명한 것처럼 행동한다.)

(2) He *talks* <u>as if</u> he <u>knew</u> everything. (그는 모든 것을 아는 것처럼 말한다.)

(3) He *talks* <u>as though</u> he <u>had</u> never <u>failed</u> a test last year. (그는 마치 작년 시험에 떨어지지 않았던 것처럼 말한다.)

(4) She *talks* <u>as if</u> she <u>had read</u> my book. (그녀는 마치 내 책을 읽었던 것처럼 말한다.)

Check It Out!

단순한 모양과 상태를 나타내는 문장에서는 as if 다음에 가정법 대신 직설법을 쓰기도 한다.

① He walks as if he is drunk. (그는 술 취한 사람처럼 걷는다.)

② He walks as if he were drunk. (그는 마치 술 취한 사람처럼 걷는다.)

Check-up

1~2

다음 [보기]와 같이 주어진 문장을 완성하시오.

| 보기 | I'm not a child.
　　　　But you talk to me as if I were a child.

1. He's not my father.

But he acts as if _____.

2. He didn't visit America.

But he talks as if _____.

＊전문 해석＊　1. 그는 나의 아버지가 아니다.
　　　　　　　　그러나 그는 마치 나의 아버지인 것처럼 행동한다.
　　　　　　　2. 그는 미국을 방문하지 않았다.
　　　　　　　　그러나 그는 마치 그가 미국을 방문했던 것처럼 말한다.

＊문제 해결＊　1~2. as if(though) 앞의 동사 시제를 기준으로 하여, 뒤에 이어지는 문장과 시제 비교를 해서
　　　　　　　뒤에 이어지는 시제가 [하나 앞에 갈 경우에는 had+과거분사]를, [같이 갈 경우에는 과거동사
　　　　　　　(were)를, [하나 뒤에 올 경우에는 조동사의 과거형]을 쓴다.

정답　1. he were my father　2. he had visited America

3~4 ● ●

다음 우리말과 같은 뜻이 되도록 빈칸에 알맞은 말을 쓰시오.

3. 그 여자는 마치 자기가 부자인 것처럼 이야기한다.

= She talks as if she _____ rich. (be)

4. 그는 마치 오랫동안 아팠던 사람처럼 보였다.

= He looked as though he _____ ill for a long time. (be)

＊문제 해결＊ 3~4. as if(though) 앞의 동사 시제를 기준으로 하여, 뒤에 이어지는 문장과 시제 비교를 해서 뒤에 이어지는 시제가 [하나 앞에 갈 경우에는 had+과거분사]를, [같이 갈 경우에는 과거동사 (were)]를, [하나 뒤에 올 경우에는 조동사의 과거형]을 쓴다.

정답 3. were 4. had been

5~6 ● ●

다음 빈칸에 알맞은 것을 고르시오.

5. She acts as if nothing _____ last night.
① happens　　　　　　　② has happened
③ had happened　　　　 ④ happened
⑤ happen

6. He talks _____ he knew everything.
① if　　　　　　　　　② as if
③ once　　　　　　　　④ he wishes
⑤ even though

＊전문 해석＊ 　5. 그 여자는 마치 지난 밤 어떤 일도 일어나지 않았던 것처럼 행동한다.

　　　　　　　　6. 그는 마치 모든 것을 아는 것처럼 말한다.

＊문제 해결＊ 　5, 6. as if(though) 앞의 동사 시제를 기준으로 하여, 뒤에 이어지는 문장과 시제 비교를 해서 뒤에 이어지는 시제가 [하나 앞에 갈 경우에는 had+과거분사]를, [같이 갈 경우에는 과거동사 (were)]를, [하나 뒤에 올 경우에는 조동사의 과거형]을 쓴다.

＊어휘 해결＊ 　**happen** 발생하다, 일어나다

정답　5. ③　6. ②

Case 29 – but for 가정법

비법 전수

but for 가정법은 '~이 없다면(~이 없었더라면)' 이란 뜻을 나타내고, 뒤에는 가정법 과거나 가정법 과거완료의 뒷모습이 따라 나온다. 암기할 때는 **주격**(but for의 영어 발음이 우리말의 **'밥퍼'**와 유사한 것에 착안한다)**이 없다면, 가정(법)이 이루어지지 않았을 텐데** 라고 외운다: 주격이 없다면, 가정이 이루어지지 않았을 텐데

◆ but for 가정법 출제 족보

▶ But for 명사,   S + 조동사의 과거형+동사원형 (~이 없다면)

= If it were not for 명사,

= Were it not for 명사,

= Without 명사,

▶ But for 명사,   S + 조동사의 과거형 + have 과거분사 (~이 없었더라면)

= If it had not been for 명사,

= Had it not been for 명사,

= Without 명사,

but for 가정법은 '~이 없다면(~이 없었더라면)' 이란 뜻을 나타내고, 뒤에는 가정법 과거나 가정법 과거완료의 뒷모습이 따라 나온다. 가정법 과거인지, 과거완료인지는 뒤에 연결되는 부분에 따라 결정된다.

(1) **But for water, nothing** *could live*. (물이 없다면 어떤 것도 살 수 없다.)

    = If it were not for water, **nothing** *could live*.

    = Were it not for water, **nothing** *could live*.

    = Without water, **nothing** *could live*.

(2) **But for your help, I** *would have failed*. (너의 도움이 없었더라면 나는 실패했을 것이다.)

    = If it had not been for your help, I *would have failed*.

    = Had it not been for your help, I *would have failed*.

    = Without your help, I *would have failed*.

Check-up

1 ~ 3

다음 문장의 밑줄 친 부분을 어법상 올바르게 고치시오.

1. <u>If it had not been for</u> water, no living things would live.

2. Had it not been for your assistance, <u>I had not succeeded</u>.

3. <u>If it were not for</u> a doctor's help, he would have died.

＊전문 해석＊
1. 물이 없다면 어떤 생물도 살 수 없을 텐데.
2. 너의 도움이 없었더라면 나는 성공하지 못했을 것이다.
3. 의사의 도움이 없었더라면 그는 죽었을 것이다.

＊문제 해결＊
1. would live로 보아 가정법 과거이므로 If it were not for(=Were it not for)로 고쳐야 한다.
2. [But for(=Without)+명사] 뒤에는 가정법의 귀결절이 연결된다. 앞부분이 Had it not been for 가정법 과거완료이므로 had not succeeded는 would not have succeeded로 고쳐야 한다.
3. would have died로 보아 가정법 과거완료이므로 If it had not been for로 고쳐야 한다.

정답 1. If it had not been for → If it were not for 2. had failed → would have failed 3. If it were not for → If it had not been for

4~5 ● ● ●

다음 문장의 뜻이 모두 같도록 (   ) 안에 알맞은 말을 넣으시오.

4. If it were not for your help, I should be lost.

= (   ) (   ) your help, I should be lost.

= (   ) your help, I should be lost.

5. If it had not been for your advice, I would have gone bankrupt.

= (   ) (   ) not been for your advice, I would gone bankrupt.

= (   ) your advice, I would have gone bankrupt.

＊전문 해석＊ 4. 당신의 도움이 없다면, 나는 어찌할 바를 모를 것이다.

5. 당신의 충고가 없었더라면, 나는 파산했을 것이다.

＊문제 해결＊ 4. If it were not for(=Were it not for)는 '～이 없다면' 이란 뜻으로 But for나 Without으로 바꿔 쓸 수 있다.

5. If it had not been for(=Had it not been for)는 '～이 없었더라면' 이란 뜻으로 But for나 Without으로 바꿔 쓸 수 있다.

＊어휘 해결＊ **bankrupt** 파산한

정답 4. But for, Without 5. Had it, Without

Case 30 - 가정법 if의 생략과 대용어

비법 전수

가정법의 터줏대감 if가 생략되면 가정법 집안이 풍비박산 난다. 주어와 동사의 순서가 도치된다. **'가정법의 터줏대감 if가 생략되면 주어 형님과 동사 동생의 순서가 바뀐다'** 라고 암기한다: 가정법의 터줏대감 if가 생략되면 주어 형님과 동사 동생의 순서가 바뀐다.

◆ 가정법 if의 생략과 대용어 출제 족보

[If 주어 + 동사 ~] → [동사 + 주어 ~] [If 생략]

▶ if의 대용어: provided, providing, suppose, supposing, if only 등

가정법의 if가 생략되면 어순이 [동사+주어 ~]로 도치된다. 얼핏 보면 의문문과 같은 형태를 갖기 때문에 혼동할 수 있으므로 주의해야 한다. if 대신에 사용할 수 있는 대용어로는 provided, providing, suppose, supposing, if only 등이 있다.

(1) If I were as rich as he, I would go abroad. (그만큼 부자라면 외국에 가겠는데.)

→ Were I as rich as he, I would go abroad. [If 생략]

(2) If they had been careful, this could not have happened. (그들이 주의하였더라면 이런 일은 일어날 수가 없었을 것이다.)

→ Had they been careful, this could not have happened. [If 생략]

(3) Provided all your task is done, you may go home. [if 대용어] (일이 끝나면 귀가해도 좋다.)

(4) If only I had more money, I could buy some new clothes. [if 대용어] (돈이 좀 더 있기만 하면 새 옷 몇 벌을 살 수 있을 텐데.)

If절의 대응

① 문장의 주어 속에 가정의 의미가 포함된 경우

A true friend **would have acted otherwise.**

= If he had been a true friend, **he would have acted otherwise.**

(진정한 친구였다면 그렇게 행동하지는 않았을 텐데.)

② 부사나 부사구 안에 가정의 의미가 포함된 경우

In your place **I would never have been able to resist the temptation.**

= If I had been in your place, **I would never have been able to resist the temptation.**

(내가 당신의 입장이었다면, 결코 그 유혹에 견디지 못했을 것이다.)

③ to부정사 안에 가정의 의미가 포함된 경우

I should be glad to go with you.

= I should be glad if I could go with you. (너와 함께 갈 수 있다면 기쁠 텐데.)

Check-up

1 ~ 5

다음 ( ) 안에서 알맞은 것을 고르시오.

1. (Was, Were) I you, I would tell her the truth.

2. (Had you come, Did you come) earlier, you wouldn't have missed the party.

3. Had he been awake, he (could hear, could have heard) the noise.

4. Were I rich, I (could travel, could have traveled) around the world.

5. (Had, Have) I known about her, everything would have been so different.

1. 내가 너라면, 나는 그녀에게 진실을 말하지 않을 것이다.
2. 조금 더 일찍 왔었더라면, 너는 파티에 참석할 수 있었는데.
3. 그가 깨어있었기 때문에, 그는 그 소음을 들을 수 있었다.
4. 내가 부자라면 온 세상을 여행할 텐데.
5. 내가 그녀에 대해 알았었다면, 모든 것이 매우 달라졌을 텐데.

1. If I were you라는 가정법 과거에서 if가 생략되면, Were I you가 된다.
2. If you had come이라는 가정법 과거완료에서 if가 생략되면, Had you come이 된다.
3. Had he been awake는 If he had been awake라는 가정법 과거완료의 조건절이므로, 귀결절은 [조동사의 과거형+have 과거분사]이다.
4. If I were rich라는 가정법 과거에서 if가 생략된 가정법 과거의 조건절이므로, 귀결절은 [조동사의 과거형+동사원형]이다.
5. If I had known about her라는 가정법 과거완료의 조건절에서 if가 생략되면 도치가 된다.

miss (기회 등을) 놓치다

정답 1. Were 2. Had you come 3. could have heard 4. could travel 5. Had

---

6 ~ 9

자연스러운 문장이 되도록 서로 연결하시오.

6. Were I rich, •   • ① I would ask her for a date.

7. Were I you, •   • ② I would help the poor.

8. Had I worked harder, •   • ③ she would have employed you.

9. Had you been honest, •   • ④ I would have succeeded.

＊전문 해석＊ 6. 내가 부자라면, 가난한 사람을 도와줄 텐데.
7. 내가 너라면, 그녀에게 데이트 신청을 할 텐데.
8. 내가 더 열심히 일했더라면, 성공했을 텐데.
9. 네가 정직했다면, 그녀가 너를 고용했을 텐데.

＊문제 해결＊ 6. 가정법 과거 문장에서 if가 생략된 형태이다.
7. 가정법 과거 문장에서 if가 생략된 형태이다.
8. 가정법 과거완료 문장에서 if가 생략된 형태이다.
9. 가정법 과거완료 문장에서 if가 생략된 형태이다.

＊어휘 해결＊ **employ** 고용하다 / **succeed** 성공하다

정답 6. ② 7. ① 8. ④ 9. ③

잠깐! Check
중요 불규칙 동사

현 재	과 거	과거분사
mistake 착각하다, 오해하다	mistook	mistaken
misunderstand 오해하다	misunderstood	misunderstood
mow (풀을) 베다	mowed	mown
overdraw (예금을) 너무 많이 찾다	overdrew	overdrawn
overhear 우연히 듣다	overheard	overheard
overtake 따라잡다, 추월하다	overtook	overtaken
pay 지불하다	paid	paid
preset 미리 조절하다	preset	preset
prove 입증하다, 증명하다	proved	proven/proved
put 놓다, 두다	put	put

[1~2] 다음 글을 읽고, 물음에 답하시오.

> If you (A)(be) to cut down any tree more than one year old and look at the cross section, you would see alternating bands of light and dark wood. The two bands together are called "the annual ring," and they make up the amount of wood formed by the tree during a single growing season or year. The bands are lighter and darker because the wood grows in different ways during the different seasons. In spring and early summer, the cells of the wood are bigger and have thinner walls. This makes them look lighter. In late summer, the cells are smaller, have thick walls, and are closely packed together. This makes a darker band.

01 위 글을 쓴 목적으로 가장 적절한 것은?

① 나무를 자르는 요령 소개   ② 나무를 성장시키는 방법 안내
③ 나이테를 세는 방법 안내   ④ 빛과 나무의 상관관계 설명
⑤ 나이테 형성 과정 설명

02 위 글의 밑줄 친 (A)를 어법에 맞게 고쳐 쓰시오.

[3~4] 다음 글을 읽고 물음에 답하시오.

The ocean contains great wealth ①that we are not using. There are chemical compounds of iron, nickel and copper on the sea floor. Shallow ocean plains begin at the edge of many shorelines and ②slope off into the deep sea. Great reserves of oil ③lie beneath some of these shelves. Swarms of fish feed on the seaweed that carpets the shelves. If they could be caught, these ④would have provided food for a hungry world. The seawater ⑤itself could be desalted and used as fresh water for mankind.

03 위 글의 밑줄 친 ①~⑤ 중에서 어법상 틀린 것은?

04 위 글에서 바다에 대해 필자가 주장하는 것은?

① 자원을 보호하자.　　　　② 탐사를 강화하자.

③ 자원을 잘 활용하자.　　　④ 오염을 방지하자.

⑤ 양식업을 개발하자.

05 어법이 잘못된 것끼리 짝지은 것은?

Sometimes the only clue your body has that it is being burned is pain. (A)Had it not been for pain, you would have no reason to move away from the source of heat. Thus, pain not only alerts your body to injury (B)but also helps your body protect itself against further injury. Another way (C)in which pain helps protect your body against further injury is that it often causes you (D)to rest an injured part of your body. Suppose you sprained your ankle. You would probably try to avoid of this injury (E)by walking not on the injured foot for a few days.

① (A), (B)　　　　　　② (A), (E)

③ (B), (C)　　　　　　④ (C), (D)

⑤ (D), (E)

06 밑줄 친 (A), (B), (C) 중 어법에 맞는 표현을 골라 짝지은 것으로 가장 적절한 것을 고르시오.

It was midnight. On the right could (A)see/be seen the whole village, along the street stretching far away for four miles. All was buried in deep silent sleep. One (B)could hardly/hardly could believe that nature could be so still. When on a moonlight night you see a broad village street, with its cottages, haystacks, and sleeping willows, the care and gloomy feeling disappear wrapped in the darkness. It seems as if the stars (C)looked/had looked down upon the village with tenderness, and as though there were no evil on earth and all were well.

	(A)	(B)	(C)
①	see	hardly could	looked
②	see	could hardly	had looked
③	be seen	hardly could	had looked
④	be seen	could hardly	looked
⑤	be seen	hardly could	looked

Second Step 준동사 필수 문법요소

01 부정사

Case 31~45

1. 부정사

Case 31~45

Case 31 – 부정사의 정의

비법 전수

to부정사(to+동사원형)에는 '명사적 용법, 형용사적 용법, 부사적 용법'이 있다. 암기할 때는 **부정사라는 절**에는 유명한 **명**(명사적 용법)한 **형**(형용사적 용법) **부**(부사적 용법)라는 주지승이 있다'라고 외운다: *부정사라는 절에는 유명한 명형부라는 주지승이 있다.*

◆ 부정사의 정의 출제 족보

  ▶ 부정사의 정의: 동사를 '명사, 형용사, 부사'의 역할을 할 수 있도록 만드는 장치

동사를 명사, 형용사, 부사 역할을 할 수 있도록 만들어 주는 것이 '부정사'이다. 일반적으로 부정사의 형태는 [to+동사원형]이다. 이 부정사가 명사의 역할(주어, 목적어, 보어)을 할 때 명사적 용법이라 하고, 명사를 수식할 때 형용사적 용법, 동사나 형용사 · 부사를 수식할 때는 부사적 용법이라 한다.

(1) To see is to believe. [명사적 용법 – 주어와 보어 역할] (보는 것이 믿는 것이다.)

(2) I hope to see her again. [명사적 용법 – 목적어 역할] (나는 그녀를 다시 만나고 싶다.)

(3) I have no *money* to buy the book. [형용사적 용법 – 명사 수식] (나는 그 책을 살 돈이 없다.)

(4) He worked hard to succeed in life. [부사적 용법 – 목적 표시] (그는 인생에서 성공하기 위해 열심히 일했다.)

(5) She left home *only* to find life more difficult. [부사적 용법 – 결과 표시] (그 여자는 가출을 하고 보니 살기가 더 힘이 드는 것을 알게 되었다.)

부정사란?

부정사(不定詞)란 '정해지지 않은 품사' 란 뜻으로, 원래 동사의 성질을 가지고 있지만 동사가 다른 품사 즉, '명사, 형용사, 부사' 의 역할을 할 수 있도록 만든 것이다. 부정사에는 동사원형을 그대로 사용하는 '원형부정사' 와, 동사원형 앞에 to를 붙여서 사용하는 'to부정사' 가 있다.

Check-up

1 ~ 5

밑줄 친 to부정사의 용법을 구체적으로 쓰시오.

1. To know is one thing, and <u>to teach</u> is another.

→ (　　　　)로 쓰인 (　　　　) 용법

2. I have no house <u>to live</u> in.

→ (　　　　)를 (　　　　)하는 (　　　　) 용법

3. I was so happy <u>to get</u> the birthday present from him.

→ 감정의 원인을 설명하는 (　　　　) 용법

4. She went to the United States <u>to study</u> English.

→ (　　　　)을 나타내는 (　　　　) 용법

5. I have something important <u>to tell</u> you.

→ (　　　　)를 (　　　　)하는 (　　　　) 용법

1. 아는 것과 가르치는 것은 별개이다.

2. 나는 살 집이 없다.

3. 나는 그에게서 생일 선물을 받고 매우 기뻤다.

4. 그녀는 영어를 공부하기 위해 미국에 갔다.

5. 나는 너에게 말할 중요한 것이 있다.

＊문제 해결＊ 1. to know, to teach는 모두 절의 맨 앞에 와서 '~하는 것은' 이라는 주어로 쓰였다.

2. house를 수식하는 형용사적 용법의 부정사이다.

3. 감정 형용사 다음의 to부정사는 감정의 원인을 설명하는 부사적 용법이다.

4. to study는 '공부하기 위해' 라고 해석이 되므로, 목적을 나타내는 부사적 용법이다.

5. to tell은 앞의 대명사인 something을 수식한다. 형용사인 important도 대명사를 수식하는데, 이럴 때에는 [대명사+형용사+to부정사]의 어순이 된다.

＊어휘 해결＊ **A is one thing, B is another** A와 B는 별개이다

정답 1. 주어, 명사적 2. 명사, 수식, 형용사적 3. 부사적 4. 목적, 부사적 5. 대명사, 수식, 형용사적

6~8

우리말과 같은 뜻이 되도록 빈칸에 알맞은 말을 쓰시오.

6. 나는 책 몇 권을 빌리러 도서관에 갔다.

= I went to the library _____ _____ some books.

7. 너는 커서 무엇이 되길 원하니?

= What do you want _____ _____ when you grow up?

8. 나는 그녀가 실패했다는 소식을 듣고 아주 충격을 받았다.

= I was so shocked _____ _____ the news that she failed.

6. '∼하기 위해서'라는 목적은 to부정사의 부사적 용법으로 나타낸다.

7. want는 다음에 목적어로 to부정사를 사용하는 동사이며, '∼가 되다'라는 의미의 be동사나 become을 to부정사로 쓴다.

8. shocked는 감정을 나타내는 형용사이므로 감정을 가지게 된 원인을 to부정사로 설명한다.

grow up 성장하다, 자라다

6. **to borrow** 7. **to be(become)** 8. **to hear**

---

9 ● ● ●

다음 중 밑줄 친 부분의 쓰임이 나머지와 <u>다른</u> 것은?

① I went there <u>to meet</u> her.

② I don't want <u>to study</u> it now.

③ I'm happy <u>to have</u> this book.

④ Mary grew up <u>to be</u> a doctor.

⑤ You must be foolish <u>to say</u> so.

① 나는 그녀를 만나기 위해 그 곳에 갔다.

② 나는 지금 그것을 공부하고 싶지 않다.

③ 나는 이 책을 갖게 되어 기쁘다.

④ Mary는 커서 의사가 되었다.

⑤ 그렇게 말하는 것을 보니 너는 어리석음에 틀림없다.

②는 목적어 역할을 하는 명사적 용법이고, 나머지는 부사적 용법이다.

비법 전수

부정사의 의미상의 주어로 [of + 목적격]을 사용하는 경우는 **'사람의 성격이나 성질을 알아보려면 오목 (of+목적격)을 같이 두면 알 수 있다!'** 라고 암기한다: 사람의 성격이나 성질을 알아보려면 오목을 같이 두면 알 수 있다!

◆ 부정사의 의미상 주어 출제 족보

① 일반적인 경우: for + 목적격

② 사람의 성격이나 성질을 나타내는 형용사가 쓰인 경우: of + 목적격

to부정사는 동사의 성질을 가지므로 의미상의 주어를 갖는다. 문장의 주어나 목적어와 일치할 경우에는 의미상의 주어를 따로 표시하지 않지만, 다를 경우에는 [for+목적격]으로 의미상의 주어를 표시한다. 단, 사람의 성격이나 성질을 나타내는 형용사가 쓰인 경우에는 [of+목적격]으로 나타낸다.

(1) 일반적인 경우

It is difficult for him *to master* English in a year. (그가 1년 이내에 영어를 정복하는 것은 어렵다.)

(2) 사람의 성격이나 성질을 나타내는 형용사가 쓰인 경우

It is very *nice* of you *to help* me in many ways. (당신이 여러 가지 방법으로 저를 도와주시는 것을 보니 매우 친절하시군요.)

It was *careless* of you *to make* such a mistake. (네가 그러한 실수를 한 것은 주의 깊지 못했다.)

(3) 생략: 의미상의 주어가 일반인이거나 문장의 주어나 목적어와 일치할 경우

I have something *to say*. (나는 할 말이 있다.)

She asked me *to be* back before dark. (그 여자는 나에게 어두워지기 전에 돌아오라고 부탁했다.)

의미상의 주어란?

의미상의 주어란 준동사(부정사, 동명사, 분사)의 주어를 말한다. 준동사만으로는 문장이 될 수 없어서 문법상의 주어를 가질 수 없으므로, 의미상 어느 것이 주어 관계인지를 밝히는 것이 필요하다.

Check-up

1 ~ 5

괄호 안에서 알맞은 것을 고르시오.

1. It is impossible (for you, of you) to swim across the river.

2. It was foolish (of him, for him) to believe such news.

3. It is very (difficult, kind) for you to remember her name.

4. It was so (nice, understandable) of her to help them there.

5. I expect (for him, of him, him) to succeed.

＊전문 해석＊
1. 네가 그 강을 헤엄쳐서 건너는 것은 불가능하다.
2. 그가 그러한 소식을 믿는 것은 어리석은 일이었다.
3. 네가 그녀의 이름을 기억하는 것은 매우 어렵다.
4. 그녀가 그 곳에서 그들을 도운 것은 정말 훌륭했다.
5. 나는 그가 성공하기를 바란다.

1. impossible은 사람의 성질을 나타내는 형용사가 아니므로, [for+목적격]으로 의미상의 주어를 나타낸다.

2. foolish는 사람의 성질이나 성격을 나타내는 형용사이므로, [of+목적격]으로 의미상의 주어를 나타낸다.

3. 의미상의 주어가 [for+목적격]이므로, 형용사는 사람의 성질이나 성격을 나타내지 않는 것이다.

4. 의미상의 주어가 [of+목적격]이므로, 형용사는 사람의 성질이나 성격을 나타내는 것이다.

5. [주어+expect+목적어+to부정사] 구문으로 to부정사의 의미상의 주어는 목적어이므로 의미상의 주어를 따로 표시하지 않는다.

understandable 이해할 수 있는

1. for you 2. of him 3. difficult 4. nice 5. him

---

6 ~ 8 ● ● ●

틀린 부분을 찾아 바르게 고쳐 쓰시오.

6. It's very kind for you to say so.

7. This book is too difficult of me to understand.

8. It was so careless for you to drive on a rainy day.

6. 그렇게 말씀하시는 것을 보니 친절하시군요.

7. 이 책은 내가 이해하기에는 너무 어렵다.

8. 비오는 날에 운전한 것은 부주의한 일이었다.

문제 해결 6. kind는 사람의 성질이나 성격을 나타내는 형용사이므로, [of+목적격]을 의미상의 주어로
쓴다.

7. difficult 다음에 의미상의 주어로는 [for+목적격]을 쓴다.

8. careless는 사람의 성질이나 성격을 나타내는 형용사이므로, [of+목적격]을 의미상의 주어로
쓴다.

어휘 해결 **careless** 부주의한

정답 6. for you → of you 7. of me → for me 8. for you → of you

 9

다음 중 어법상 <u>어색한</u> 문장은?

① It was nice of you to help me.

② That was too hard for me to say that.

③ It's easy enough to us to memorize it.

④ You were careful not to tell the news.

⑤ This river is too deep for you to swim in.

전문 해석 ① 당신이 저를 도와 준 것은 매우 친절한 행위였습니다.

② 그것은 매우 어려워서 내가 말할 수 없었다.

③ 우리가 그것을 암기할 만큼 아주 쉽다.

④ 그 소식을 말하지 않았던 것은 조심성 있었다.

⑤ 이 강은 너무 깊어서 너는 수영할 수 없다.

문제 해결 ③ [enough to부정사] 구문에서도 의미상의 주어는 항상 [for+목적격]이다.

어휘 해결 **memorize** 암기하다

 정답 9. ③

비법 전수

to부정사가 문장 내에서의 쓰임이 명사 역할(주어, 목적어, 보어)을 할 때 이를 to부정사의 명사적 용법이라고 한다. 암기할 때는 **'명사 역할**을 하려면 **주목보**(가위, 바위, 보를 연상)를 잘 해야 한다!' 라고 외운다: 명사 역할을 하려면 주목보를 잘 해야 한다!

◆ 부정사의 명사적 용법 출제 족보

▶ **to부정사의 명사적 용법:** 명사 역할 (주어, 목적어, 보어)

to부정사가 문장 내에서의 쓰임이 명사 역할(주어, 목적어, 보어)을 할 때 이를 to부정사의 명사적 용법 이라고 한다.

(1) 주어 역할: 보통 주어로 쓰인 to부정사는 가주어 it을 사용

To know oneself is a difficult thing. (자기 자신을 아는 것은 어려운 일이다.)

= It is a difficult thing to know oneself. [가주어]

(2) 목적어 역할: 5형식 문장에서 가목적어 it을 사용

We hope to see you again. (우리는 너를 다시 만날 수 있기를 희망한다.)

I found it easy to read this book. [가목적어] (나는 이 책을 읽는 것이 쉽다는 것을 알았다.)

(3) 보어 역할

She asked me to come at once. (그녀는 나에게 즉시 와달라고 요청했다.)

to부정사의 명사적 용법의 해석

to부정사가 문장에서 '주어, 목적어, 보어'의 역할을 하는 것을 명사적 용법이라고 말한다. to부정사가 명사적 용법으로 쓰일 때는 '~(하는) 것'으로 해석한다.

To watch TV is my hobby. (TV를 보는 것이 내 취미이다.)

Check-up

1 ~ 5 ● ● ●

밑줄 친 to부정사의 명사적 용법의 역할을 [보기]에서 고르시오.

| 보기 | ① (진)주어　　② 목적어　　③ 주격 보어　　④ 목적격 보어

1. I believed him <u>to be</u> honest. (　　　)

2. <u>To play</u> badminton is a lot of fun. (　　　)

3. She wants <u>to be</u> a famous actress. (　　　)

4. It is wrong <u>to tell</u> a lie. (　　　)

5. My dream is <u>to travel</u> all around the world. (　　　)

6 ~ 10

빈칸에 주어진 단어를 알맞은 형태로 바꾸어 쓰시오.

6. (   ) with her always makes me happy. (talk)

7. It is important (   ) your room clean. (keep)

8. The teacher ordered us (   ) quiet. (be)

9. She decided (   ) harder to pass the exam. (study)

10. What I want now is (   ) a trip to somewhere. (make)

전문 해석 　6. 그녀와 이야기하는 것은 늘 나를 행복하게 한다.

　　7. 너의 방을 깨끗이 하는 것은 중요하다.

　　8. 선생님은 우리에게 조용히 하라고 명령하셨다.

　　9. 그녀는 시험에 통과하기 위해 더 열심히 공부하기로 결심했다.

　　10. 내가 지금 원하는 것은 어딘가를 여행하는 것이다.

문제 해결 　6. 문장의 주어가 될 수 있는 부정사가 필요하다.

　　7. It은 가주어이고, 빈칸에는 진주어가 필요하므로 to keep이 적절하다.

　　8. ordered의 목적격 보어가 필요한 자리이다. [주어+order+목적어+to부정사] 구문이다.

　　9. decide는 목적어로 to부정사를 취한다.

　　10. be동사의 보어로 쓸 수 있는 부정사가 올바르다.

어휘 해결 　**order** 명령하다 / **make a trip** 여행하다

정답 　6. **To talk**　7. **to keep**　8. **to be**　9. **to study**　10. **to make**

중요 불규칙 동사　잠깐! Check

현 재	과 거	과거분사
quit 그만두다	quit	quit
rid 없애다	rid/ridded	rid/ridded
ride (탈것을) 타다	rode	ridden
ring (방울·종 등이) 울리다	rang	rung
rise 일어서다, 뜨다	rose	risen
rive 찢다, 쪼개다	rived	riven/rived
run 달리다, 도망치다	ran	run
saw 톱으로 켜다	sawed	sawn/sawed
say 말하다	said	said
see 보다	saw	seen

비법 전수

to부정사가 명사를 수식할 때 이를 to부정사의 형용사적 용법이라고 한다. 형용사적 용법의 부정사에 쓰인 동사가 자동사인 경우에는 반드시 전치사가 뒤따라야 한다. 암기할 때는 '**형**(형용사적 용법)**님! 자**(자동사)**요? 전치사입니다!**' 라고 외운다: *형님! 자요? 전치사입니다!*

◆ 부정사의 형용사적 용법 출제 족보

[명사 + to부정사 + 전치사]의 여부를 판단하는 방법

① a house to live → live a house (×), a house to live in → live in a house (○)

② a friend to talk → talk a friend (×), a friend to talk with → talk with a friend (○)

to부정사가 명사를 수식할 때 이를 **to**부정사의 형용사적 용법이라고 한다. 형용사적 용법의 부정사에 쓰인 동사가 자동사인 경우에는 반드시 전치사가 뒤따라야 한다.

(1) I need a book to read. [book을 수식] (나는 읽을 책이 필요하다.)

Give me something to eat. [something을 수식] (나에게 먹을 것을 주세요.)

(2) 명사 + to부정사 + 전치사

형용사적 용법으로 쓰인 부정사에 있어서 주의해야 할 점은 **to**부정사에 쓰인 동사가 자동사인지 타동사인지를 구별해야 한다는 것이다. 자동사인 경우에는 반드시 전치사가 뒤따라야 한다.

He has no house to live in. (그는 살 집이 없다.)

※ house를 수식하는 형용사적 용법의 부정사 to live in에서 live는 자동사이므로 전치사가 필요하다.

He has no friend to speak to. (그에게는 이야기를 나눌 친구가 없다.)

She has no chair to sit on. (그녀는 앉을 의자가 없다.)

Check-up

1 ~ 5

올바른 문장이 되도록 괄호 안에서 알맞은 것을 고르시오.

1. We want something nice (eating, to eat).

2. He has some friends to (talk, talk with).

3. She's not the kind of person (do, to do) it.

4. I don't have any friends to (play, play with).

5. There is no chair to (sit, sit on).

＊전문 해석＊
1. 우리는 먹기 좋은 무엇인가를 원한다.
2. 그는 이야기를 나눌 친구가 없다.
3. 그녀는 그것을 할 그런 종류의 사람은 아니다.
4. 나는 같이 놀 친구가 없다.
5. 앉을 의자가 없다.

1. something, anything, nothing을 수식하는 형용사는 something cold와 같이 그 뒤에 위치하게 되는데 이를 다시 부정사가 수식하면 [~thing+형용사+to부정사]의 어순이 된다.

2. talk이 자동사이므로 전치사 with가 필요하다.

3. 앞에 있는 명사 또는 대명사를 수식하는 to부정사의 형용사적 용법이 필요하다.

4. play가 자동사이므로 전치사 with가 필요하다.

5. sit이 자동사이므로 전치사 on이 필요하다.

정답 1. to eat 2. talk with 3. to do 4. play with 5. sit on

6 ~ 7 ● ● ●

우리말과 같은 뜻이 되도록 빈칸에 알맞은 말을 쓰시오.

6. 우리는 살 집이 없다.

= We don't have a house _____.

7. 내 책가방 안에 무엇인가 읽을 것이 있다.

= There is _____ read in my schoolbag.

6. a house를 수식하는 to부정사의 형용사적 용법으로 to live를 house 뒤에 사용하는데, live가 자동사이고 '집 안에서 사는 것'이므로 의미상 전치사 in이 필요하다.

7. there is 다음에 주어인 something(무언가)이 오고, 이를 수식하는 형용사적 용법의 to부정사인 to read가 이어져야 한다. read는 타동사이므로 전치사는 붙이지 않는다.

schoolbag 책가방

정답 6. to live in 7. something to

8 ● ● ●

다음 중 밑줄 친 to부정사의 쓰임이 다른 것은?

① My ambition was <u>to become</u> a CEO.
② That's not the way <u>to speak</u> to your uncle.
③ I gave him a book <u>to read</u>.
④ I want a chair <u>to sit</u> on.
⑤ She made a promise <u>to help</u> me.

＊전문 해석＊
① 나의 야망은 최고 경영자가 되는 것이었다.
② 삼촌에게 그런 식으로 말하는 게 아니다.
③ 나는 그에게 읽을 책 한 권을 주었다.
④ 나는 앉을 의자가 필요하다.
⑤ 그녀는 나를 돕겠다는 약속을 했다.

＊문제 해결＊ ①을 제외한 문장들은 to부정사의 형용사적 용법으로 앞에 나온 명사를 수식하고 있다. ①은 보어로 사용된 명사적 용법이다.

＊어휘 해결＊ **ambition** 야망 / **CEO** 최고 경영자(=Chief Executive Officer) / **make a promise** 약속하다

정답 8. ①

비법 전수

to부정사 앞에 감정의 동사나 감정의 형용사가 오면 to부정사는 부정사의 부사적 용법 중에서 원인을 나타낸다. 해석할 때는 '~해서, ~(하기)때문에'라고 한다. '부정사 앞에 **감동형**(감정의 **동사/형용사**)이 오기 **때문에(원인)** 기뻐요!'라고 암기한다: 부정사 앞에 감동형이 오기 때문에 기뻐요!

◆ 부정사의 부사적 용법(원인) 출제 족보

▶ 감정의 동사   smile(웃다), grieve(슬퍼하다),

regret(후회하다), weep(울다)

rejoice(기뻐하다)

▶ 감정의 형용사   glad(기쁜), disappointed(실망한)   +   to부정사(부사적 용법의 원인)

angry(화난), sorry(유감스러운)   '~해서, ~하기 때문에'

delighted(기쁜), shocked(놀란)

happy(행복한), surprised(놀란)

pleased(즐거운), astonished(놀란)

to부정사 앞에 감정의 동사(smile, grieve, regret, weep, rejoice 등)나 감정의 형용사(glad, angry, pleased, disappointed 등)가 오면 to부정사는 부정사의 부사적 용법 중에서 원인을 나타낸다. 해석할 때는 '~해서, ~(하기) 때문에'라고 한다.

(1) I am *glad* to meet you. (만나 뵙게 되어 반갑습니다.)

(2) He *rejoiced* to hear of your success. (그는 네가 성공했다는 말을 듣고 기뻐했다.)

(3) She *smiles* to see us dance and sing merrily. (그녀는 우리가 즐겁게 춤추고 노래하는 것을 보고 웃는다.)

(4) Everybody was *surprised* to hear the news of his death. (그의 죽음에 대한 소식을 듣고 모두가 놀랐다.)

Check-up

1 ~ 5

우리말과 같은 뜻이 되도록 빈칸에 알맞은 말을 쓰시오.

1. 나는 그녀가 죽었다는 것을 알고 대단히 실망했다.

   = I was greatly disappointed _____ _____ her dead.

2. 그녀는 아들이 다시 집으로 돌아와서 기쁨의 눈물을 흘렸다.

   = She wept for joy _____ _____ her son home again.

3. 우리는 옛 친구들을 보게 되어 기쁘다.

   = We are happy _____ _____ old friends.

4. 그가 상자 안에서 폭탄을 발견하고서 깜짝 놀랐다.

   = He was surprised _____ _____ a bomb in the box.

5. 나는 그가 실패했다는 소식을 듣고 아주 충격을 받았다.

   = I was so shocked _____ _____ the news that he failed.

1. disappointed가 감정을 나타내는 형용사이므로 감정을 가지게 된 원인을 to부정사로 설명한다.
2. wept는 weep의 과거로 감정을 나타내는 동사이므로 감정을 가지게 된 원인을 to부정사로 설명한다.
3. happy가 감정을 나타내는 형용사이므로 감정을 가지게 된 원인을 to부정사로 설명한다.
4. surprised가 감정을 나타내는 형용사이므로 감정을 가지게 된 원인을 to부정사로 설명한다.
5. shocked는 감정을 나타내는 형용사이므로 감정을 가지게 된 원인을 to부정사로 설명한다.

＊어휘 해결＊ **disappointed** 실망한 / **weep** 울다 *cf.* **weep-wept-wept** / **bomb** 폭탄

 1. to find 2. to have 3. to see 4. to find 5. to hear

6~8

밑줄 친 부분에 유의하여 우리말로 해석하시오.

6. She was <u>pleased to</u> get the present.

7. I was so <u>sad to hear</u> that he gone out.

8. I'm <u>glad to buy</u> a beautiful house in the countryside.

＊전문 해석＊ 6. 그녀는 선물을 받고 기뻤다.
7. 나는 그가 가출했다는 소식을 듣고 매우 슬펐다.
8. 나는 시골 지역에 아름다운 집을 사서 기쁘다.

＊문제 해결＊ 6~8. 감정을 나타내는 형용사(pleased, sad, glad) 다음에 이어지는 to부정사는 원인을 나타낸다.

＊어휘 해결＊ **go out** 사라지다, 가출하다 / **countryside** 시골 지역

정답 6. 그녀는 선물을 받고 기뻤다. 7. 나는 그가 가출했다는 소식을 듣고 매우 슬펐다. 8. 나는 시골 지역에 아름다운 집을 사서 기쁘다.

중요 불규칙 동사 잠깐! Check

현 재	과 거	과거분사
seek 찾다, 추구하다	sought	sought
sell 팔다	sold	sold
send 보내다	sent	sent
set 놓다, 조정하다	set	set
sew 바느질하다	sewed	sewn/sewed
shake 흔들다	shook	shaken
shave 수염을 깎다	shaved	shaven/shaved
shear 베다, 깎다	shore/sheared	shorn/sheared
shed (액체를) 흘리다, 내뿜게 하다	shed	shed
shine 빛나다	shone	shone
shoe 구두를 신기다, 말에 편자를 박다	shod	shod
shoot 쏘다	shot	shot
show 보이다, 보여주다	showed	shown
shrink 오그라들다, 줄다	shrank	shrunk
shut 닫다	shut	shut

01 (   ) 안의 단어를 알맞은 형태로 바꾸시오.

In the United States, two-thirds of adults and fifteen percent of six-to-nineteen-year-olds are overweight or obese. (Weigh) too much makes people more likely to develop diabetes, heart disease, and other health problems.

*diabetes 당뇨병

[2~3] 다음 글을 읽고, 물음에 답하시오.

Mrs. Reeser was a teacher for thirty-two years. When she stopped teaching, she decided (A)do some things that she had never done before. One thing she wanted to do was to learn how to fly. Having taken flying lessons for a few hours, Mrs. Reeser had another idea — she wanted to jump out of an airplane. She put on a parachute, opened the plane's door, and leaped. Down she floated. Mrs. Reeser was the oldest woman ever to jump from an airplane. At the time she jumped, she was sixty-one years old.

02 위 글의 밑줄 친 (A)를 어법에 맞게 고쳐 쓰시오.

03 위 글의 Mrs. Reeser에 관한 내용과 일치하지 않는 것은?
① 32년 동안 교사로 근무했다.
② 비행하는 법을 배우기를 원했다.
③ 낙하산 만드는 방법을 스스로 개발했다.
④ 비행기에서 낙하한 여성 중에서 가장 나이가 많았다.
⑤ 61세 때 비행기에서 낙하를 시도했다.

04 어법이 <u>잘못된</u> 것끼리 짝지은 것은?

Yesterday there was a bank robbery in the downtown (A)<u>financial</u> district. Just before closing time a man (B)<u>entered</u> the Wall Street branch of the Chase Manhattan Bank. He was carrying a shotgun and wearing a nylon stocking over his head. There were only (C)<u>a few</u> customers in the bank at the time. He made them (D)<u>to lie</u> on the floor and forced a teller (E)<u>put</u> money into a sack. As he was leaving, a security guard tried to ring the alarm. The robber shot him, and the guard is now in St. Vincent's Hospital. Surgeons are trying to save his life.

① (A), (B)　　　② (A), (C)　　　③ (B), (D)
④ (C), (E)　　　⑤ (D), (E)

05 밑줄 친 (A), (B), (C) 중 어법에 맞는 표현을 골라 짝지은 것으로 가장 적절한 것은?

The obvious answer to the question how we know about the experiences of others is that they are communicated to us, either through their natural signs in the form of gestures, tears, laughter, and so forth, or by the use of language. A very good way (A)<u>to find out/finding out</u> what another person is thinking or feeling is to ask him. He may not answer, or if he does answer he may not answer truly, but very often he will. However, we do not depend on it alone; it may be, indeed, that the inferences which we draw from people's non-verbal behavior (B)<u>is/are</u> more secure than those that we base upon what they say about (C)<u>them/themselves</u>, and that actions speak more honestly than words.

	(A)	(B)	(C)
①	to find out	is	them
②	to find out	are	themselves
③	finding out	is	them
④	finding out	are	themselves
⑤	finding out	is	themselves

Case 36 – 부정사의 부사적 용법 – 목적

비법 전수

to부정사가 일반적으로 사용되는 것이 부정사의 부사적 용법의 '목적'을 표시하는 경우로, so that~과 의미가 같다. '붙어 있는 **소대(so that)를 위하여(목적)** 건배'라고 암기하자: *붙어 있는 소대를 위하여 건배!*

◆ 부정사의 부사적 용법(목적) 출제 족보

▶ in order to부정사 = so as to부정사 [~하기 위하여]
= in order that 주어 may/will/can 동사
= so that 주어 may/will/can 동사

▶ in order not to부정사 = so as not to부정사 [~하지 않도록]
= in order that 주어 may/will/can + not + 동사
= so that 주어 may/will/can + not + 동사
= lest 주어 should 동사

to부정사가 가장 일반적으로 사용되는 것이 부정사의 부사적 용법의 '목적'을 표시하는 경우로, [so that ~]과 의미가 같다. 독해에서 [to+동사원형]을 만나면 그 앞에서 사선(/)을 그어 끊고, '~하기 위해서'라는 목적 표시로 해석하는 습관을 기른다.

(1) I study hard (in order/ so as) to pass the entrance exam. (나는 입학시험에 합격하기 위해 열심히 공부한다.)

(2) I run fast in order not to be late. (나는 늦지 않도록 빨리 달렸다.)

(3) He works hard that / so that / in order that he may pass the examination.

= He works hard to / so as to / in order to pass the examination.

= He works hard for / for the purpose of / for the benefit of passing the examination.

(그는 시험에 합격하기 위하여 열심히 공부한다.)

※ for the benefit 대신에 for the sake of
for the good of
with the intention of
with the object of
with the(a) view of
등의 전치사 구를 쓸 수도 있다.

Check It Out!

부정사의 부사적 용법의 목적 (부정)

He ran away so that he might not be caught. (그는 잡히지 않기 위해서 도망쳤다.)
= He ran away for fear of being caught.
= He ran away for fear (that) he should be caught.
= He ran away lest he should be caught.

1~2

문장들의 의미가 모두 같도록 밑줄 친 부분에 알맞은 말을 쓰시오.

1. You'd better repeat them every day to remember them.

= You'd better repeat them every day in _____ to remember them.

= You'd better repeat them every day so _____ to remember them.

= You'd better repeat them every day so _____ you may remember them.

2. Make haste not to be late for school.

= Make haste in _____ _____ to be late for school.

= Make haste so _____ you may _____ be late for school.

= Make haste in _____ that you may _____ be late for school.

= Make haste _____ you _____ be late for school.

＊전문 해석＊ 1. 그것들을 기억할 수 있도록 매일 되풀이하는 것이 좋을 것이다.

2. 학교에 늦지 않도록 서둘러라.

＊문제 해결＊ 1. '～하기 위하여'라는 부정사가 목적을 표시할 때 [in order to부정사(= so as to부정사 ; in order that 주어 may/will/can 동사; so that 주어 may/will/can 동사]로 나타낼 수 있다.

2. '～하지 않기 위해서'라는 부정사의 부정적 목적을 표시할 때 [in order not to부정사; so as not to부정사; in order that 주어 may/will/can+not+동사; so that 주어 may/will/can+not+동사; lest 주어 should 동사]로 나타낼 수 있다.

＊어휘 해결＊ **make haste** 서두르다

정답 1. order, as, that 2. order not, that not, order not, lest should

Case 37 – 부정사의 부사적 용법 – 결과

비법 전수

to부정사 앞에 live, awake, never, only 등이 함께 쓰이면 일반적으로 결과를 나타낸다. 암기할 때는 '부정사가 리아네(live, awake, never) 언니(only) 뒤에 오면 나쁜 결과가 온다'라고 외운다: 부정사가 리아네 언니 뒤에 오면 나쁜 결과가 온다.

◆ 부정사의 부사적 용법(결과) 출제 족보

$$\left.\begin{array}{l} \text{live} \\ \text{awake} \\ \text{never} \\ \text{only} \end{array}\right\} + \text{to부정사 [결과 표현]}$$

to부정사 앞에 live, awake, never, only 등이 함께 쓰이면 일반적으로 결과를 나타낸다. 이런 경우 문장을 전환할 때는 and, until, but 등의 접속사를 쓴다.

(1) He worked hard only to fail. (그는 열심히 공부했지만 실패했다.)

    = He worked hard but he failed.

    = He worked hard in vain.

    = He worked hard without success.

    = He worked hard for nothing.

    = He worked hard to no purpose.

(2) Many live to see their great-grandchildren. (많은 사람들이 살아서 그들의 증손자를 보게 된다.)

(3) I awoke one morning to find myself famous. (어느 날 아침에 눈을 뜨고 보니 내가 유명해진 것을 알게 되었다.)

(4) He grew up to be a statesman. (그는 자라서 정치가가 되었다.)

부정사의 부사적 용법의 결과

He tried to memorize the poem, only to fail. (그는 그 시를 암기하려고 했으나 결국 실패했다.)
= He tried to memorize the poem, but failed.
= He tried to memorize the poem, but in vain.

Check-up

● **1 ~ 4** ● ● ●

밑줄 친 부분에 유의하여 다음 문장을 우리말로 해석하시오.

1. He left his native land <u>never to return.</u>

2. I came home <u>to find</u> a woman waiting for me.

3. She left home <u>only to find</u> life more difficult.

4. He lived <u>to see</u> his son a great man.

＊전문 해석＊ 1. 그는 고향을 떠나 다시는 돌아오지 않았다.
2. 내가 집에 와 보니 한 여인이 나를 기다리고 있었다.
3. 그 여자는 가출을 하고 보니 살기가 더 힘이 드는 것을 알게 되었다.
4. 그는 살아서 자기 아들이 위대한 사람이 된 것을 보았다.

＊정답＊ 1. 그는 고향을 떠나 다시는 돌아오지 않았다. 2. 내가 집에 와 보니 한 여인이 나를 기다리고 있었다. 3. 그 여자는 가출을 하고 보니 살기가 더 힘이 드는 것을 알게 되었다. 4. 그는 살아서 자기 아들이 위대한 사람이 된 것을 보았다.

5

다음 중 밑줄 친 to부정사의 쓰임이 <u>다른</u> 것은?

① My brother studied hard only <u>to fail</u>.
② He awoke <u>to find</u> the house on fire.
③ She left home never <u>to return</u>.
④ He grew up <u>to become</u> a pilot.
⑤ I have made a promise <u>to do</u> it.

＊전문 해석＊ ① 내 남동생은 열심히 공부했지만 실패했다.
② 그가 깨어나 보니 집에 불이 붙고 있었다.
③ 그녀는 집을 떠난 후에 다시 돌아오지 못했다.
④ 그는 자라서 조종사가 되었다.
⑤ 나는 그것을 하겠다는 약속을 했다.

＊문제 해결＊ ⑤는 명사 promise를 수식하는 형용사적 용법의 부정사이고, 나머지는 결과를 나타내는 부정사의 부사적 용법이다.

＊어휘 해결＊ **on fire** 화재 중 / **pilot** 조종사

 5. ⑤

Case 38 – 가주어와 가목적어

가주어 it은 문맥을 간결하게 하기 위해 사용하는 것이지만, 가목적어 it은 **make, take, think, believe, find, consider** 등과 같은 불완전 타동사에서는 의무사항임을 명심해 둔다. 암기할 때는 동사들의 첫 글자를 따서 **MTBFC**라고 외운다.

◆ 가주어와 가목적어 출제 족보

▶가주어: It is wrong to tell a lie. (거짓말하는 것은 나쁘다.)

▶가목적어: I found it difficult to swim. (나는 수영이 어렵다는 것을 알았다)

주어 자리에 to부정사, ~ing, that절(다른 절 포함) 등이 와서 주어가 길어진 경우, 가짜 주어 it을 쓰고 진짜 주어는 그 문장 뒤로 돌린다. 이렇게 하면 주어가 간단해져 문장의 균형이 잡힌다. 그러나 가주어를 반드시 써야하는 것은 아니다. make, think, take, believe, find, consider 등과 같은 불완전 타동사는 목적어에 to 동사원형(부정사)을 쓸 수 없고, 그 자리에 아무런 뜻이 없는 가목적어 it을 쓰고 진짜 목적어는 문장 뒤로 돌린다.

(1) To walk at dawn is pleasant. (○)

→ It is pleasant to walk at dawn. (○) [가주어] (새벽에 산책하는 것은 즐겁다.)

(2) Waiting for him all day is no use. (○)

→ It is no use waiting for him all day. (○) [가주어] (하루 종일 그를 기다려도 소용없다.)

(3) I found to learn English difficult. (×)

→ I found *it* difficult to learn English. (○) [가목적어] (나는 영어를 배우는 것이 어렵다는 것을 알았다.)

easy, hard, difficult, possible, impossible, dangerous, pleasant, comfortable 등의 일반적이고 객관적인 사실의 형용사가 쓰인 문장에서 사람이나 사물이 문장의 주어가 될 수 있는데, 이 경우는 타동사나 전치사의 목적어가 형식상 문장 앞으로 나간 것이다.

It is impossible to please her.

= She is impossible to please. (그녀 기분을 맞추기는 불가능하다.)

Check-up

1 ~ 5

다음 문장에서 <u>틀린</u> 부분을 고치시오.

1. It is easy learn French.

2. I found to park difficult.

3. It is exciting have foreign friends.

4. I make a rule to side with the weaker party.

5. I think for you to go there at once better.

✳전문 해석✳
1. 불어를 배우기는 쉽다.
2. 나는 주차하기가 어렵다는 것을 알았다.
3. 외국 친구를 사귀는 것은 흥미 있는 일이다.
4. 나는 늘 약자 쪽을 편든다.
5. 네가 즉시 거기에 가는 것이 좋다고 생각한다.

✳문제 해결✳
1. 문장 주어 It은 가주어이고, 뒷부분에 진주어가 있어야 하므로 learn을 to learn으로 바꾸어야 한다.
2. find는 to부정사를 목적어로 취할 수 없고, 가목적어를 이용해서 표현해야 한다.
3. 문장 주어 It은 가주어이고, 뒷부분에 진주어가 있어야 하므로 have를 to have로 바꾸어야 한다.
4, 5. make와 think는 to부정사를 목적어로 취할 수 없고, 가목적어를 이용해서 표현해야 한다.

✳어휘 해결✳ **side with** 편들다

 정답
1. learn → to learn 2. I found to park difficult. → I found it difficult to park. 3. have → to have 4. make a rule to side → make it a rule to side 5. I think for you to go there at once better. → I think it better for you to go there at once.

6~7 ● ● ●

다음 (　　) 안에서 적당한 것을 고르시오.

6. I think (it, that) dangerous to go alone at night.

7. (It, That) is wrong to tell a lie.

✳전문 해석✳
6. 나는 밤에 혼자 나가는 것이 위험하다고 생각한다.
7. 거짓말하는 것은 나쁘다.

✳문제 해결✳
6. think는 to부정사를 목적어로 취할 수 없고, 가목적어를 이용해서 표현해야 한다.
7. 진주어(to tell a lie)와 관련된 가주어를 사용해야 하므로 It이 올바르다.

 정답 6. it 7. It

빈칸에 가장 적절한 것을 고르시오.

They found _____ interesting to live in a foreign country.

---

① it
② them
③ that
④ its
⑤ they

＊전문 해석＊ 그들은 외국에서 사는 것이 재미있다는 것을 알았다.

＊문제 해결＊ 5형식 문장에서 목적어로 부정사가 쓰인 경우에는 가목적어 it을 사용하는 게 보통이다.

정답 8.①

현 재	과 거	과거분사
sing 노래하다	sang	sung
sink 가라앉다	sank	sunk
sit 앉다	sat	sat
slay 살해하다	slew	slain
sleep 자다	slept	slept
slide 미끄러지다	slid	slid/slidden
sling 어깨 위에 걸치다, 돌을 고무총으로 쏘다	slung	slung
slink 살금살금 걷다	slunk	slunk
slit 베어 가르다	slit	slit
smell 냄새 맡다, 냄새가 나다	smelt/smelled	smelt/smelled

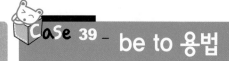

Case 39 – be to 용법

비법 전수

to부정사가 be동사의 보어로 사용되어 서술적 용법으로 쓰인 경우, 이를 흔히 [be to 용법]이라 부른다. 문맥에 따라 **예정, 가능, 소망, 운명, 의무, 작정**으로 사용된다. **'예가 소운의 작품이다'** 라고 암기한다: 예가 소운의 작품이다.

◆ be to 용법 출제 족보

주어 + be동사 + to부정사 [예정, 가능, 소망, 운명, 의무, 작정]

to부정사가 be동사의 보어로 사용되어 서술적 용법으로 쓰인 경우이다. 이를 흔히 be to 용법이라 부른다. 문맥에 따라 '예정, 가능, 소망, 운명, 의무, 작정' 으로 해석한다. [be to부정사]는 주격 보어가 되며, 대개의 경우 사람이 주어가 된다.

(1) 예정: We are to meet at the post office. (우리는 우체국에서 만날 예정이다.)

(2) 가능: My house is to be seen from here. (나의 집은 여기서 볼 수 있다.)

(3) 소망: He is to become a scientist. (그는 과학자가 되고자 한다.)

(4) 운명: He was never to return home. (그는 결코 집에 돌아오지 못할 운명이었다.)

(5) 의무: You are to obey the law. (여러분은 법을 준수해야 합니다.)

(6) 작정: He is to go abroad. (그는 해외에 나갈 작정이다.)

[be to + 동사원형]의 작정 (의도)

조건절에 사용된 [be to + 동사원형]은 작정(의도)을 나타내어 [intend(need, want, hope) to + 동사원형]의 의미를 나타낸다.

If you are to succeed, you must do your best. (성공하려면 최선을 다해야 한다.)

You must speak out if we are to remain friends. (우리가 계속 친구로 지내려면 네가 솔직해야 한다.)

Check-up

1~6

다음 중 밑줄 친 be to 용법의 의미를 아래 [보기]에서 골라 쓰시오.

| 보기 | ① 예정 　　② 가능 　　③ 소망 　　④ 운명 　　⑤ 의무 　　⑥ 작정

1. He is to arrive here the day after tomorrow. (　　　)

2. You are to finish the work by five. (　　　)

3. He was never to see his homeland again. (　　　)

4. Nothing was to be seen in the sky. (　　　)

5. You must speak out if we are to remain friends. (　　　)

6. If you are to succeed in life, you must work hard. (　　　)

✻전문 해석✻　1. 그는 모레 여기에 도착할 예정이다.
2. 너는 다섯 시까지 그 일을 끝마쳐야 한다.
3. 그는 다시는 그의 고국을 볼 수 없는 운명이었다.
4. 하늘에서 어떤 것도 볼 수 없었다.
5. 우리가 친구로서 지속되려면 거리낌 없이 이야기해야 한다.
6. 성공하려거든 열심히 일해야 한다.

＊문제 해결＊ 1~6. to부정사가 be동사의 보어로 사용되어 서술적 용법으로 쓰인 경우이다. 이를 흔히 be to 용법이라 부른다. 문맥에 따라 '예정, 가능, 소망, 운명, 의무, 작정'으로 해석한다.

＊어휘 해결＊ **the day after tomorrow** 모레 / **homeland** 고국

정답 1.① 2.⑤ 3.④ 4.② 5.③ 6.⑥

7~9

다음 문장을 밑줄 친 be to 용법에 유의하여 해석하시오.

7. We <u>are to start</u> at six tomorrow morning.

8. You <u>are to observe</u> this rule.

9. Not a cloud <u>was to be</u> seen.

＊전문 해석＊ 7. 우리는 내일 아침 여섯 시에 출발할 예정이다.
8. 너는 이 규칙을 준수해야 한다.
9. 구름 한 점 보이지 않았다.

＊문제 해결＊ to부정사가 be동사의 보어로 사용되어 서술적 용법으로 쓰인 경우이다. 이를 흔히 be to 용법이라 부른다. 문맥에 따라 '예정, 가능, 소망, 운명, 의무, 작정'으로 해석한다.

＊어휘 해결＊ **observe** 준수하다, 관찰하다

정답 7. 우리는 내일 아침 여섯 시에 출발할 예정이다. 8. 너는 이 규칙을 준수해야 한다. 9. 구름 한 점 보이지 않았다.

Case 40 - to부정사를 목적어로 취하는 동사

비법 전수

다음에 소개되는 완전 타동사가 목적어로 동사를 취할 경우에는 반드시 [to + 동사원형]을 사용해야 한다. hope, wish, manage, afford, agree, decide, desire, determine, care, expect, seek, promise, pretend, fail, learn을 암기할 때는 동사의 첫 소리만 따서 '**호위매**(hope, wish, manage) **어디디** (afford, agree, decide, desire, determine) **게입시프**(care, expect, seek, promise, pretend) **훼 일런**(fail, learn)' 이라고 외운다: 호위매 어디디 게입시프 훼일런!

◆ to부정사를 목적어로 취하는 동사 출제 족보

[hope, wish, manage, afford, agree, decide, desire, determine, care, expect, seek, promise, pretend, fail, learn] + to부정사

다음에 소개되는 완전 타동사가 목적어로 동사를 취할 경우에는 [to+동사원형]을 사용해야 한다. 동명사(~ing)를 취하면 틀린다. hope(희망하다), wish(소망하다), care(~을 좋아하다), choose(선택하다), expect(기대하다), refuse(거절하다), decide(결정하다), mean(~을 꾀하다), pretend(~인 체하다), agree(동의하다), manage(가까스로 ~하다), afford(~할 만한 경제적 여유가 있다) 등은 부정사를 목적어로 취하는 동사들이다.

(1) I don't care *to see* him again. (나는 그를 다시 만나고 싶지 않다.)

(2) We have decided *not to go*. (우리는 가지 않기로 결정하였다.)

(3) I didn't mean *to hurt* your feeling. (당신의 기분을 상하게 할 생각은 없었다.)

Check-up

1 ~ 4

다음 괄호 안에 주어진 말 가운데 알맞은 것을 고르시오.

1. I'm sorry. I didn't mean (hurting, to hurt) you.

2. It was late, so we decided (taking, to take) a taxi home.

3. They expect (seeing, to see) their families soon.

4. I don't care (to see, see, seeing) him again.

＊전문 해석＊　1. 미안해. 네게 상처 주려는 의도는 아니었어.
2. 늦어서 우리는 택시를 타고 집에 가기로 결정했다.
3. 그들은 곧 가족을 보기를 기대한다.
4. 나는 그를 다시 만나고 싶지 않다.

＊문제 해결＊　1, 2, 3, 4의 mean, decide, expect, care는 부정사를 목적어로 취하는 동사이다.

정답　1. to hurt　2. to take　3. to see　4. to see

5~7

다음 문장에서 <u>틀린</u> 부분을 고치시오.

5. We hope seeing you again.

6. She refused revealing her identity.

7. I managed to making up for the lost time.

＊전문 해석＊
5. 우리는 당신을 다시 만나 뵙기를 희망합니다.
6. 그녀는 자신의 신분을 밝히기를 거절했다.
7. 나는 잃어버린 시간을 가까스로 보충했다.

＊문제 해결＊
5~7. hope, refuse, manage는 목적어로 부정사를 취한다.

정답 5. seeing → to see 6. revealing → to reveal 7. to making → to make

01 다음 글에서 밑줄 친 부분 중, 어법상 틀린 것은?

①Converse well, either with another person or with a crowd, it is vitally necessary to feel ②relaxed and comfortable. Many intelligent people have thought ③themselves slow and dull because they could not produce witty remarks in rapid succession as their companions seemed able to do. This is often ④because of a pang of embarrassment or self-consciousness, which is akin to stage fright. ⑤Feeling a little uncomfortable and ill at ease in the presence of others, one finds his mind won't work right.

02 빈 칸 (A)와 (B)에 적절한 것끼리 짝지은 것은?

When it's cold outside, homeless people face the challenge of finding a warm, dry place for the night. In the U.S. one imaginative place to stay overnight is the subway, _____(A)_____ several needs of the homeless. First of all, the subway is inexpensive. For about a dollar, a person can travel all night long. Also, the subway is heated, making _____(B)_____ the night. Finally, traveling the subway at night is legal, for as long as passengers pay the fare, they need not prove they have some place to go.

	(A)	(B)
①	which meets	it a nice warm place to spend
②	which meets	to spend a nice warm place
③	meets	it a nice warm place to spend
④	meets	to spend a nice warm place
⑤	met	it a nice warm place to spend

[3~4] 다음 글을 읽고, 물음에 답하시오.

The common house cat poses a big threat to small animals and birds. ①Two British scientists noticed the large number of small animals brought home by their own pets and decided (A)(conduct) a study. ②They concluded that the 5 million house cats in Britain destroy 70 million animals and birds each year. ③Their findings were based on the number of birds and small animals the cats in one English village brought home in a year's time. ④Also, cats may consume some victims away from home. ⑤In addition, lawn movers destroy the habitats of many small animals.

03 위 글의 밑줄 친 (A)를 어법에 맞게 고쳐 쓰시오.

04 위 글에서 본문 전체의 흐름과 관계가 없는 문장은?

① ② ③ ④ ⑤

05 다음 글의 밑줄 친 부분 중 어법상 어색한 것은?

Students have one of the hardest jobs in the world. It is not easy ①learn so many different subjects. Even teachers can't do it. That is ②why we have different teachers for different subjects. Students must be rewarded for taking on such a challenge and ③not giving up. They must be supported in ④their goals in any way possible. They must be praised and ⑤promoted for their achievements.

Case 41 – 의문사 + to부정사

비법 전수

[의문사+to부정사]는 명사구를 이루어 '~해야 할지' 라는 의미를 갖는다. **'의부(의문사+to부정사)를 아버지로 인정해야 할지 말아야 할지 고민거리이다'** 라고 암기한다: 의부를 아버지로 인정해야 할지 말아야 할지 고민거리이다.

◆ [의문사+to부정사] 출제 족보

[의문사+to부정사]를 목적어로 가지는 타동사를 기억하라.

[know, teach, tell, show, believe, think] + 의문사 + to부정사

[의문사+to부정사]는 명사구를 이루어 '~해야 할지' 라는 의미를 갖는다. know, teach, tell, show, believe, think와 같은 동사가 목적어로 부정사를 취할 경우에는 부정사 앞에 '문맥에 알맞은 의문사'를 사용하여 [의문사+to부정사]의 형태를 쓴다.

(1) I don't *know* to drive a car. (×)

I don't *know* how to drive a car. (○) (나는 운전하는 방법을 모른다.)

(2) I don't *know* what to do.

= I don't *know* what I should do. (나는 무엇을 해야 할지 모르겠다.)

(3) I have no idea when to sleep. (나는 언제 자야 할지 모르겠다.)

(4) How to spend money is harder than how to earn it. (돈을 쓰는 것이 버는 것 보다 더 어렵다.)

to부정사와 의문사

[의문사 + to부정사]는 동사와 목적어로 쓰일 때가 많지만, 주어와 목적어로도 쓰인다.

When and how to do it is the question. [주어] (그것을 언제, 어떤 방법으로 하느냐가 문제이다.)

The difficulty was where to cross the river. [보어] (어느 지점에서 강을 건너느냐 하는 것이 문제였다.)

Check-up

1 ~ 3

다음 (   ) 안에서 알맞은 말을 고르시오.

1. I don't know (to drive, how to drive) well.

2. He didn't (learn, know) what to do.

3. She taught us (to live, how to live).

＊전문 해석＊
1. 나는 운전하는 방법을 잘 모른다.
2. 그는 무엇을 해야 할지를 몰랐다.
3. 그녀는 우리에게 어떻게 살아가야 하는지를 가르쳐 주었다.

＊문제 해결＊ 1~3. know, teach, tell, show, believe, think의 목적어가 to부정사일 경우에는 문맥에 맞는 의문사를 to부정사 앞에 붙여야 한다.

정답 1. how to drive 2. know 3. how to live

다음 문장을 밑줄 친 부분에 유의하여 우리말로 해석하시오.

4. Tell me <u>whom to ask</u> the question.

5. I don't know <u>whether to go or turn back</u>.

6. The question is <u>how to do it</u>.

7. I am at a loss <u>where to put it</u>.

∗전문 해석∗　4. 누구에게 질문을 해야 할지 말씀해 주시오.
　　　　　　 5. 나는 가야 할지 돌아서야 할지 모른다.
　　　　　　 6. 그것을 어떻게 하느냐가 문제이다.
　　　　　　 7. 나는 그것을 어디에 놓아야 할지 모른다.

∗문제 해결∗　4~7. [의문사+to부정사]는 '~해야 할지'라는 의미를 갖는 명사구이다.

∗어휘 해결∗　**at a loss** 어쩔 줄 모르는

 4. 누구에게 질문을 해야 할지 말씀해 주시오. 5. 나는 가야 할지 돌아서야 할지 모른다. 6. 그것을 어떻게 하느냐가 문제이다. 7. 나는 그것을 어디에 놓아야 할지 모른다.

8

다음 우리말을 영어로 옮길 때, 빈칸에 알맞은 것은?

나는 그 책을 어디서 샀는지 기억이 나지 않았다.

→ I didn't remember _____ to buy the book.

① how
② what
③ when
④ where
⑤ which

＊문제 해결＊ remember의 목적어로 [의문사+to부정사]를 취할 수 있다. 장소를 나타내는 의문사는 where 이다.

＊어휘 해결＊ **remember** 기억하다

정답 8. ④

중요 불규칙 동사

현 재	과 거	과거분사
sneak 몰래 돌아다니다	sneaked/snuck	sneaked/snuck
soothsay 점치다, 예언하다	soothsaid	soothsaid
sow 씨를 뿌리다	sowed	sown
speak 말을 하다	spoke	spoken
speed 급히 가다, 속도를 내다	sped/speeded	sped/speeded
spell 철자를 말하다	spelt/spelled	spelt/spelled
spend 쓰다, 소비하다	spent	spent
spill 엎지르다	spilt/spilled	spilt/spilled
spin (팽이 등을) 돌리다, 실을 잣다	span/spun	spun
spit 뱉다	spat/spit	spat/spit

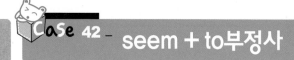

Case 42 – seem + to부정사

seem형 동사와 같이 문장 전환이 이루어지는 동사들 seem, appear, happen, chance, prove, turn out 은 의미를 연상하여 '심형래 씨처럼 보이는(seem, appear) 사람을 우연히(happen, chance) 만 났으나, 본인이 아니라고 판명되었다(prove, turn out)' 라고 암기한다: 심형래 씨처럼 보이는 사람을 우연히 만났으나, 본인이 아니라고 판명되었다.

◆ [seem + to부정사] 출제 족보

S(주어) + seem형 동사 + to부정사 ~   [단문]

= It seem형 동사 that S(주어) + 동사 ~ [복문]

→ seem형 동사

① seem, appear: ~처럼 보이다

② happen, chance: 우연히 ~하다

③ prove, turn out: ~라고 판명되다

seem형 동사(seem, appear, happen, chance, prove, turn out)들은 주격 보어로 to부정사를 사용하여 단문을 만들고, 복문으로 전환할 경우에는 [It seem형 동사 that S(주어)+동사 ~]로 나타낸다.

(1) He seems to be ill. (그는 아픈 것처럼 보인다.)

= It seems that he is ill.

(2) He seems to have been ill. (그는 아팠던 것처럼 보인다.)

= It seems that he was ill.

(3) I happened to meet her on the street. (거리에서 우연히 그녀를 만났다.)

= It happened that I met her on the street.

(4) The report proved to be false. (그 보고서는 거짓으로 판명되었다.)

to be의 생략

seem이나 appear 다음에 보어로서 서술적 용법으로만 쓰이는 형용사(awake, asleep, afraid 등)가 쓰이면 to be를 반드시 쓰며, 다른 형용사나 명사의 경우 to be를 생략할 수 있다.

He seems to be asleep. (그는 졸린 것처럼 보인다.)

She appeared (to be) happy at the good news. (그녀는 그 반가운 소식에 행복해 보였다.)

Check-up

1 ~ 5

두 문장이 같은 뜻이 되도록 빈칸에 알맞은 말을 쓰시오.

1. You seem to be happy this morning.

= It _____ _____ you are happy this morning.

2. He appeared to be a wise man.

= It _____ _____ he was a wise man.

3. She chanced to meet him at the park.

= It _____ _____ she met him at the park.

4. The rumor proved to be true.

= It _____ _____ the rumor was true.

5. He seems to have had much money.

= It _____ _____ he had much money.

6 ~ 8

우리말과 같은 뜻이 되도록 빈칸에 알맞은 단어를 쓰시오.

6. 그 뉴스는 거짓으로 판명되었다.

→ The news ＿＿＿＿＿＿＿ to be false.

7. 나는 어제 우연히 영어 선생님을 보았다.

→ I ＿＿＿＿＿＿＿ to see the English teacher yesterday.

8. 너는 그 때 귀신을 보았던 것처럼 보였다.

→ It seemed that you ＿＿＿＿＿ ＿＿＿＿＿ a ghost at that time.

중요 불규칙 동사

현 재	과 거	과거분사
split 쪼개다, 나누다	split	split
spoil 망치다, 상하게 하다	spoilt/spoiled	spoilt/spoiled
spread 펼치다, 벌리다	spread	spread
spring 뛰어오르다, 튀다	sprang	sprung
stand 일어서다	stood	stood
steal 훔치다	stole	stolen
stick 찌르다, 붙이다	stuck	stuck
sting 찌르다	stung	stung
stink 악취를 풍기다	stank	stunk
stride 큰 걸음으로 걷다	strode/strided	stridden

Case 43 – 부정사의 관용 표현

비법 전수

[too ~ to 용법]으로 많이 알려진 구문은 자체 내에는 부정의 단어가 보이지 않지만, 부정의 의미를 내포하고 있어 [so ~ that can't]와 의미가 같다. **소대 텐트(so ~ that can't)는 둘둘(투투 – too ~ to)이다!** 라고 암기한다: 소대 텐트는 둘둘이다!

◆ 부정사의 관용 표현 출제 족보

▶ 형용사/부사＋enough to부정사 ~: ~할 만큼 충분히 …하다

= so 형용사/부사 that 주어＋can 동사원형 ~

▶ too＋형용사/부사＋to부정사 ~: 너무 …해서 ~할 수 없다

= so 형용사/부사 that 주어＋can't 동사원형 ~

부정사의 관용 표현 중에서 중요한 두 가지는 [형용사/부사+enough to부정사 ~ (~할 만큼 충분히 … 하다)]와 [too+형용사/부사+to부정사 ~(너무 …해서 ~할 수 없다)]이다. 특히 [too ~ to 용법]은 자체 내에는 부정의 단어가 보이지 않지만, 부정의 의미를 내포하고 있음을 명심하자.

(1) | 형용사/부사+enough to부정사 ~: ~할 만큼 충분히 …하다
= so 형용사/부사 that 주어+can 동사원형 ~

He is rich enough to buy a car of his own. (그는 자기 자신의 차를 살만큼 충분히 부유하다.)

= He is so rich that he can buy a car of his own.

(2) | too+형용사/부사+to부정사 ~: 너무 …해서 ~할 수 없다
= so 형용사/부사 that 주어+can't 동사원형 ~

He was too foolish to solve the problem. (그는 너무 어리석어서 그 문제를 풀 수 없었다.)

= He was so foolish that he couldn't solve the problem.

[too ~ not to 동사원형]과 [not too ~ to 동사원형]의 의미상 차이

[too ~ not to 동사원형]은 '~할 만큼 충분히 …한' 이고, [not too ~ to 동사원형]은 '~하지 못할 만큼 너무 …하지 않은' 이다.

He is too wise not to notice **his own defects.** (그는 자신의 결점을 알 만큼 충분히 현명하다.)

They were not too proud to learn **useful lessons even from slaves.** (그들은 노예들에게서 조차 유익한 교훈을 배우지 않을 만큼 그렇게 거만하지 않았다.)

Check-up

1~2

다음 우리말과 같은 뜻이 되도록 빈칸에 알맞은 말을 쓰시오.

1. 나는 너무 살이 쪄서 저 26 사이즈 청바지를 입을 수 없다.

→ I am _____ overweight to wear the size 26 jeans.

2. 그는 권투 대회에서 우승할 만큼 충분히 강하다.

→ He is strong _____ _____ win the boxing contest.

✱문제 해결✱ 1. [too+형용사/부사+to부정사 ~]는 '너무 …해서 ~할 수 없다' 의 의미이다.
2. [형용사/부사+enough to부정사 ~]는 '~할 만큼 충분히 …하다' 는 의미이다.

✱문제 해결✱ **overweight** 너무 살찐, 지나치게 뚱뚱한 / **boxing contest** 권투 대회

정답 1. **too** 2. **enough to**

다음 두 문장이 같은 뜻이 되도록 빈칸에 알맞은 말을 쓰시오.

3. The food was too hot for us to eat.

= The food was _____ hot _____ we _____ eat it.

4. He is strong enough to lift all those boxes.

= He is _____ strong _____ he _____ lift all those boxes.

＊전문 해석＊ 3. 그 음식이 너무 뜨거워서 우리는 먹을 수 없었다.
4. 그는 모든 상자들을 들어 올릴 만큼 충분히 강하다.

＊문제 해결＊ 3. [too+형용사/부사+to부정사 ～(너무 …해서 ～할 수 없다)]와 [so 형용사/부사 that 주어
+can't 동사원형 ～]의 의미는 같다.
4. [형용사/부사+enough to부정사 ～(～할 만큼 충분히 …하다)]와 [so 형용사/부사 that 주어
+can 동사원형 ～]의 의미는 같다.

＊어휘 해결＊ **lift** 들어 올리다

정답 3. so, that, couldn't 4. so, that, can

다음 영어 문장이 우리말과 같은 뜻이 되도록 틀린 부분을 바르게 고쳐 쓰시오.

5. Cindy는 그 불쌍한 소년을 도울 정도로 친절하다.

→ Cindy is enough kind to help the poor boy.

6. 너는 유아용 우유를 먹기에는 너무 나이가 들었다.

→ You are to old too drink baby milk.

7. 강에서 수영을 하기에는 날씨가 너무 춥다.

→ It is cold enough to swim in the river.

＊문제 해결＊ 5. enough가 부사로 [형용사/부사]를 수식할 경우에는 후위에서 수식한다.

6. [too+형용사/부사+to부정사 ～]는 '너무 …해서 ～할 수 없다' 는 의미이다.

7. 문장의 의미상 부정적인 내용이므로, [too+형용사/부사+to부정사 ～] 구문을 사용한다. [형용사/부사+enough to부정사 ～]는 긍정적인 내용일 때 사용한다.

정답 5. enough kind → kind enough 6. to old too drink → too old to drink 7. cold enough → too cold

---

8 ● ● ●

다음 문장과 의미가 같은 것은? (두 가지)

She is too young to get married.

① She is so old as to get married.

② She is old enough to get married.

③ She isn't old enough to get married.

④ She is so old that she can get married.

⑤ She is so young that she can't get married.

＊전문 해석＊ 그녀는 너무 어려서 결혼할 수 없다.

＊문제 해결＊ [too+형용사/부사+to부정사 ～]는 '너무 …해서 ～할 수 없다' 는 의미이다.

＊어휘 해결＊ **get married** 결혼하다

정답 8. ③, ⑤

비법 전수

준동사의 시제에는 '단순시제와 완료시제'가 있다. 단순시제는 주절의 시제와 같고, 완료시제는 주절의 시제보다 한 단계 이전의 시제이다. 암기할 때는 '**단순**한 놈은 예나 지금이나 변한 것 없이 **같고, 완전**한 놈은 **한 단계 이전**까지도 기억한다'고 외운다: 단순한 놈은 예나 지금이나 변한 것 없이 같고, 완전한 놈은 한 단계 이전까지도 기억한다.

◆ 준동사의 시제 및 부정 출제 족보

① **준동사의 시제**

ⓐ 단순시제: 주절 시제와 일치

ⓑ 완료시제: 한 단계 이전 시제

② **준동사의 부정**: 준동사 앞에 not/never를 붙인다.

동사를 변형하여 만든 부정사, 동명사, 분사를 준동사라 한다. 준동사는 동사 출신이기 때문에 다음과 같은 동사의 흔적을 갖는다. 먼저 준동사의 시제는 '단순시제와 완료시제'가 있다. 단순시제(단순 부정사: to+동사원형, 단순 동명사: ~ing, 단순 분사: ~ing)는 주절시제와 일치하고, 완료시제(완료부정사: to have p.p, 완료 동명사: having p.p, 완료 분사: having p.p)는 주절 시제보다 한 단계 이전 시제를 나타낸다. 준동사를 부정할 경우에는 준동사 앞에 not이나 never를 붙인다.

(1) 준동사의 시제

① 단순시제(단순 부정사: to+동사원형, 단순 동명사: ~ing, 단순 분사: ~ing)

I seem to hear someone knock at the door. (지금 누군가가 노크하는 소리가 들리는 것 같다.)

She is proud of his being famous. (그녀는 그가 지금 유명하다는 사실을 자랑스러워한다.)

It being fine, old people are basking in the sun. (날씨가 좋기 때문에 노인들은 햇볕을 쐬고 있다.)

② 완료시제(완료부정사: to have p.p, 완료 동명사: having p.p, 완료 분사: having p.p)

I seemed to have heard someone knock at the door. (지금 생각해보니까 그 때 노크하는 소리가 들렸던 것 같다.)

She is proud of his having been famous. (그녀는 지금 그가 유명했었다는 점을 자랑스러워한다.)

(2) 준동사의 부정

He promised not to be late for school. (그는 학교에 늦지 않기로 약속했다.)

Check-up

1~5

두 문장이 뜻이 일치하도록 빈칸에 알맞은 말을 쓰시오.

1. You seem to be satisfied now.

    = It seems that you _____ satisfied now.

2. He seems to have been ill.

    = It seems that he _____ ill.

3. John is proud of having won the game.

    = John is proud that he _____ the game.

4. Feeling lonely, she plays the cello.

= When she _____ lonely, she plays the cello.

5. Having finished the work, I went to bed.

= After I _____ _____ the work, I went to bed.

＊전문 해석＊　1. 너는 지금 만족하는 것처럼 보인다.
2. 그는 아팠던 것처럼 보인다.
3. John은 경기에서 이긴 것을 자랑스럽게 여긴다.
4. 외로움을 느낄 때 그녀는 첼로를 연주한다.
5. 일을 끝마쳤기 때문에 나는 잠을 자러 갔다.

＊문제 해결＊　1~5. 준동사의 시제는 '단순시제와 완료시제'가 있다. 단순시제는 주절시제와 일치하고, 완료시제는 주절시제보다 한 단계 이전 시제를 나타낸다.

＊어휘 해결＊　**satisfied** 만족한 / **be proud of** ~을 자랑스럽게 여기다 / **lonely** 외로운

정답　1. are　2. was　3. won　4. feels　5. had finished

6~9 ● ● ●

틀린 부분을 찾아 바르게 고쳐 쓰시오.

6. She pretended to not know me.

7. He seems to not have been there at that time.

8. It seemed that you have had a strange dream.

9. I'm sure of his not being honest when young.

6. 그녀는 나를 모르는 척 했다.

7. 그는 그 당시에 그 곳에 있지 않았던 것처럼 보인다.

8. 너는 아주 이상한 꿈을 꾼 것처럼 보였다.

9. 나는 그가 어렸을 때 정직하지 못했음을 확신한다.

6, 7. 준동사를 부정할 경우에는 준동사 앞에 not이나 never를 붙인다.

8. 복문의 동사가 과거형인데, 이보다 더 전에 꿈을 꾼 것처럼 보여야 하므로, 문장의 의미상 과거시제보다 한 시제 전인 과거완료의 형태가 되어야 한다.

9. 정직하지 못한 것은 확신하는 지금보다 먼저 일어난 시제이므로 완료시제로 표시해야 한다.

pretend ～인 체하다

6. to not know → not to know 7. to not → not to 8. have had → had had 9. being → having been

---

 10

주어진 문장과 의미가 같은 것은?

> The boys seem to have played so hard.

① It seems that the boys play so hard.

② It seems that the boys played so hard.

③ It seemed that the boys play so hard.

④ It seemed that the boys have played so hard.

⑤ It seemed that the boys had played so hard.

소년들은 매우 열심히 놀았던 것처럼 보인다.

seem 다음의 완료부정사(to have played)는 복문으로 전환할 때 주절의 시제보다 하나 앞선 시제를 나타낸다.

10. ②

Case 45 – 독립부정사

비법 전수

to부정사는 문장의 다른 부분으로부터 독립하여 문장 전체를 꾸며 주기도 한다. 이런 부정사를 독립부정사라 부른다. 독립부정사 중에서 to tell the truth(사실대로 말하면)를 암기할 때는 '사실대로 말하면 **두 대 더(to tell the) 트루스(truth)다!**'라고 외운다: 사실대로 말하면 두 대 더 트루스다!

◆ 독립부정사 출제 족보

① to tell the truth: 사실대로 말하면

② to be sure: 확실히

③ to begin with: 우선, 먼저

④ strange to say: 이상하게도, 이상한 이야기지만

⑤ so to speak: 말하자면, 즉, 다시 말해서

to부정사는 문장의 다른 부분으로부터 독립하여 문장 전체를 꾸며 주기도 한다. 이런 부정사를 독립부정사라 부른다. 이런 부정사 구는 숙어처럼 암기하여 익혀 두어야 한다.

(1) **To tell the truth, I've never heard of him.** (사실대로 말하면, 나는 그 사람에 대해 들어 본 적이 없다.)

(2) **To be sure, his name is very difficult to remember.** (확실히, 그의 이름은 기억하기 매우 어렵다.)

(3) **To begin with, you must log in to this web site.** (우선, 너는 이 웹 사이트에 로그인해야 한다.)

(4) **Strange to say, she didn't say anything about that.** (이상하게도, 그녀는 그것에 대해 아무 말도 하지 않았다.)

(5) **So to speak, he is an expert in mathematics.** (말하자면, 그는 수학 전문가이다.)

(6) **To be frank with you, I don't want to go there.** (솔직히 말해서, 나는 그 곳에 가기를 원하지 않는다.)

(7) **To make matters worse**, she failed in her business. (설상가상으로, 그녀는 사업에도 실패했다.)

Check-up

1 ~ 5

[1~5] 우리말과 같은 뜻이 되도록 빈칸에 알맞은 말을 쓰시오.

1. 말하자면, 그는 다 큰 아기이다.

= _____, he is a grown-up baby.

2. 사실대로 말하면, 나는 무일푼이다.

= _____, I am dead broke.

3. 이상하게도, 갑자기 모든 승객이 어디론가 사라져 버렸다.

= _____, all the passengers disappeared all of a sudden.

4. 설상가상으로, 그는 건강을 잃었다.

= _____, he lost his health.

5. 확실히, 그는 능력 있는 사람이다.

= _____, he is a man of ability.

6 ~ 10

다음 문장을 우리말로 옮기시오.

6. Strange to say, it hasn't rained all summer.

7. To begin with, you must meet her.

8. To tell the truth, I am against your marriage.

9. It was cold and, to make matters worse, it began to rain.

10. She can speak Japanese, to say nothing of English.

[1~2] 다음 글을 읽고, 물음에 답하시오.

> Something in our human nature longs for the experience of complete emotional absorption, the magical moment when we are swept away. It is passion that entertains us. When a book is written without passion, you lose interest. When a team plays without passion, the game becomes boring. "These guys are asleep," a fan complains. We reward those who can stir our emotions to the greatest heights in order to feed appetite — actors, athletes and rock musicians make millions (A)(그들이 우리의 열정을 자극하는 법을 알기 때문에).

01 위 글의 밑줄 친 (A)의 의미가 되도록 [보기]의 단어들을 어법에 맞게 배열하시오.

> | 보기 | turn   how   on   our   because   know   passion   they   to

02 위 글의 제목으로 가장 적절한 것은?
① Interest in Sports
② Importance of Passion
③ Positive Attitude for Life
④ Proper Exercise for Health
⑤ Control of Emotional Expression

[3~4] 다음 글을 읽고, 물음에 답하시오.

> Similarly a manager may claim (A)to not feel the pressure of his occupation.

It is possible to gather a great deal of knowledge about a person's emotional state simply from observing his physical behavior. (①) Such observation can reveal contradictory messages that the subject might not verbally acknowledge. (②) We only think of the guest lecturer who speaks with authority while nervously pulling his tie or adjusting his glasses. (③) Gestures of this sort clearly reveal an underlying tension and anxiety not verbally expressed. (④) But he may reveal his fears by an excessive erect posture and a stiff facial expression, too. (⑤)

03 위 글의 밑줄 친 (A)를 어법에 맞게 고쳐 쓰시오.

04 위 글의 흐름으로 보아, 주어진 문장이 들어가기에 가장 적절한 곳은?

①   ②   ③   ④   ⑤

05 빈 칸 (A)와 (B)에 적절한 것끼리 짝지은 것은?

Workaholism can be a serious problem. Because true workaholics would rather work than do anything else, they probably don't know ___(A)___. The lives of workaholics are usually stressful, and this tension and worry can cause health problems. In addition, their families are not paid ___(B)___ typical workaholics. They spend little time with their children, and their marriages may end in divorce.

	(A)	(B)
①	how to relax	much attention to by
②	how to relax	many attention to
③	to relax	much attention to by
④	to relax	many attention to
⑤	how to relax	much attention to

06 밑줄 친 (A), (B), (C)에서 어법에 맞는 표현을 골라 짝지은 것으로 가장 적절한 것을 고르시오.

Animals that are strong, quick, and smart (A)tend/tends to survive because these traits allow them to get food and to fight their enemies. Animals without these traits tend not to survive. A living thing is considered (B)to survive/to have survived if it has lived (C)enough long/long enough to reproduce its kind. Therefore, because only living things with favorable traits tend to reproduce, the favorable traits tend to remain while the unfavorable traits tend to be lost.

	(A)	(B)	(C)
①	tend	to survive	enough long
②	tend	to have survived	enough long
③	tends	to have survived	long enough
④	tends	to survive	long enough
⑤	tend	to have survived	long enough

Second Step 준동사 필수 문법요소

02 동명사

Case 46~53

2. 동명사

Case 46~53

Case 46 – 동명사의 정의

비법 전수

동명사(동사원형+~ing)는 동사가 명사화 된 것으로 동사와 명사의 역할을 동시에 수행한다. 암기할 때는 '동명사는 **동명(동사와 명사)**의 역할을 동시에 하는 것'이라고 외운다: 동명사는 동명의 역할을 동시에 하는 것!

◆ 동명사의 정의 출제 족보

▶ 동명사의 정의: 동사와 명사의 역할을 동시에 수행하는 것

[동명사(동사원형+~ing)]는 동사가 명사화 된 것으로, 동사와 명사의 역할을 동시에 수행한다. 동명사는 동사의 성질을 가지고 있으므로 목적어나 보어를 취할 수 있으며 부사(구, 절)에 의해 수식을 받을 수 있다. 또한 명사의 성질을 가지고 있기 때문에 주어, 목적어, 보어의 역할을 한다.

(1) 동사적 성질

① His job is driving *a taxi*. [목적어를 취함] (그의 직업은 택시를 운전하는 것이다.)

② I never thought of his being *guilty*. [보어를 취함] (나는 그가 유죄라고는 결코 생각하지 않았다.)

③ Sitting *up late* is a bad habit. [부사구의 수식을 받음] (밤늦게까지 자지 않는 것은 나쁜 습관이다.)

(2) 명사적 성질

① **Keeping** early hours is good for the health. [주어 역할] (일찍 자고 일찍 일어나는 것은 건강에 좋다.)

② Finish **shining** your shoes and come to eat your breakfast. [목적어 역할] (구두를 다 닦고 아침 먹으러 오너라.)

③ **Seeing** is **believing**. [보어 역할] (백문이 불여일견이다.)

Check It Out!

동사에 ~ing를 붙일 때

① 1음절어로서 어미가 [단모음 + 단자음]으로 끝날 경우 → 자음을 하나 더 쓴 다음 ~ing를 붙인다.
  stop → stopping, bat → batting

② 2음절어로서 어미가 [단모음 + 단자음]으로 끝나고, 제2음절에 강세(accent)가 오는 경우 → 자음을 하나 더 쓴 다음 ~ing를 붙인다.
  omit → omitting, prefer → preferring

③ 어미가 '-c'로 끝나며 발음이 [-k]일 때 k를 하나 덧붙인 뒤 ~ing를 붙인다.
  picnic → picnicking, panic → panicking, mimic → mimicking

④ [-ie + ~ing]는 -ying로 바꾼다.
  die → dying, tie → tying, lie → lying

⑤ 어미가 -e로 끝나며 발음되지 않는 경우는 e를 버리고 ~ing를 붙인다.
  live → living, believe → believing, choose → choosing
  예외) be → being, see → seeing, dye → dyeing

1 ~ 5

밑줄 친 [동명사(동사원형+~ing)]의 역할을 [보기]에서 골라 쓰시오.

| 보기 |　　① 주어　　　② 타동사의 목적어　　　③ 전치사의 목적어　　　④ 보어

1. I am very fond of <u>fishing</u>.

2. Does she enjoy <u>living</u> in Seoul?

3. We don't call just floating on water <u>swimming</u>.

4. <u>Travelling</u> broadens the mind.

5. <u>Telling</u> a lie is sometimes much harder than telling the truth.

＊전문 해석＊
1. 나는 낚시를 매우 좋아한다.
2. 그 여자는 서울에서 즐겁게 사느냐?
3. 단지 물 위에 떠 있는 것을 수영하는 것이라고 부르지는 않는다.
4. 여행은 견문을 넓혀준다.
5. 때때로 진실을 말하는 것보다 거짓말하는 것이 훨씬 어렵다.

＊문제 해결＊
1. fishing은 전치사 of의 목적어이다.
2. living은 타동사 enjoy의 목적어이다.
3. floating은 call의 목적어이며 swimming은 목적격 보어이다.
4. Travelling은 문장의 주어이다.
5. Telling은 문장의 주어이다.

＊어휘 해결＊　**be fond of** ~을 좋아하다 / **float** 떠있다, 표류하다 / **broaden** 넓혀주다

정답　1. ③ 2. ② 3. ④ 4. ① 5. ①

우리말과 같은 뜻이 되도록 빈칸에 알맞은 말을 쓰시오.

6. 나는 책 몇 권을 빌리러 도서관에 갔다.

= I went to the library _____ _____ some books.

7. 너는 커서 무엇이 되길 원하니?

= What do you want _____ _____ when you grow up?

8. 나는 그녀가 실패했다는 소식을 듣고 매우 충격을 받았다.

= I was so shocked _____ _____ the news that she failed.

문제 해결 6. '～하기 위해서'라는 목적은 to부정사의 부사적 용법으로 나타낸다.
7. want는 다음에 목적어로 to부정사를 사용하는 동사이며, '～가 되다'라는 의미의 be동사나 become을 to부정사로 쓴다.
8. shocked는 감정을 나타내는 형용사이므로 감정을 가지게 된 원인을 to부정사로 설명한다.

어휘 해결 **grow up** 성장하다, 자라다 / **shock** 충격을 주다, 깜짝 놀라게 하다

정답 6. to borrow 7. to be(become) 8. to hear

9

다음 밑줄 친 부분의 쓰임이 나머지와 <u>다른</u> 것은?

① I went there <u>to meet</u> her. ② I don't want <u>to study</u> it now.
③ I'm happy <u>to have</u> this book. ④ Mary grew up <u>to be</u> a doctor.
⑤ You must be foolish <u>to say</u> so.

전문 해석 ① 나는 그녀를 만나기 위해 그 곳에 갔다. ② 나는 지금 그것을 공부하고 싶지 않다.
③ 나는 이 책을 갖게 되어 기쁘다. ④ Mary는 커서 의사가 되었다.
⑤ 그렇게 말하는 것을 보니 너는 어리석음에 틀림없다.

문제 해결 ②는 목적어 역할을 하는 명사적 용법이고, 나머지는 부사적 용법이다.

정답 9. ②

Case 47 - 동명사의 의미상 주어

동명사(~ing)의 주어가 되는 말이 앞에 있거나 일반인일 경우에는 표시하지 않지만, 없을 경우에는 동명사(~ing) 앞에 소유격으로 의미상의 주어를 나타낸다. **'동명사**라는 절의 **소유권(소유격)은** 의주(**의미상의 주어)** 출신의 사람에게 있다' 라고 암기한다: 동명사라는 절의 소유권은 의주 출신의 사람에게 있다.

◆ 동명사의 의미상 주어 출제 족보

▶ **동명사의 주어**: [일반적으로 명사나 대명사의 소유격을 씀] + 동명사(~ing)

동명사(~ing)는 동사의 성격을 가지고 있기 때문에 주어가 있어야 한다. 동명사의 주어가 되는 말이 앞에 있거나 일반인일 경우에는 동명사의 의미상의 주어를 표시하지 않지만, 없을 경우에는 동명사(~ing) 앞에 소유격으로 의미상의 주어를 나타낸다.

(1) He is proud of being a scholar. [주어와 일치] (그는 학자임을 자랑하고 있다.)

(2) I thanked him for helping me. [목적어와 일치] (그가 나를 도와 준 데 대해서 그에게 감사했다.)

(3) Do you mind *my* smoking here? (제가 여기서 담배 피워도 되겠습니까?)

(4) There is little chance of the camera coming back. (그 카메라가 돌아올 가능성은 희박하다.)

Check It Out!

동명사의 의미상의 주어는 소유격을 쓰는 것이 원칙이지만, 현대 영어에서는 소유격 대신 목적격을 쓰는 경우도 있다.

① I cannot bear *my son* going to such a place. (나는 내 아들이 그런 장소에 드나드는 것을 도저히 그냥 봐 넘길 수가 없다.)

② He insisted on *the doctor* being sent for. (그는 의사를 불러와야 한다고 주장했다.)

③ He resented *me* being promoted before him. (그는 자기보다 내가 먼저 승진한 것에 대해 분개했다.)

1 ~ 5

밑줄 친 동명사의 의미상의 주어를 쓰시오.

1. Finding a job is very difficult in Korea.

2. I'm sorry for giving you so much trouble.

3. I don't like them coming here.

4. I have no doubt of his keeping his promise.

5. My father is sure of my brother's passing the exam.

＊전문 해석＊ 1. 한국에서 직장을 찾는 것은 매우 어렵다.
2. 당신에게 많은 폐를 끼치게 되어 유감스럽습니다.
3. 나는 그들이 여기 오는 것을 좋아하지 않는다.
4. 나는 그가 약속을 지킬 것이라는 데 의심이 없다.
5. 남동생이 시험에 통과할 것을 아버지는 확신하고 있다.

＊문제 해결＊ 1~5. 동명사(~ing)는 동사의 성격을 가지고 있기 때문에 주어가 있어야 한다. 동명사의 주어가 되는 말이 앞에 있거나 일반인일 경우에는 동명사의 의미상의 주어를 표시하지 않지만, 없을 경우에는 동명사(~ing) 앞에 소유격으로 의미상의 주어를 나타낸다.

＊어휘 해결＊ **doubt** 의심 / **keep one's promise** 약속을 지키다

정답 1. 일반인 2. I 3. them 4. his 5. my brother

두 문장이 같은 뜻이 되도록 빈칸에 알맞은 말을 쓰시오.

6. I am sure that I will win first prize.

= I am sure of _____ first prize.

7. Do you mind if I park the car here?

= Do you mind _____ _____ the car here?

8. I remembered that she had stolen my money.

= I remembered _____ _____ my money.

9. I am sure that he will come in time.

= I am sure of _____ _____ in time.

✱전문 해석✱ 6. 나는 일등을 할 것을 확신한다.
7. 여기 차를 세워도 되겠습니까?
8. 나는 그녀가 내 돈을 훔쳤다는 것을 기억했다.
9. 나는 그가 제시간에 올 것을 확신한다.

✱문제 해결✱ 6. 의미상 주어와 문장의 주어가 일치한다.
7. 차를 세우는 사람은 I이므로 parking 앞에 소유격(my)을 쓴다.
8. 물건을 훔친 것은 그녀이므로 her를 쓴다.
9. 제 시간에 올 사람은 내가 아니라 그이므로 의미상 주어인 소유격 his를 쓴다.

✱어휘 해결✱ **be sure of** ~을 확신하다 / **park** 주차하다 / **steal** 훔치다 cf. steal - stole - stolen

정답 6. **winning** 7. **my parking** 8. **her stealing** 9. **his coming**

Case 48 – 동명사(~ing)를 목적어로 취하는 동사

비법 전수

다음에 소개되는 완전 타동사가 목적어로 동사를 취할 경우에는 동명사(~ing)를 사용해야 한다. mind, enjoy, give up, avoid, practice, admit, stop, suggest, postpone, consider, finish, miss, discontinue, deny, advocate, quit. 외울 때는 동사의 첫 글자를 이용해 '메가패스를 깔았으니 – PC로 FM 다큐멘터리를 보자!(MEGA PASS – PC , FM , DDAQ)' 라고 암기한다: 메가패스를 깔았으니 – PC 로 FM 다큐멘터리를 보자!

◆ 동명사를 목적어로 취하는 동사 출제 족보

[mind, enjoy, give up, avoid, practice, admit, stop, suggest, postpone, consider, finish, miss, discontinue, deny, advocate, quit] + 동명사(~ing)

다음에 소개되는 완전 타동사가 목적어로 동사를 취할 경우에는 동명사(~ing)를 사용해야 한다. to부정사(to+동사원형)를 취하면 틀린다. mind, enjoy, give up, avoid, practice, admit, stop, suggest, postpone, consider, finish, miss, discontinue, deny, advocate, quit 등은 부정사를 목적어로 취하는 동사들이다.

(1) I enjoy *driving* very much. (나는 운전하는 것을 아주 좋아한다.)

(2) He finished *painting* his house. (그는 집을 페인트칠하는 것을 끝마쳤다.)

(3) Would you mind *opening* the door? (문 좀 열어주시겠어요?)

(4) He gave up *drinking* and *smoking*. (그는 술 마시고 담배 피우는 것을 그만두었다.)

Check-up

1 ~ 5

주어진 동사를 알맞은 형태로 바꾸어 빈칸에 쓰시오.

1. I always enjoy _____ with him. (talk)

2. Would you mind _____ a little longer? (wait)

3. His father has given up _____. (drink)

4. I finished _____ the novel last night. (read)

5. You had better avoid _____ there. (go)

전문 해석
1. 나는 그와 이야기하기를 항상 즐긴다.
2. 조금만 더 기다려 주시겠습니까?
3. 그의 아버지는 술 마시는 것을 그만두었다.
4. 나는 지난밤에 그 소설 읽는 것을 끝냈다.
5. 너는 거기 가는 것을 피하는 게 좋겠다.

문제 해결 1~5. enjoy, mind, give up, finish, avoid는 동명사를 목적어로 취하는 동사들이다.

어휘 해결 **give up** 포기하다 / **avoid** 피하다

정답 1. talking 2. waiting 3. drinking 4. reading 5. going

괄호 안에서 알맞은 것을 고르시오.

6. Does she enjoy (to live, living) in Seoul?

7. I considered (to buy, buying) a car.

8. He denied (to take, taking) the key.

9. I have avoided (to meet, meeting) him so far.

✱전문 해석✱   6. 그 여자는 서울에서 즐겁게 사느냐?   7. 차를 한 대 사는 것을 고려해 보았다.

                  8. 그는 열쇠를 가져간 것을 부인했다.   9. 나는 지금까지 그를 만나는 것을 피해왔다.

✱문제 해결✱   6~9. enjoy, consider, deny, avoid는 동명사를 목적어로 취하는 동사들이다.

✱어휘 해결✱   **consider** 고려하다 / **deny** 부인하다

정답   6. **living** 7. **buying** 8. **taking** 9. **meeting**

빈칸에 들어갈 수 <u>없는</u> 것은?

Betty _____ visiting her friend Jenny.

① enjoys   ② likes   ③ stopped   ④ forgot   ⑤ wanted

✱전문 해석✱   Betty는 그녀의 친구 Jenny를 방문하는 것을 _____ .

✱문제 해결✱   동명사를 목적어로 취하는 동사가 들어가야 한다. want는 to부정사를 목적어로 취하는 동사이다.

정답   10. ⑤

Case 49 – 동명사와 현재분사

비법 전수

[~ing + 명사] 구문에서 ~ing형이 뒤에 나오는 명사의 목적이나 용도를 나타내면 동명사이고 동작이나 상태를 나타내면 현재분사이다. '**현분(현재분사)**이 **동상(동작이나 상태)** 걸렸니? **동명사**에 가서 **목욕(목적이나 용도)**하면 나을 거야!' 라고 암기한다: 현분이 동상 걸렸니? 동명사에 가서 목욕하면 나을 거야!

◆ 동명사와 현재분사 출제 족보

▶ 동명사와 현재분사의 판별식

① **동명사**: ~ing + 명사 (목적이나 용도)

② **현재분사**: ~ing + 명사 (동작이나 상태)

[~ing+명사] 구문에서 ~ing형은 동명사일 수도 있고, 현재분사일 수도 있다. ~ing가 뒤에 나오는 명사의 목적이나 용도를 나타내면 동명사이고 동작이나 상태를 나타내면 현재분사이다.

(1) Se-ho bought <u>a sleeping bag</u> for camping. [동명사] (세호는 캠핑을 위해 침낭을 샀다.)

   = a bag for sleeping

Look at the <u>sleeping baby</u>. [현재분사] (잠자고 있는 아이를 보아라.)

   = the baby who is sleeping

(2) Some old people need <u>a walking stick</u>. [동명사] (일부 나이든 사람들은 지팡이가 필요하다.)

   = a stick for walking

We called him <u>a walking dictionary</u>. [현재분사] (우리는 그를 걸어 다니는 사전이라고 부른다.)

   = a dictionary which is walking

동명사를 쓸 때는 a smoking-room(흡연실)에서와 같이 hyphen(-)을 흔히 붙이나, 그렇지 않은 경우도 있으며, 강세(stress)는 동명사에 온다. 현재분사의 경우 hyphen(-)을 붙이지 않으며, 강세는 현재분사, 명사 모두에 오거나 혹은 명사에만 온다.

① He is a walking dictionary. [현재분사] (그는 살아있는 사전이다. 아주 박식한 사람이다.)

② I bought my grandfather a walking stick. [동명사] (나는 할아버지께 지팡이를 하나 사다 드렸다.)

Check-up

1~4

다음을 우리말로 옮기고 동명사와 현재분사로 구분하시오.

1. a sleeping dog _____

2. a flying airplane _____

3. a sleeping car _____

4. a waiting room _____

동명사 : (   )   현재분사 : (   )

＊문제 해결＊ 1~4. '용도'를 나타내면 동명사이고 '～하고 있는'의 '진행'의 의미이면 현재분사이다.

정답 1. 잠자고 있는 개 2. 날고 있는 비행기 3. 침대차 4. 대기실
동명사: (3, 4)   현재분사: (1, 2)

다음 문장을 우리말로 옮기고 밑줄 친 부분이 동명사인지 현재분사를 구분하시오.

5. Look at the swimming man.

[_____ / _____]

6. I lost my sleeping bag on vacation.

[_____ / _____]

7. A dancing girl approaches a man in a wheelchair.

[_____ / _____]

8. The smoking room will be closed at ten o'clock.

[_____ / _____]

9. The blind man takes out a pair of glasses and a walking stick.

[_____ / _____]

＊전문 해석＊
5. 수영하는 있는 사람을 보아라.
6. 나는 방학 중에 침낭을 잃어버렸다.
7. 춤추고 있는 소녀가 휠체어에 앉아 있는 남자에게 접근한다.
8. 흡연실은 10시에 문을 닫을 것이다.
9. 그 시각 장애인은 안경과 지팡이를 꺼낸다.

＊문제 해결＊
5., 7. '~하고 있는'으로 해석되며, 동작이나 상태를 나타내고 있으므로 현재분사이다.
6. a sleeping bag은 '침낭'이란 뜻이고, sleeping은 동명사이다. a bag for sleeping의 의미이다.
8. a smoking room은 '흡연실'이란 뜻이고, smoking은 동명사이다. a room for smoking의 의미이다.

9. a walking stick은 '지팡이'란 뜻이고, walking은 동명사이다. a stick for walking의 의미이다.

＊어휘 해결＊ **vacation** 휴가 / **approach** 접근하다, 다가가다 / **a pair of glasses** 안경 하나

정답 5. 수영하고 있는 남자를 보아라. / 현재분사 6. 나는 방학 중에 침낭을 잃어 버렸다. / 동명사 7. 춤추고 있는 소녀가 휠체어에 앉아 있는 남자에게 접근한다. / 현재분사 8. 흡연실은 10시에 문을 닫을 것이다. / 동명사 9. 그 시각 장애인은 안경과 지팡이를 꺼낸다. / 동명사

중요 불규칙 동사 잠깐! Check

현 재	과 거	과거분사
strike 때리다, 치다	struck	struck/stricken
string 실에 꿰다	strung	strung
strip 벗기다	stript/stripped	stript/stripped
strive 노력하다, 힘쓰다	strove	striven
sunburn 햇볕에 타다	sunburned/sunburnt	sunburned/sunburnt
swear 맹세하다, 욕을 하다	swore	sworn
sweat 땀 흘리다	sweat/sweated	sweat/sweated
sweep 청소하다, 쓸어 내리다	swept/sweeped	swept/sweeped
swell 부풀다, 팽창하다	swelled	swollen
swim 수영하다	swam	swum

[1~2] 다음 글을 읽고, 물음에 답하시오.

> Researchers at Johns Hopkins Medical Institutions recently studied the effects of music on eating. They served two meals to 90 people. The first meal was served while playing spirited tunes. Half of the diners asked for second helpings and they finished (A)(eat) in only 31 minutes. Three weeks later researchers served the same people the same food with slow, relaxing music. Not only did few diners ask for seconds but most of them didn't even finish their first helpings. It also took them nearly an hour to finish their meal.

01 위 글의 밑줄 친 (A)를 어법에 맞게 고쳐 쓰시오.

02 위 글이 시사하는 바를 한 문장으로 나타내고자 한다. 빈칸 (A)와 (B)에 가장 적절한 것끼리 짝지은 것은?

> The ___(A)___ of music you listen to while eating may have an effect on ___(B)___.

	(A)	(B)
①	note	food likings
②	tunes	mental health
③	tempo	dining custom
④	types	eating habits
⑤	change	eating time

03

Mr. Brown thought his daughter was extremely intelligent. She was only five but she was very good at doing calculations. He wanted her to develop her ability in math. However, his daughter wanted to play games with her friends and enjoyed ____(A)____ to music more than mathematics. She said she dreamed of being a dancer. Mr. Brown refused to listen and insisted that his daughter ____(B)____ a private tutor before going to a special school to develop her talent for mathematics. After a year at the school, even his daughter's teachers agreed that she was unhappy there.

	(A)	(B)
①	dancing and listening	should have
②	to dance and to listen	should have
③	dancing and listening	had
④	to dance and to listen	have
⑤	dancing and listen	had

04

In most cases, you can transplant a tree successfully, at any time, if you follow the instructions for ____(A)____. The most important thing is to dig out enough roots, but this process is difficult. When you dig out the tree, leave a ball of earth around its roots. This ball of earth should measure about a foot wide. Dig deep enough to ____(B)____ too many taproots. It is wise to call in a professional tree expert to transplant a tree whose trunk diameter is larger than a few inches.

*taproot 주근(主根)

	(A)	(B)
①	plant a tree	cut off to avoid
②	to plant a tree	avoid cutting off
③	to plant a tree	avoid to cut off
④	planting a tree	avoid cutting off
⑤	planting a tree	cut off to avoid

05 다음 글의 밑줄 친 부분 중 어법상 <u>틀린</u> 것은?

Do you know ①<u>what to do</u> if you are stung by a bee? There are a number of steps that should be followed if this happens to you. ②<u>Remove</u> the stinger is the first thing that you should do. A stinger contains venom. It will continue ③<u>to release</u> venom as long as it is in contact with skin. When the stinger is removed, put ice on the wound. This will reduce ④<u>the swelling</u>. Then, apply a small amount of baking soda, which will weaken the venom. Finally, look for signs of an allergic reaction such as difficulty in ⑤<u>breathing</u>. When one occurs, the victim should be taken to the hospital for treatment as soon as possible.

06 밑줄 친 (A), (B), (C)에서 어법에 맞는 표현을 골라 짝지은 것은?

(A)<u>Place/Placing</u> a high value on material possessions is called "materialism," but this is a word that most Americans find offensive. To say that a person is "materialistic" is an insult. To an American, this means that this person values material possessions above all else. Americans do not like to (B)<u>call/be called</u> materialistic, because they feel that this unfairly accuses them of (C)<u>to love/loving</u> only material things and of having no religious values.

	(A)	(B)	(C)
①	Place	call	to love
②	Place	be called	to love
③	Placing	call	loving
④	Placing	be called	to love
⑤	Placing	be called	loving

중요 불규칙 동사 잠깐! Check

현 재	과 거	과거분사
swing 흔들리다	swung	swung
take 잡다, 획득하다	took	taken
teach 가르치다	taught	taught
tear 쥐어뜯다, 찢어지다	tore	torn
tell 말하다	told	told
think 생각하다	thought	thought
thrive 번영하다, 번성하다	throve/thrived	thriven/thrived
throw 던지다	threw	thrown
thrust 밀다	thrust	thrust
tread 걷다, 밟다	trod	trodden

Case 50 – 동명사의 관용 표현 [1]

비법 전수

동명사(~ing)의 관용 표현 중 [there is no ~ing]는 '~하는 것은 불가능하다'라는 뜻이다. **'데얼이즈 노 잉은 불가능하다'**라고 암기하도록 한다: 데얼이즈 노잉은 불가능하다.

◆ 동명사의 관용 표현 [1] 출제 족보

① spend(waste) + 시간/돈 + (in) ~ing: ~하는데 시간을 소비하다(낭비하다)

② have difficulty(trouble, a hard time) + (in) ~ing: ~하는데 어려움을 겪다

③ be busy ~ing: ~하느라 바쁘다

④ there is no ~ing: ~하는 것은 불가능하다

다음에 소개하는 구문들은 왜 동명사(~ing)가 사용되는지를 문법적으로 설명할 수 없고, 그대로 암기해야 하는 것들이다. 독해에서 자주 사용되는 구문이므로 눈에 많이 익숙하도록 연습해 두어야 한다.

(1) spend(waste) + 시간/돈 + (in) ~ing: ~하는데 시간을 소비하다(낭비하다)

He spent *three hours* reading novels last night. (그는 지난밤에 소설을 읽느라고 3시간을 소비했다.)

(2) have difficulty(trouble, a hard time) + (in) ~ing: ~하는데 어려움을 겪다

You won't have any trouble finding a nice apartment. (훌륭한 아파트를 찾아내는 데 별 수고를 하지 않을 것이다.)

(3) be busy ~ing: ~하느라 바쁘다

He is busy writing letters. (그는 편지를 쓰느라고 바쁘다.)

(4) there is no ~ing: ~하는 것은 불가능하다 (= it is impossible to + 동사원형)

There is no knowing what will happen. (다음에 무슨 일이 일어날지 알 수 없다.)

(5) it is no use ~ing: ~해봤자 소용없다 (= it is of no use to + 동사원형)

It is no use crying over spilt milk. (엎질러진 우유에 대해 울어봤자 소용없다.)

(6) be worth ~ing: ~할 만한 가치가 있다 (= be worthy of ~ing)

This book is worth reading. (이 책은 읽은 만한 가치가 있다.)

Check-up

1 ~ 5

다음 문장의 (   ) 안에서 알맞은 것을 고르시오.

1. It is no use (try, trying, to try) to persuade him.

2. He's spent his life (write, writing, to write) this book.

3. Did you have any difficulty (do, doing, to do) it?

4. There is no (master, mastering, to master) English in a year.

5. Mom was buy (cook, to cook, cooking) the French food.

✱전문 해석✱

1. 그를 설득해 보려고 해도 소용없다.
2. 그는 이 책을 쓰는데 그의 일생을 소비했다.
3. 그것을 하는데 어려운 점이 있었습니까?
4. 일 년 만에 영어를 정복하는 것은 불가능하다.
5. 엄마는 프랑스 음식을 요리하느라 바빴다.

✱문제 해결✱

1. [It is no use ~ing(~해도 소용없다)] 관용 표현이므로 trying이 올바르다.
2. [spend+시간/돈+(in) ~ing]는 '~하는데 시간을 소비하다' 는 의미이다.
3. [have difficulty (in) ~ing]는 '~하는데 어려움을 겪다' 는 의미의 관용 표현이다.
4. [there is no ~ing]는 '~하는 것은 불가능하다' 는 의미의 동명사의 관용 표현이다.
5. [be busy ~ing]는 '~하느라 바쁘다' 는 의미의 표현이다.

✱어휘 해결✱   **persuade** 설득하다

 정답 1. **trying** 2. **writing** 3. **doing** 4. **mastering** 5. **cooking**

◖ 6~10 ◗ ● ● ●

다음 문장에서 <u>틀린</u> 부분을 고치시오.

6. It is of no use trying to do so.

7. This movie is worth to watch many times.

8. I spend a lot of time use the computer.

9. She always has trouble to park her car.

10. I'm busy pack for the journey.

＊전문 해석＊

6. 그렇게 하려고 노력해보아야 소용이 없다.

7. 이 영화는 여러 번 볼 가치가 있다.

8. 나는 컴퓨터를 사용하는데 많은 시간을 보낸다.

9. 그녀는 주차하는 데 항상 애를 먹는다.

10. 나는 여행을 갈 짐을 꾸리는데 바쁘다.

＊문제 해결＊

6. [It is of no use to 동사원형]은 [It is no use ~ing]와 같은 뜻으로 '~해도 소용이 없다'는 의미이다.

7. [be worth ~ing]는 '~할 가치가 있다'는 뜻이다.

8. [spend+시간/돈+(in) ~ing]는 '~하는데 시간을 소비하다'는 의미이다.

9. [have trouble (in) ~ing(~하는데 어려움을 겪다)]는 관용 표현이다.

10. [be busy ~ing]는 '~하느라 바쁘다'는 표현이다.

＊어휘 해결＊ **park** 주차하다 / **pack** (짐 등을) 꾸리다 / **journey** 여행

 6. **trying → to try** 7. **to watch → watching** 8. **use → using** 9. **to park → parking** 10. **pack → packing**

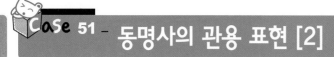
비법 전수

동명사(~ing)의 관용 표현 중에서 cannot help ~ing는 '~하지 않을 수 없다'라는 뜻이다. 외울 때는 **'도울 수 없니?(cannot help) 응?!(~ing)이라는 물음에 나는 대답할 수 없었다'** 라고 암기한다: 도울 수 없니? 응?!이라는 물음에 나는 대답할 수 없었다.

◆ 동명사의 관용 표현 [2] 출제 족보

① cannot help(avoid, resist, stop) ~ing: ~하지 않을 수 없다

② feel like ~ing: ~하고 싶다

③ be on the point(verge, brink, edge) of ~ing: 막 ~하려고 하다

④ go ~ing: ~하러 가다

다음에 소개되는 구문들은 왜 동명사(~ing)가 사용되는지를 문법적으로 설명할 수 없고, 그대로 암기해야 하는 것들이다. 독해에서 자주 사용되는 구문이므로 눈에 많이 익숙하도록 연습해 두어야 한다.

(1) cannot help(avoid, resist, stop) ~ing: ~하지 않을 수 없다

   = cannot (choose) but 동사원형

   = have no choice but to 동사원형

   Bob could not help being late this morning. (Bob은 오늘 아침 늦지 않을 수 없었다.)

(2) feel like ~ing: ~하고 싶다

   I don't feel like studying tonight. (오늘 밤에 공부할 기분이 나지 않는다.)

(3) be on the point(verge, brink, edge) of ~ing: 막 ~하려고 하다

   I was just on the point of leaving then. (그때 막 떠나려는 참이었다.)

(4) go ~ing: ~하러 가다

   We went swimming in the river. (우리는 강으로 수영하러 갔다.)

(5) How about ~ing: ~하는 게 어때?

= What do you say to ~ing

= What about ~ing

How about going out for a walk? (산책하러 가는 게 어때?)

(6) on ~ing: ~하자마자

On coming back home, he turned on the TV. (집에 돌아오자마자 그는 TV를 켰다.)

Check-up

1 ~ 5

다음 문장의 ( ) 안에서 알맞은 것을 고르시오.

1. No one can help (like, liking, to like) a lark.

2. My family went (ski, skiing, to ski) last weekend.

3. I don't feel like (work, working, to work) out this morning.

4. How about (buy, buying, to buy) a new cell phone?

5. On (see, seeing, to see) me, she ran away.

✱전문 해석✱
1. 누구나 종달새를 좋아하지 않을 수 없다.
2. 나의 가족은 지난 주말에 스키를 타러 갔다.
3. 나는 오늘 아침 운동하고 싶지 않다.
4. 새 휴대폰을 사는 게 어때?
5. 나를 보자마자 그녀는 도망쳤다.

✱문제 해결✱
1. [cannot help ~ing(~하지 않을 수 없다)] 구문이므로 liking이 적절하다.
2. [go ~ing]는 '~하러 가다'는 의미이다.
3. [feel like ~ing]는 '~하고 싶다'는 의미이다.
4. [How about ~ing]는 '~하는 게 어때?'라는 권유를 나타내는 표현이다.
5. [on ~ing]는 '~하자마자'라는 의미이다.

✱어휘 해결✱ **work out** 운동하다 / **cell phone** 휴대폰 / **run away** 도망치다

정답 1. **liking** 2. **skiing** 3. **working** 4. **buying** 5. **seeing**

6~9 ● ● ●

다음 문장에서 **틀린** 부분을 고치시오.

6. You have no choice but leave now.

7. I felt like cry at the sight.

8. The sun was on the point of to rise.

9. We went hunt last Sunday.

전문 해석 6. 이제는 떠날 수밖에 도리가 없다.

7. 나는 그 광경을 보고 울고 싶었다.

8. 태양이 막 떠오르려 하였다.

9. 우리는 지난 일요일에 사냥하러 갔다.

문제 해결 6. [have no choice but to 동사원형]은 '~하지 않을 수 없다'는 의미이다.

7. [feel like ~ing]는 '~하고 싶다'는 의미이다.

8. [be on the point of ~ing]는 '막 ~하려고 하다'는 의미의 동명사의 관용 표현이다.

9. [go ~ing]는 '~하러 가다'는 의미이다.

정답 6. leave → to leave 7. cry → crying 8. to rise → rising 9. hunt → hunting

---

10 ● ● ●

두 문장이 같은 뜻이 되도록 빈칸에 가장 알맞은 말을 쓰시오.

I tried not to laugh, but I couldn't.

= I couldn't _____ laughing.

전문 해석 나는 웃지 않으려고 했지만 그럴 수 없었다.

문제 해결 [cannot help ~ing (~하지 않을 수 없다)] 구문이다.

어휘 해결 **laugh** 웃다

정답 10. help(avoid, resist, stop)

비법 전수

stop, remember, forget 다음에 동명사(~ing)가 오게 되면 '과거'를 나타내고, to부정사가 오면 '미래'를 표현한다. 암기할 때는 '**멈춰 서서(stop), 잊어버리지(forget)** 말고, 꼭 **기억해야(remember)**할 것이 있다 – **돈과(동명사는 과거) 부미(부정사는 미래)**이다'라고 암기한다: 멈춰 서서, 잊어버리지 말고, 꼭 기억해야할 것이 있다 – 돈과 부미이다.

◆ to부정사와 동명사의 차이 출제 족보

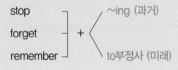

stop
forget
remember + ~ing (과거)
              to부정사 (미래)

stop, remember, forget 다음에는 동명사(~**ing**)와 to부정사가 둘 다 올 수 있으나 시제상의 차이가 생긴다. 동명사(~ing)가 오면 '과거'를, to부정사가 오면 '미래'를 나타낸다.

(1) He stopped *smoking*. [과거] (그는 담배를 끊었다.)

   He stopped *to smoke*. [미래] (그는 담배를 태우려고 멈췄다.)

(2) She forgot *posting* the mail. [과거] (그녀는 우편물을 부쳤던 사실을 잊어버렸다.)

   She forgot *to post* the mail. [미래] (그녀는 우편물을 부칠 것을 잊어버렸다.)

(3) I remember *meeting* her. [과거] (나는 그녀를 만났던 것을 기억한다.)

   I remember *to meet* her. [미래] (나는 그녀를 만날 것을 기억한다.)

[try + to동사원형]과 [try + ~ing]의 차이

[try + to동사원형]은 '~하려고 애쓰다(노력하다)'는 의미이고, [try + ~ing]는 '시험 삼아 ~해 보다'라는 뜻이다.

① You must try to get it finished tonight.
   (너는 그것을 오늘밤 안으로 끝내도록 노력해야 한다.)

② He tried writing under an assumed name.
   (그는 시험 삼아 가명으로 써 보았다.)

Check-up

1 ~ 3

다음 빈칸에 들어갈 알맞은 말을 고르시오.

1. I stopped _____ outside when I got sick.

① went   ② to go   ③ not to go

④ going   ⑤ having gone

2. I remember _____ my leg.

① break   ② to break   ③ breaking

④ broke   ⑤ broken

3. She wanted to eat something. So, she stopped _____ photos.

① taking   ② take   ③ to take

④ took   ⑤ having taken

전문 해석   1. 나는 아팠을 때 외출하는 것을 그만 두었다.

2. 나는 다리가 부러졌던 것이 기억난다.

3. 그녀는 무언가를 먹고 싶었다. 그래서 그녀는 사진 찍는 것을 멈추었다.

1. stop ~ing는 '~을 그만두다, 멈추다' 는 뜻이다.

2. 다리가 부러진 것은 과거의 일이므로 동명사(~ing)가 온다.

3. 무언가를 먹기 위해 사진 찍는 것을 멈춘 상황이므로 동명사(~ing)가 온다.

정답 1. ④ 2. ③ 3. ①

4

다음 문장의 빈칸에 들어갈 말이 바르게 짝지어진 것을 고르시오.

> • I remember _____ with Barbie dolls when I was young.
>
> • Remember _____ your passport with you when you go abroad.

① playing, taking   ② to play, taking   ③ to play, to take

④ playing, to taking   ⑤ playing, to take

✽전문 해석✽ • 내가 어렸을 때 Barbie 인형들과 놀았던 것을 기억한다.

• 해외에 갈 때 여권을 가져갈 것을 기억해라.

✽문제 해결✽ remember 다음에 동명사(~ing)가 오면 '과거'를 나타내고, to부정사가 오면 '미래'를 표현한다.

✽어휘 해결✽ **passport** 여권 / **abroad** 해외의

정답 4. ⑤

5

다음 문장에서 어법상 잘못된 부분을 고르시오.

Carol, ①as well as Ed, forgot ②sending an invitation card ③to Mr. Johnson ④for the party, so he ⑤didn't come.

6~9

우리말과 같도록 (   ) 안의 말을 이용하여 문장을 완성하시오.

6. 나는 다음 주에 Jack을 만날 것을 기억하고 있다. (remember, meet)

= I ＿＿＿＿＿＿＿＿＿＿＿＿＿＿ Jack next week.

7. 나는 작년에 Susan을 만났던 것을 기억하고 있다. (remember, meet)

= I ＿＿＿＿＿＿＿＿＿＿＿＿＿＿ Susan last year.

8. 그는 그녀에게 문자 메시지를 보내기 위해 멈췄다. (stop, send)

= He ＿＿＿＿＿＿＿＿＿＿＿＿＿＿ her a text message.

9. 동생에게 이메일 쓰는 것을 잊지 마라. (forget, write)

= Don't ＿＿＿＿＿＿＿＿＿＿＿＿＿＿ an e-mail to your brother.

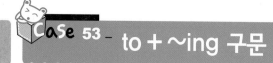

Case 53 - to + ~ing 구문

비법 전수

전치사로 사용된 to 다음에는 '(동)명사'가 온다. 대표적인 be used to ~ing(~에 익숙하다)는 '비웃어도 (be used to) 아이엔지(~ing)에 익숙해야 한다'라고 암기한다: 비웃어도 아이엔지에 익숙해야 한다.

◆ [to + ~ing] 구문 출제 족보

① **be used to** ~ing: ~하는 것에 익숙하다

② **look forward to** ~ing: ~하기를 고대하다

③ **What do you say to** ~ing?: ~하는 게 어때?

④ **object to** ~ing: ~에 반대하다

to라는 단어는 두 가지 성질을 가지고 있다. 하나는 부정사로서의 **to**인데, 이 부정사 **to** 다음에는 '동사원형'이 온다. 다른 하나는 전치사로서 **to**로서, 다른 전치사와 마찬가지로 뒤에는 '명사, 대명사, 동명사'가 온다. 부정사로 쓰이는지, 전치사로 쓰이는지 구분하기 위해서는 관용적으로 쓰이는 전치사 to 다음에 (동)명사가 오는 구문을 외워두는 것이 가장 좋다.

(1) be used to ~ing: ~하는 것에 익숙하다 (= be accustomed to ~ing)

She is used to running every morning. (그녀는 매일 아침 달리기를 하는데 익숙하다.)

※ 주의: The flour is used to make cake. (밀가루는 케이크를 만드는 데 사용된다.)

(2) look forward to ~ing: ~하기를 고대하다

I'm looking forward to seeing her. (나는 그녀를 만나기를 학수고대한다.)

(3) What do you say to ~ing?: ~하는 게 어때?

What do you say to going to the party? (파티에 가는 게 어때?)

(4) object to ~ing: ~에 반대하다 (= be opposed to ~ing)

He objected to being treated like that. (그는 그렇게 취급되는 것에 반대했다.)

(5) When it comes to ~ing: ~에 관한 한, ~에 관해서 말하자면

When it comes to cooking, she is the best cook. (요리에 관한 한 그녀가 최고의 요리사이다.)

(6) contribute to ~ing: ~하는 데 기여하다

They contributed to building their nation. (그들은 자신들의 국가를 건설하는 데 기여했다.)

Check It Out!

주의해야 할 표현

① She used to go to church every Sunday. (그녀는 매주 일요일 교회에 가곤 했다.)

② I am used to walking long distances. (나는 먼 거리를 걷는데 익숙하다.)

③ The wood is used to make furniture. (그 나무는 가구를 만드는데 사용된다.)

Check-up

1 ~ 5

괄호 안에서 알맞은 말을 고르시오.

1. I'm looking forward to (see, seeing) you this summer.

2. What do you say to (eat, eating) spaghetti for lunch?

3. She is used to (get, getting) up early.

4. When it comes to (write, writing) letters, she's hopeless.

5. I object to (build, building) a bridge over the river.

1. 나는 이번 여름에 당신을 볼 것을 고대하고 있습니다.
2. 점심식사로 스파게티를 먹는 것이 어때?
3. 그녀는 일찍 일어나는데 익숙하다.
4. 편지를 쓰는 것에 관한 한, 그녀는 절망적이다.
5. 나는 그 강에 다리를 놓는 것을 반대한다.

✳문제 해결✳ 1. look forward to ~ing는 '~하기를 고대하다'는 의미이다.
2. What do you say to ~ing는 '~하는 게 어때?'라는 의미이다.
3. be used to ~ing는 '~하는 것에 익숙하다'는 의미이다.
4. When it comes to ~ing는 '~에 관한 한'이란 의미이다.
5. object to ~ing는 '~에 반대하다'는 의미이다.

✳어휘 해결✳ **hopeless** 절망적인

정답 1. **seeing** 2. **eating** 3. **getting** 4. **writing** 5. **building**

● 6 ~ 10 ● ● ●

밑줄 친 부분을 어법에 맞게 고치시오.

6. His father contributed to <u>help</u> the poor people.

7. He is used to <u>eat</u> food late at night.

8. What do you say to <u>go</u> for a walk.

9. When it comes to <u>establish</u> a good relationship, honesty is the best policy.

10. She is opposed to <u>address</u> without a "Miss" before her name.

＊전문 해석＊ 6. 그의 아버지는 가난한 사람들을 돕는데 기여했다.

7. 그는 밤늦게 음식을 먹는 데 익숙하다.

8. 산책하러 가는 게 어때?

9. 좋은 관계를 갖는 것에 관해 말하자면, 정직이 최선의 방책이다.

10. 그녀는 자기 이름 앞에 "Miss"가 없이 불리는 것에 반대했다.

＊문제 해결＊ 6. contribute to ~ing는 '~에 기여하다'는 의미이다.

7. be used to ~ing는 '~하는 것에 익숙하다'는 의미이다.

8. What do you say to ~ing는 '~하는 게 어때?'라는 의미이다.

9. When it comes to ~ing는 '~에 관한 한'이란 의미이다.

10. be opposed to ~ing는 '~에 반대하다'란 의미이다.

＊어휘 해결＊ **go for a walk** 산책하다 / **establish** 세우다, 설립하다 / **relationship** 관계 / **honesty** 정직 / **policy** 방책, 정책

정답 6. **helping** 7. **eating** 8. **going** 9. **establishing** 10. **addressing**

중요 불규칙 동사 잠깐! Check

현 재	과 거	과거분사
undergo 당하다, 견디다	underwent	undergone
understand 이해하다, 알다	understood	understood
undertake 떠맡다, 착수하다	undertook	undertaken
upset 뒤엎다, 당황하게 하다	upset	upset
vex 초조하게 하다, 성나게 하다	vext/vexed	vext/vexed
wake 잠이 깨다, 깨우다	woke	woken
wear 입고 있다	wore	worn
weave 천을 짜다, 엮다	wove	woven
wed 결혼시키다	wed/wedded	wed/wedded
weep 눈물을 흘리다, 울다	wept	wept

[1~2] 다음 글을 읽고, 물음에 답하시오.

One day during the rainy season, my little brother Jack walked home from school and straight into my mother's spotless kitchen wearing his dirty boots. Seeing the mud on the floor, my mother told him to clean his boots and not make such a mess again. "It's no use (A)(clean) them, Mom," he said, "my boots will only get dirty again." The next day after school he marched into the dining room, only to find the table bare. He asked my mother where his lunch was. "Lunch?" my mother said calmly. "I didn't bother. I thought there would be no point in feeding you since you'd only get hungry again." My brother ran to clean his boots.

01 위 글의 밑줄 친 (A)를 어법에 맞게 고쳐 쓰시오.

02 위 글에서 Jack의 마지막 행동에 대해 어머니가 느꼈을 심경으로 가장 적절한 것은?

① 서운하다   ② 미안하다

③ 답답하다   ④ 흐뭇하다

⑤ 무심하다

03 어법상 잘못된 것끼리 짝지은 것은?

Mark Twain, creator of colorful characters such as Tom Sawyer, loved to tell stories. He (A)was also an audience. But did you know he spent hours (B)tell tales to someone (C)whom never heard a single word he said? He probably never had a better audience than his special young friend, Helen Keller. Helen was (D)both blind and deaf. Yet she could feel the shapes and movements of his lips and therefore could make out the words. It was clear (E)that she enjoyed his stories. Twain recalled that Helen laughed in all the right places.

① (A), (B)   ② (A), (E)

③ (B), (C)   ④ (C), (D)

⑤ (D), (E)

[4~5] 밑줄 친 (A), (B), (C)에서 어법에 맞는 표현을 골라 짝지은 것으로 가장 적절한 것을 고르시오.

04

In a dangerous society (A)<u>which/where</u> guns are readily available, many youngsters feel they have no choice but (B)<u>respond/to respond</u> to an insult or an argument with violence. If they grow up seeing family members and neighbors react to stress with verbal or physical violence, they may not know that other choices exist. Behavior like carrying a weapon or refusing to back down gives young people the illusion of control but (C)<u>what/that</u> they desperately need is to learn real control — for example, when provoked, to walk away from a fight.

	(A)	(B)	(C)
①	which	respond	what
②	which	to respond	that
③	where	respond	what
④	where	to respond	what
⑤	where	respond	that

05

> After her ninetieth birthday, my friend Marie found that shopping for Christmas gifts had become too difficult, so she decided (A)to send/sending checks to everyone instead. On each card she wrote, "Feel free (B)to buy/buying your own present," and she mailed them early.
>
> Marie enjoyed the usual flurry of family festivities. Only after Christmas did she get around to clearing off her cluttered desk. Under a stack of papers, she was horrified to find the gift checks which she had forgotten (C)to enclose/enclosing.

	(A)	(B)	(C)
①	to send	to buy	to enclose
②	to send	buying	to enclose
③	to send	buying	enclosing
④	sending	buying	enclosing
⑤	sending	to buy	to enclose

06 다음 글의 밑줄 친 부분 중 어법상 틀린 것은?

> Ask anyone that you meet if they've ever had an idea ①to write a book, and most of them light up their eyes and say 'Yes.' The difference between those that actually write a book and ②those that don't is simple. Those that don't write a book don't believe that they can. That's simply not true. In fact, anyone can make the dream ③come true. Pick up five of your favorite books, open each book and read a few paragraphs. What you're likely ④to notice is that they're written conversationally. Conversational style is the best style because it is easy to read, easy to understand and easy to write. Conversational style gets rid of jargon. It eliminates large words people to rely on a dictionary to understand. Once you are used to ⑤use this style, you'll realize that writing a book is not that difficult.

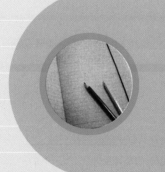

Second Step 준동사 필수 문법요소

03 분사

Case 54~58

Second Step

3. 분사

Case 54~58

Case 54 – 분사의 정의와 용법

비법 전수

분사는 형용사로서 명사를 수식(한정적 용법)하거나 보어의 역할(서술적 용법)을 하며, 현재분사와 과거분사가 있다. **'분사 형(분사는 형용사)! 역할 좀 제대로 해!'** 라고 암기한다: *분사 형! 역할 좀 제대로 해!*

◆ 분사의 정의와 용법 출제 족보

① 명사 수식(한정적 용법): 명사의 앞 또는 뒤에서 명사 수식

② 보어 역할(서술적 용법): 주격 보어, 목적격 보어

분사는 형용사로서 명사를 수식(한정적 용법)하거나 보어의 역할(서술적 용법)을 하며, 현재분사와 과거분사가 있다. 명사를 수식할 때에는 형용사처럼 명사의 앞이나 뒤에서 명사를 수식한다. 서술적 용법으로 쓰일 때는 주격 보어나 목적격 보어의 역할을 한다.

(1) 분사의 정의

① 현재분사(~ing): 능동(~하는, ~시키는), 진행(~하고 있는)

I saw a dancing bear. [능동, 진행] (나는 춤추고 있는 곰을 보았다.)

② 과거분사(-ed, p.p) ⋯ 수동(~되는, ~당하는), 완료(~해진)

This book was written in old English. [수동] (이 책은 고대 영어로 쓰여 졌다.)

(2) 분사의 용법

① 명사 수식(한정적 용법): 명사의 앞 또는 뒤에서 명사 수식

I've got a broken heart. (나는 마음의 상처를 입었다.)

The man standing over there is my father. (저쪽에 서 있는 사람이 나의 아버지이다.)

② 보어 역할(서술적 용법): 주격 보어, 목적격 보어

My parents look satisfied with my grade. [주격 보어] (부모님은 내 점수에 만족하신 것처럼 보인다.)

I found him sleeping in his room. [목적격 보어] (나는 그가 방에서 자고 있는 것을 발견했다.)

1 ~ 5

괄호 안의 단어를 알맞은 형태로 바꾸어 쓰시오.

1. Look at the (break) window.

2. The lecture was very (bore).

3. I was (excite) to see the game.

4. She was (lie) on the sofa.

5. The guy (sit) over there is my friend.

＊전문 해석＊
1. 깨진 창문을 보아라.
2. 그 강의는 매우 지겨웠다.
3. 나는 그 경기를 보고 흥분되었다.
4. 그녀는 소파에 누워 있었다.
5. 저기 앉아있는 남자가 내 친구이다.

＊문제 해결＊
1. 창문은 깨짐을 당하는 것(수동)이므로 과거분사가 필요하다.
2. 강의가 지겨운 것이므로 현재분사가 알맞다.
3. 내가 흥분된 것(수동)이므로 과거분사가 알맞다.
4. '~하고 있었다' 라는 과거진행형이므로 현재분사가 필요하다.
5. 분사가 뒤에 다른 어구를 수반하고 있으면 명사 뒤에서 수식한다. The guy가 sit(앉다)하는 주체이므로 능동의 의미를 나타내는 현재분사 sitting이 올바르다.

＊어휘 해결＊ **lecture** 강의 / **bore** 지루하게 만들다 / **guy** 남자

정답 1. **broken** 2. **boring** 3. **excited** 4. **lying** 5. **sitting**

우리말과 같은 뜻이 되도록 괄호 안의 단어를 알맞은 형태로 고쳐 쓰시오.

6. 그는 방에서 자고 있다.

→ He (sleep) in his room.

7. 이것은 스위스에서 만든 칼이다.

→ This is a knife (make) in Switzerland.

8. 아기를 울게 내버려두지 마라.

→ Don't leave the baby (cry).

9. 나는 오늘 머리를 자를 것이다.

→ I will have my hair (cut) today.

10. 나는 공원에서 그와 함께 낙엽을 밟으며 걸었다.

→ I walked on (fall) leaves in the park with him.

✱문제 해결✱ 6. '~하고 있다'는 현재진행형으로 [be+~ing]이다.
7. knife는 만들어지는 것(수동)이므로 과거분사가 필요하다.
8. 아기가 우는 것(능동)이므로 현재분사가 옳다.
9. 머리카락은 잘리는 것(수동)이므로 과거분사가 알맞다.
10. 낙엽은 fallen leaves이다.

정답 6. is sleeping 7. made 8. crying 9. cut 10. fallen

비법 전수

분사구문을 만들 때에는 접속사를 없애고, 부사절의 주어가 주절의 주어와 같으면 생략한다. 마지막으로 부사절의 동사가 주절의 시제와 같으면 현재분사(~ing)로 바꾼다. 외울 때는 **'접속사 죽여! 주어는 뒷동네 주어와 같으면 죽여! 동사는 분사로 밟어!'** 라고 군인들이 명령하듯이 암기한다: *접속사 죽여! 주어는 뒷동네의 주어와 같으면 죽여! 동사는 분사로 밟어!*

◆ 분사구문 만들기 출제 족보

① 접속사를 없앤다.

② 부사절의 주어가 주절의 주어와 같으면 생략한다.

③ 부사절의 동사가 주절의 시제와 같으면 현재분사(~ing)로, 주절의 시제보다 하나 앞선 시제이면 [having + 과거분사]로 바꾼다.

분사구문은 [접속사+주어+동사]의 부사절을 분사를 포함한 부사구로 간단하게 표현한 것으로 문맥에 따라 다양한 의미를 나타낸다. 분사구문을 만들 때에는 접속사를 없애고, 부사절의 주어가 주절의 주어와 같으면 생략한다. 마지막으로 부사절의 동사가 주절의 시제와 같으면 '현재분사(~ing)' 로, 주절의 시제보다 하나 앞선 시제이면 [having+과거분사]로 바꾼다.

〈분사구문의 의미〉

(1) 시간: when, while, after 등의 의미 (~할 때, ~하는 동안, ~ 한 후에)

When I walked along the street, I met a friend of mine. (거리를 따라 걷고 있었을 때, 나는 친구 한 명을 만났다.)

= Walking along the street, I met a friend of mine.

(2) 이유: because, as, since 등의 의미 (~ 때문에, ~해서)

As she was tired, she went to bed early. (피곤했기 때문에, 그녀는 일찍 잠자리에 들었다.)

= Being tired, she went to bed early.

(3) 조건: if의 의미 (~라면, ~한다면)

If you turn right, you can find it on your left. (오른쪽으로 돌면, 왼쪽에서 그것을 찾으실 수 있어요.)

= Turning right, you can find it on your left.

(4) 양보: though, although의 의미 (비록 ~일지라도)

Though he was rich, he was not always happy. (비록 그가 부자였지만, 그는 항상 행복하지는 않았다.)

= Being rich, he was not always happy.

Check It Out!

분사구문으로 만들 경우 (부사)절의 동사가 능동이면 '현재분사'를, 수동이면 '과거분사'를 쓴다.

① Begging his pardon, you will not be scolded. (그에게 용서를 빌면 야단맞지 않을 것이다.)

② Left to herself, she began to feel lonely. (혼자 남게 되자 그녀는 외로움을 느끼기 시작했다.)

Check-up

1~5

[1~5] 주어진 문장을 분사구문으로 바꾸어 쓰시오.

1. When he arrived home, he opened all the windows.

→ _____

2. As she was a girl, she didn't understand the boy's feelings.

→ _____

3. If you solve this problem, you will get this prize.

→ _____

4. Though he was poor, he was always proud.

→ _____

5. While I watched TV, I heard someone calling me.

→ _____

＊전문 해석＊ 　1. 그가 집에 도착했을 때, 모든 창문을 열었다.
2. 그녀가 소녀였기 때문에 소년의 감정을 이해하지 못했다.
3. 네가 이 문제를 푼다면 너는 이 상을 받게 될 것이다.
4. 비록 그가 가난했지만 항상 자랑스러워했다.
5. TV를 보고 있는 동안에 나는 누군가가 나를 부르는 소리를 들었다.

＊문제 해결＊ 　1~5. 분사구문을 만들 때에는 접속사를 없애고, 부사절의 주어가 주절의 주어와 같으면 생략한
다. 마지막으로 부사절의 동사가 주절의 시제와 같으면 현재분사(~ing)로 바꾼다.

＊어휘 해결＊ 　**proud** 자랑스러운, 자존심이 강한

정답 　1. Arriving home, he opened all the windows.　2. Being a girl, she didn't understand the
boy's feelings.　3. Solving this problem, you will get this prize.　4. Being poor, he was always
proud.　5. Watching TV, I heard someone calling me.

6 ~ 9

빈칸에 알맞은 말을 [보기]에서 골라 쓰시오.

> |보기| When   While   If   Though   Because

6. Being tired, she continued the work.

= _____ she was tired, she continued the work.

7. Walking along the street, he met his teacher.

= _____ he walked along the street, he met his teacher.

8. Being honest, Tom never tells a lie.

= _____ he is honest, Tom never tells a lie.

9. Watching TV, she fell asleep.

= _____ she watched TV, she fell asleep.

✱전문 해석✱
6. 피곤했지만, 그녀는 일을 계속했다.
7. 길을 걷고 있었을 때, 그는 선생님을 만났다.
8. 정직하기 때문에 Tom은 거짓말을 하지 않는다.
9. TV를 보고 있을 때, 그녀는 잠에 빠졌다.

✱문제 해결✱
6. 앞뒤의 내용이 상반되므로 의미상 양보의 Though가 올바르다.
7. 때를 나타내는 접속사가 필요하다.
8. 이유를 나타내는 접속사가 필요하다.
9. 때를 나타내는 접속사가 필요하다.

✱어휘 해결✱   **tell a lie** 거짓말하다

 정답   6. Though 7. While(When) 8. Because 9. When(While)

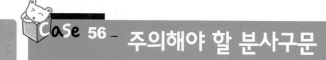

Case 56 – 주의해야 할 분사구문

분사구문을 만들 때 앞에 있는 주어와 뒤에 있는 주어가 다른 경우에는 주어를 생략할 수 없다. 이를 '독립 분사구문' 이라 한다. **'독립군들은 앞뒤에 있는 S가 달라서 주어를 죽일 수 없다!'** 라고 암기한다: 독립 군들은 앞뒤에 있는 S가 달라서 주어를 죽일 수 없다!

◆ 주의해야 할 분사구문 출제 족보

① **독립 분사구문**: 분사구문의 주어가 주절의 주어와 다른 경우
② **분사구문의 시제**: ⓐ 단순 분사구문(동사원형+~ing), ⓑ 완료 분사구문(having+p.p)
③ **분사구문의 생략**: 분사구문에서 being 또는 having been은 생략 가능

분사구문을 만들 때 앞에 있는 주어와 뒤에 있는 주어가 다른 경우에는 주어를 생략할 수 없다. 이를 '독립 분사구문' 이라 한다. 분사구문의 시제는 단순 분사구문(동사원형+~ing)과 완료 분사구문 (having+과거분사)이 있다. 분사구문에서 being 또는 having been은 생략할 수 있다.

(1) 독립 분사구문

Because it started raining so hard, we had to cancel the picnic. (비가 너무 많이 왔기 때문에, 우리는 소풍을 취소해야만 했다.)

→ It starting raining so hard, we had to cancel the picnic.

(2) 분사구문의 시제

① 단순 분사구문(동사원형+~ing): 주절의 시제와 같은 시제를 나타낸다.

When she feels lonely, she plays the piano. (외로움을 느낄 때 그녀는 피아노를 친다.)

→ Feeling lonely, she plays the piano.

② 완료 분사구문(having+p.p)

As I had finished the work, I remained silent. (일을 끝마쳤기 때문에 나는 조용히 있었다.)

→ Having finished the work, I remained silent.

(3) 분사구문의 생략: 분사구문에서 being 또는 having been은 생략 가능하다.

(Being) Compared with her, he is much taller. (그녀와 비교해볼 때, 그가 훨씬 키가 크다.)

(Having been) Written in French, this book is hard to read. (프랑스어로 씌어져, 이 책은 읽기가 어렵다.)

Check It Out!

단순 분사구문과 완료 분사구문을 쓸 때 의미상의 차이가 거의 없는 경우

문장의 의미로 보아 시간의 앞뒤 관계가 분명할 때에는 완료 분사구문 대신 단순 분사구문을 쓸 수도 있다. 완료 분사구문을 쓰는 경우에는 어떤 한 동작이 다른 동작이 시작되기 이전에 완료되었음을 강조하는 경우이며, 부사절로 전환할 때에는 시간의 전후 관계를 명백히 밝혀 주기 위해 접속사 after를 사용하는 경우가 많다.

Having written the letter, he mailed it at once.
= After he had written the letter, he mailed it at once. (편지를 쓴 후, 그는 그것을 즉시 부쳤다.)

Check-up

1 ~ 5

주어진 문장을 분사구문으로 고쳐 쓰시오.

1. As it became darker, he turned the light on.

→ _____

2. Because the rain began to fall, we went back home.

→ _____

3. If the weather is fine, I'll go out again.

→ _____

4. After I had finished the work, I went to bed.

→ _____

5. As it was sunny, we went hiking.

→ _____

전문 해석
1. 어두워졌기 때문에 그는 불을 켰다.
2. 비가 내리기 시작했기 때문에 우리는 집으로 돌아갔다.
3. 날씨가 좋으면 나는 다시 외출할 것이다.
4. 일을 끝마친 후에 나는 잠자리에 들었다.
5. 날씨가 맑아서 우리는 하이킹을 갔다.

문제 해결
1~5. 분사구문을 만들 때에는 접속사를 없애고, 부사절의 주어가 주절의 주어와 같으면 생략하고, 다를 경우에는 생략하지 못한다. 이런 분사구문을 독립 분사구문이라 한다. 마지막으로 부사절의 동사가 주절의 시제와 같으면 현재분사(~ing)로, 주절의 시제보다 하나 앞선 시제이면 [having+과거분사]로 바꾼다.

어휘 해결 **turn on** (불 등을) 켜다 / **go hiking** 하이킹 가다

정답 1. It becoming darker, he turned the light on. 2. The rain beginning to fall, we went back home. 3. The weather being fine, I'll go out again. 4. Having finished the work, I went to bed. 5. It being sunny, we went hiking.

주어진 문장 중 생략할 수 있는 부분에 밑줄을 치시오.

6. Being tired and sleepy, he went to bed.

7. Being left alone in her house, she felt lonely.

8. Having been written simply, this book is good for children.

9. Having been built in haste, the building was quite dangerous to live in.

＊전문 해석＊
6. 피곤하고 졸려서 그는 잠자리에 들었다.
7. 집에 혼자 남겨져서 그녀는 외로움을 느꼈다.
8. 평이하게 쓰였기 때문에 이 책은 어린이들에게 좋다.
9. 서둘러 지어졌기 때문에 이 건물은 살기에 상당히 위험하다.

＊문제 해결＊ 6~9. 분사구문에서 being 또는 having been은 생략 가능하다.

＊어휘 해결＊ **lonely** 외로운 / **in haste** 서둘러서, 성급히 / **dangerous** 위험한

정답 6. Being 7. Being 8. Having been 9. Having been

Case 57 - 부대상황의 분사구문

비법 전수

부대상황의 일반적인 형태는 [with + 목적어 + 분사(현재분사/과거분사)]이다. with는 '~하면서, ~한 채로'라고 해석한다. 암기할 때는 '지금 **부대상황**이 어떤지 **위드**(with) 씨에게 물어보자!'라고 외운다: 지금 부대 상황이 어떤지 위드 씨에게 물어보자!

◆ 부대상황의 분사구문 출제 족보

with + 목적어 + 현재분사/과거분사

→ 목적어와 분사의 관계가 능동이면 '현재분사', 수동이면 '과거분사'

부대상황이란 말하는 순간에 두 가지 동작이나 상태가 동시에 발생하는 것을 의미한다. 부대상황의 일반적인 형태는 [with+목적어+분사(현재분사/과거분사)]이다. with는 '~하면서, ~한 채로'라고 해석한다. 목적어와 분사의 관계가 능동이면 '현재분사'를, 수동이면 '과거분사'를 쓴다.

① I can't watch TV **with you standing there.** (나는 네가 거기에 서 있는 채로는 TV를 볼 수 없다.)

② He stood **with his eyes closed.** (그는 눈을 감은 채 서 있었다.)

③ He ran away all the way **with beads of sweat running** down his face. (그는 구슬 같은 땀을 얼굴에 흘리면서 죽 뛰었다.)

④ He sat alone **with his arms folded.** (그는 팔짱을 끼고 홀로 앉아 있었다.)

[with + 목적어 + 부사(구)]

부사(구)는 목적어로 쓰인 명사의 보어 역할을 하며, 명사는 그 보어에 대해 의미상의 주어이다.

① She said good-bye with tears in her eyes. (그녀는 눈에 눈물을 가득 머금은 채 안녕이라고 말했다.)

② He walked leisurely with a pipe in his mouth. (그는 파이프를 입에 문 채 유유히 걸었다.)

Check-up

1 ~ 5

우리말과 뜻이 같도록 ( ) 안의 말을 이용하여 문장을 완성하시오.

1. 그녀는 컴퓨터를 켜 놓은 채 잠이 들었다. (the computer, turn on)

→ She fell asleep _____ _____ _____ _____ _____.

2. 그는 벽을 등에 기댄 채로 서 있었다. (his back, lean)

→ He stood _____ _____ _____ _____ against the wall.

3. 그녀는 양 볼에 눈물을 흘리면서 기도하고 있었다. (tears, stream)

→ She was praying _____ _____ _____ down her cheeks.

4. 그는 다리를 포갠 채로 의자 위에 앉아 있었다. (his legs, cross)

→ He sat on the chair _____ _____ _____ _____.

5. 그녀는 그에게서 얼굴을 돌린 채로 서 있었다. (her face, turn away)

→ She stood _____ _____ _____ _____ _____ from him.

＊어휘 해결＊ **lean** 기대다 / **stream** 흐르다 / **cheek** 뺨, 볼

정답 1. with the computer turned on 2. with his back leaning 3. with tears streaming 4. with his legs crossed 5. with her face turned away

---

6～9

밑줄 친 부분에 유의하여 우리말로 해석하시오.

6. She read the letter <u>with her heart beating fast.</u>

→ _____

7. He sat on the sofa <u>with his arms folded.</u>

→ _____

8. He listened to me <u>with his eyes shining.</u>

→ _____

9. She always listens to music <u>with her eyes closed.</u>

→ _____

＊전문 해석＊ 6. 그녀가 편지를 읽는 동안 그녀의 가슴은 빠르게 뛰었다.
7. 그는 팔짱을 낀 채로 소파에 앉았다.
8. 그는 눈을 반짝거리며 나의 말을 들었다.
9. 그녀는 늘 눈을 감은 채 음악을 듣는다.

문제 해결 6~9. 부대상황의 일반적인 형태는 [with+목적어+분사(현재분사/과거분사)]이다. with는 '~하면서, ~채로' 라고 해석한다. 목적어와 분사의 관계가 능동이면 '현재분사' 를, 수동이면 '과거분사' 로 번역한다.

어휘 해결 **fold** 접다 / **shine** 빛나다

정답 6. 그녀가 편지를 읽는 동안 그녀의 가슴은 빠르게 뛰었다. 7. 그는 팔짱을 긴 채로 소파에 앉았다. 8. 그는 눈을 반짝거리며 나의 말을 들었다. 9. 그녀는 늘 눈을 감은 채 음악을 듣는다.

---

10 • • •

다음 빈칸에 들어갈 알맞은 말을 고르시오.

> He was playing cards _____.

① with his legs cross
② with his legs to cross
③ with his legs crossed
④ with his legs crossing
⑤ with crossing his legs

전문 해석 그는 다리를 꼰 채로 카드를 하고 있었다.

문제 해결 부대상황의 일반적인 형태는 [with+목적어+분사(현재분사/과거분사)]이다. 목적어와 분사의 관계가 능동이면 '현재분사' 를, 수동이면 '과거분사' 를 쓴다.

정답 10. ③

비법 전수

비인칭 독립 분사구문 중 하나인 generally speaking(일반적으로 말해서)은 **'쟤네 언니 말하는 것 (generally speaking)은 일반적으로 말해서 이상하다'** 라고 암기한다: 쟤네 언니 말하는 것은 일반적으로 말해서 이상하다.

◆ 비인칭 독립 분사구문 출제 족보

① generally speaking: 일반적으로 말해서

② frankly speaking: 솔직히 말해서

③ judging from: ~로 판단하건대

④ considering: ~을 고려하면

비인칭 독립 분사구문은 독립 분사구문의 일종이지만 분사의 의미상 주어가 one, we, you 따위의 막연한 일반인일 경우이다. 이때는 분사의 의미상 주어가 주절의 주어와 다르더라도 의미상 주어는 관용적으로 생략한다. 이러한 비인칭 독립 분사구문은 숙어처럼 암기해 두어야 한다.

(1) Generally speaking, Korean people are diligent. (일반적으로 말해서, 한국 사람들은 근면하다.)

(2) Frankly speaking, I don't believe what you said. (솔직히 말해서, 나는 네가 말한 것을 믿지 않는다.)

(3) Judging from his behavior, he must be a man of honor. (그의 행동으로 판단하건대, 그는 명예를 중히 여기는 사람임에 틀림없다.)

(4) Considering her age, Susan is very modest. (나이를 고려하면, Susan은 매우 겸손하다.)

(5) Seeing that he is still young, he will recover soon. (그는 아직 젊기 때문에, 곧 회복될 것이다.)

그 밖의 비인칭 독립 분사구문

① Broadly speaking, dogs are more faithful to man than cats.

(대충 말하자면, 개가 고양이보다 인간에게 더 충실하다.)

② Taking everything into consideration, he ought to be given another chance.

(모든 것을 고려해 보건대, 그에게 한 번 더 기회를 주어야 한다.)

③ Granting that he was drunk, that is no excuse for his conduct.

(그가 술에 취했다 해도 그것이 자기 행동에 대한 변명이 될 수는 없다.)

④ Talking of a teacher, do you know of a good English teacher?

(선생님 이야기가 났으니 말인데, 좋은 영어 선생님을 알고 있습니까?)

Check-up

1 ~ 5

괄호 안에서 알맞은 것을 고르시오.

1. (Generally speaking, Speaking generally), English grammar is not difficult.

2. (Judged, Judging) from his accent, he must be from Japan.

3. (Considered, Considering) his age, he sees and hears very well.

4. (Frankly, Franking) speaking, she is not so fluent in French.

5. (See, Seeing) that it is spring, I am very sleepy.

1. 일반적으로 말해서, 영어 문법은 어렵지 않다.
2. 어투로 판단해 볼 때, 그는 일본 출신이 분명하다.
3. 그의 나이를 고려하면 그는 보기도 잘 보고 듣기도 잘 듣는다.
4. 솔직히 말해서, 그녀는 불어를 유창하게 하지 못한다.
5. 봄이기 때문에 나는 매우 졸리다.

1. '일반적으로 말해서' 는 generally speaking이다.
2. '∼로 판단하건대' 는 judging from이다.
3. '∼을 고려하면' 은 considering이다.
4. '솔직히 말해서' 는 frankly speaking이다.
5. '∼때문에' 는 seeing that이다.

grammar 문법 / **fluent** 유창한

정답 1. **Generally speaking** 2. **Judging** 3. **Considering** 4. **Frankly** 5. **Seeing**

● 6～9 ● ● ●

[6~9] 밑줄 친 우리말을 영어로 옮기시오.

6. <u>일반적으로 말해서</u>, they are honest.

7. <u>~로 판단하건대</u>, his voice, he must be tired.

8. <u>솔직히 말해서</u>, he is not a reliable man.

9. <u>~을 고려하면</u> his age, he is very tall.

6. 일반적으로 말해서, 그들은 정직하다.

7. 목소리로 판단하건대, 그는 피곤함에 틀림없다.

8. 솔직히 말해서, 그는 믿을 만한 사람이 아니다.

9. 나이를 고려하면 그는 매우 키가 크다.

6. '일반적으로 말해서'는 generally speaking이다.

7. '～로 판단하건대'는 judging from이다.

8. '솔직히 말해서'는 frankly speaking이다.

9. '～을 고려하면'은 considering이다.

reliable 믿을 만한

정답 6. Generally speaking 7. Judging from 8. Frankly speaking 9. Considering

중요 불규칙 동사 잠깐! Check

현 재	과 거	과거분사
wend 향하게 하다, 나아가다	wended/went	wended/went
wet 젖다, 적시다	wet/wetted	wet/wetted
win 이기다, 획득하다	won	won
wind 꾸불거리다, 굽이지다	wound	wound
withdraw 철회하다, 물러나다	withdrew	withdrawn
withhold 보류하다, 억누르다	withheld	withheld
withstand 저항하다, 견디다	withstood	withstood
wring 쥐어짜다	wrung	wrung
write 글씨를 쓰다	wrote	written
zinc 아연으로 도금하다	zinced/zincked	zinced/zincked

[1~2] 다음 글을 읽고, 물음에 답하시오.

> A little girl, led into bed by her mother, was told not to be afraid in the dark, since God would be there to watch and guard her while she slept. Then, (A)(put) out the light, the mother went downstairs; but soon her little girl came down too, in her nightdress, and, when questioned, replied: "I'm going to stay down here in the light, mom, and you can go up to my room and sit with God."

01 위 글의 밑줄 친 (A)를 어법에 맞게 고쳐 쓰시오.

02 위 글에서 밑줄 친 sit with God의 의미로 가장 적절한 것은?

① 신과 대결하다   ② 신과 대화하다

③ 성경책을 읽다   ④ 신께 기도를 드리다

⑤ 내 방에서 밤을 보내다

[3~4] 빈칸 (A)와 (B)에 적절한 것끼리 짝지은 것은?

03

> Korean-American football star, Hines Ward, is visiting Korea and his visit is drawing attention to ___(A)___ in this country by children of mixed parentage. He is scheduled to meet and talk with biracial children about discrimination and to try to give them some encouragement. It is well publicized here that children born to non-Korean parents, particularly South Asians, experience teasing and bullying due to their different color. "I hear biracial people here are discriminated against and I hope ___(B)___ those biases," he said. He said his mother taught him that race wasn't important, and called for understanding among people of all backgrounds.

	(A)	(B)
①	face the discrimination	I can help change
②	faced the discrimination	me to help change
③	face the discrimination	me to help to change
④	the discrimination facing	I can help to change
⑤	the discrimination faced	I can help to change

04

This year, the drought has lasted all summer. Some restrictions on water use have remained ___(A)___. Predictions indicate that by the end of August, we will receive only three inches of rainfall, far less than the usual amount for summertime. Last summer, our average rainfall had reached at least 10 inches by autumn. ___(B)___ in the next few weeks, the water level in reservoirs will rise to normal. During previous droughts, our community had suffered serious weather-related problems, including forest fires and strict limits on household water consumption.

	(A)	(B)
①	due to the lack of rain	Showers falling
②	what it is due to rain in lack	Though showers fall
③	due to the lack of rain	Though showers fall
④	what it is due to rain in lack	Showers falling
⑤	what rain is due to	When falling showers

05 밑줄 친 (A), (B), (C) 중 어법에 맞는 표현을 골라 짝지은 것으로 가장 적절한 것을 고르시오.

What has caused this recent increase? It's mainly because the death rate has fallen due to people (A)take/taking better care of their health. Fewer infants die and old people live longer. Obviously this increase can't go on forever. One way of stopping it is by birth control. Birth control certainly seems to be having an (B)affect/effect in the developed countries, because population growth is now showing signs of stabilizing. But this is not true of many (C)developing/developed countries, where the populations are continuing to rise rapidly.

	(A)	(B)	(C)
①	take	affect	developing
②	take	effect	developed
③	taking	effect	developing
④	taking	effect	developed
⑤	take	affect	developed

06 다음 글의 밑줄 친 부분 중, 어법상 **틀린** 것은?

Local gardener Wes Lind says, "Why not recycle garbage into something useful?" Composting is the process ①that turns waste into rich soil. ②Anyone is able to compost. Even people in a city compost on a rooftop, patio, or balcony. To compost, gardeners only ③need a plastic, metal, or wood compost bin with a lid. ④Speaking roughly, you'll have a space that is approximately three feet wide and three feet deep, and "brown" materials ⑤such as sawdust, straw, dry leaves, twigs, and wood chips.

Final Test

•제 1회 ~ 5회•

제 1회

[1~2] 다음 빈칸에 들어갈 알맞은 말을 고르시오.

01

> I had a new house _____ for my parents.

① built
② building
③ build
④ to build
⑤ being build

02

> If Susan had been prettier, she _____ very popular.

① will be
② would be
③ would have been
④ would had been
⑤ would not been

03 다음 중, 어법상 <u>어색한</u> 문장은?

① Ann has five dogs at home now.
② The Korean War broke out in 1950.
③ My friend will buy an LCD TV next year.
④ Plants need water and light.
⑤ She flies to France a month ago.

04 밑줄 친 부분의 성격이 나머지와 <u>다른</u> 하나는?

① Do you have <u>running</u> shoes?
② There is a <u>sleeping</u> baby in this room.

③ The old lady has a <u>walking</u> stick.

④ She often went to the <u>swimming</u> pool last year.

⑤ There is a <u>dancing</u> room in this building.

05 빈칸에 공통으로 들어갈 watch의 알맞은 형태를 써넣으시오.

> • I don't like _____ TV.
>
> • Bill enjoys _____ the movies.

[6~7] 다음 글의 밑줄 친 부분 중, 어법상 틀린 것은?

06

Kids don't ①<u>reach</u> the top in a single bound. "Scaffolding" can give them a framework to go upward step by step. If, for example, the child asks, "Where's Thailand?" a scaffold-building parent might say, "Let's ②<u>look it up</u> together." The parent seizes the opportunity to teach how to use reference materials, ③<u>equipped</u> the child with a tool for ④<u>moving</u> higher on his own. Also, don't do your kid's homework yourself: homework is the kid's responsibility. Make sure the task is done, but don't do it yourself. If you solve your son's arithmetic problems or ⑤<u>do</u> the research for his report on Einstein, he doesn't learn to stand on his own two feet.

*scaffolding 발판(을 만들어 주는 것)

07

It did not take long for newcomers ①becoming infected with the love of democracy. In the beginning, many "freemen" even refused ②to observe some of the requests made by the king or some of the laws ③established for regulating trade in American. Eventually, the original charter was withdrawn and for a time the colonies people in America lived under a dictatorial governor named Edmund Andros. Governor Andros actually took away some of the lands ④that the American colonists had bought from the Indians or had claimed as ⑤theirs through settlement rights.

[8~10] 밑줄 친 (A), (B), (C)에서 어법에 맞는 표현을 골라 짝지은 것으로 가장 적절한 것을 고르시오.

08

It was midnight. On the right could (A)see/be seen the whole village, along the street stretching far away for four miles. All was buried in deep silent sleep. One (B)could hardly/hardly could believe that nature could be so still. When on a moonlight night you see a broad village street, with its cottages, haystacks, and sleeping willows, the care and gloomy feeling disappear wrapped in the darkness. It seems as if the stars (C)looked/had looked down upon the village with tenderness, and as though there were no evil on earth and all were well.

(A)	(B)	(C)
① see	hardly could	looked
② see	could hardly	had looked
③ be seen	hardly could	had looked
④ be seen	could hardly	looked
⑤ be seen	hardly could	looked

09

The Greek god, Hermes liked to play jokes on people. On the night after he was born, Hermes sneaked out of his crib. He took fifty of the best white cows from his brother's herd, and hid them on Mount Olympus. From the intestines of two cows, he made the strings of a lyre. The next morning his brother, Apollo demanded that Hermes (A)give/gave back the cows. Hermes replied, "I am only a newborn child. How could I steal anything?" Apollo told his father, Zeus what (B)Hermes had/had Hermes done. Zeus smiled and told Hermes to show his brother where the cows were hidden. Hermes led Apollo to the cows, and then began to play his lyre. Apollo heard him (C)play/played, and offered to exchange his cows for Hermes' lyre. Hermes said he would trade, but only if Apollo gave him his magic wand too.

(A)	(B)	(C)
① give	Hermes had	play
② give	had Hermes	play
③ give	Hermes had	played
④ gave	had Hermes	played
⑤ gave	Hermes had	played

10

(A)<u>Because/Because of</u> the shortage of available male workers in many fields, women are being hired for jobs that traditionally were filled by men. In 1991 there was a dramatic increase in the number of women in the Korean army. More women are entering politics and in the (B)<u>latter/latest</u> step toward equality in employment for Korean women, the nation's major express bus companies are accepting women's applications for driver positions. Many people feel that this is a positive change. It is generally felt that women are safer drivers than men. Bus company officials have said that if the new female recruits (C)<u>work/will work</u> out, the employment of women drivers will be increased.

(A)	(B)	(C)
① Because	latter	work
② Because of	latest	work
③ Because	latter	will work
④ Because of	latest	will work
⑤ Because of	latter	will work

제 2회

[1~2] 다음 빈칸에 들어갈 알맞은 말을 고르시오.

01

Nick was surprised _____ it.

① know
② to know
③ to knowing
④ knew
⑤ knowing

02

Look at the _____ leaves on the ground!

① fall
② fallen
③ to fall
④ to be fallen
⑤ being fallen

03 빈칸에 알맞지 <u>않은</u> 것은?

He looks _____.

① angry
② rich
③ young
④ sick
⑤ happily

04 밑줄 친 부분의 쓰임이 <u>다른</u> 것은?

① My hobby is <u>cooking</u>.

② My father is <u>selling</u> cars.

③ <u>Playing</u> table tennis is fun.

④ My wish is <u>winning</u> the game.

⑤ Did you finish <u>doing</u> your homework?

05 두 문장이 같은 뜻이 되도록 할 때 빈칸에 알맞은 말은?

I was too hungry to get to sleep.

= I was _____ hungry that I _____ get to sleep.

① so / can't

② very / very

③ so / couldn't

④ enough to / can

⑤ so / could

[6~7] 다음 글의 밑줄 친 부분 중, 어법상 틀린 것은?

06

When I smile, my friends playfully yell at me. I often hear, "Stop ①<u>smiling</u>!" or "You smile too much." However, these same friends fail to keep me ②<u>from smiling</u>. I think that I and other smilers really make a difference in this cold world. If you smile at a woman, she smiles back. She ③<u>must have felt</u> good that someone smiled at her. Since this woman feels better, her actions toward others may be ④<u>nicer</u>. Therefore, next time you leave your house, don't forget ⑤<u>smiling</u>. As the song goes, "You're never fully dressed without a smile."

07

If you think ①that can be easy for a child to accept a new step-parent, consider Dr. Benjamin Spock's experience. Dr. Spock is a famous child-care authority. But he admitted that before his second marriage, he had not understood the problems that an ②eleven-year-old stepdaughter would present. He became ③frustrated as he tried to get along with his wife's daughter. Finally he sought advice from a counselor ④who specialized in family problems. "I had been living in a fool's paradise, she told me, naively ⑤ thinking that any child would accept a step-parent in just a year or two." said Dr. Spock.

[8~10] 밑줄 친 (A), (B), (C)에서 어법에 맞는 표현으로 가장 적절한 것은?

08

Everyone finds (A)it/them hard at times to keep friendships (B)living/alive and fresh. There are five things you can do, however, that will help you in your relationships with others. What are they? First of all, accept the differences that exist between your friends and you. Second, learn to recognize when there is conflict, and deal with it in a wise and constructive manner. Third, let others know when something in the relationship is bothering. Fourth, don't break the relationship even when you feel like you are being (C)rejecting/rejected. And fifth, rather than trying to live up to others' expectations, be true to yourself.

	(A)	(B)	(C)
①	it	living	rejecting
②	it	alive	rejected
③	them	living	rejecting
④	them	alive	rejected
⑤	it	alive	rejecting

09

For about a year now, my grandfather has not gone out to do any socializing activities because of his arthritis. One day, a letter came from my uncle, his youngest son who lives in the city, (A)<u>telling/told</u> us of his plan to get married in church in a month's time. He made a clear request for grandfather to be there for him. This means that Grandpa would have to wear shoes. And so, to make things easier for his feet, Grandpa bought a new pair of leather shoes and (B)<u>wears/wore</u> it around the house everyday. He might seem weird, but he said his feet need to be used to (C)<u>wear/wearing</u> shoes again for the upcoming special occasion.

*arthritis 관절염

	(A)	(B)	(C)
①	telling	wears	to wear
②	told	wears	to wear
③	told	wore	wearing
④	telling	wore	wearing
⑤	telling	wears	wearing

10

The obvious answer to the question how we know about the experiences of others is that they are communicated to us, either through their natural signs in the form of gestures, tears, laughter, and so forth, or by the use of language. A very good way (A)to find out/finding out what another person is thinking or feeling is to ask him. He may not answer, or if he does answer he may not answer truly, but very often he will. However, we do not depend on it alone; it may be, indeed, that the inferences which we draw from people's non-verbal behavior (B)is/are more secure than those that we base upon what they say about (C)them/themselves, and that actions speak more honestly than words.

	(A)	(B)	(C)
①	to find out	is	them
②	to find out	are	themselves
③	finding out	is	them
④	finding out	are	themselves
⑤	finding out	is	themselves

Final Test

제 3회

[1~2] 다음 빈칸에 들어갈 알맞은 말을 고르시오.

01

> He really needed somebody _____ him.

① help ② helped
③ helper ④ helping
⑤ to help

02

> _____ near his house, I often come across him.

① Live ② To live
③ Left ④ Living
⑤ Having live

03 다음 중 밑줄 친 부분의 쓰임이 나머지 넷과 <u>다른</u> 것을 고르시오.

① I have something <u>to tell</u> you.
② It's always hard <u>to get</u> up early.
③ My hobby is <u>to play</u> video games.
④ <u>To sell</u> 10 CDs in a day is my goal.
⑤ Tom wants <u>to come</u> back to Korea next year.

04 다음 밑줄 친 부분 중 어법상 틀린 것은?

> He ①gave me ②the watch ③which he ④has stolen ⑤last night.

05 다음 중 의미하는 바가 나머지 넷과 다른 것은?

① He worked hard to succeed in life.
② He worked hard so as to succeed in life.
③ He worked hard in order to succeed in life.
④ He worked hard so that he could succeed in life.
⑤ He worked so hard that he succeeded in life.

[6~7] 다음 글의 밑줄 친 부분 중 어법상 틀린 것은?

06

> ①Meeting over the Internet can cause problems. First, chat rooms can attract unpleasant people. Someone may seem ②nice at first, but then become rude. Second, it is very easy ③for people to lie about themselves on the Internet, you might at first think you have found a soul mate, but then be disappointed when the truth ④will come out. What's more, surfing the Internet is ⑤something you do alone. If you are alone at your computer at home, then you are not in the real world meeting people face-to-face.

07

Once there lived in Paris a celebrated physician who was very fond of animals. One day ①a friend of his brought to him a favorite dog whose leg had been broken. The kind doctor examined the ②wounded animal and soon cured him. Not long afterwards the doctor heard in his room a noise at the door; as if some animal was scratching in order to be let in. At last he opened the door. ③To his great astonishment he saw the dog enter which he had cured and with him, another dog. The latter also had a broken leg. The dog which the doctor ④cured brought his friend to his benefactor, in order that he, too, might ⑤be healed.

[8~10] 밑줄 친 (A), (B), (C)에서 어법에 맞는 표현을 골라 짝지은 것으로 가장 적절한 것을 고르시오.

08

Surely the possibility of divorce is a concern to any couples who enter a marriage or are considering (A)to get/getting married. In fact, the rate of divorce in the United States is certainly high. According to research from the 1990s, in USA about 4 out of every 10 recently married couples see their marriage end in divorce. But it must (B)keep/be kept in mind that although divorce is common, there is no reason for a couple to accept these statistics literally. If couples viewed divorce as a last way rather than as an option or opportunity, the current trend in the divorce rate (C)would become/would have become better over the years.

	(A)	(B)	(C)
①	getting	keep	would have become
②	to get	be kept	would become
③	getting	keep	would become
④	to get	keep	would have become
⑤	getting	be kept	would become

09

A group of music industry executives from the U.K. discussed how to increase interest in traditional and international music, and they decided (A)coming/to come up with one generic name that identified both types. Suggestions included Tropical Music, but it seemed to exclude music from temperate lands. The executives rejected Ethnic Music because it sounded too (B)academic/academically. The term Roots Music was thought to exclude nontraditional music, (C)while/despite the term International Pop excluded more traditional music. World Music was chosen, because it seemed to include the most and exclude the least.

	(A)	(B)	(C)
①	coming	academic	while
②	to come	academically	while
③	coming	academic	despite
④	to come	academic	while
⑤	coming	academically	despite

10

It was my very first teaching job, and I was anxious to make an excellent first impression. I had been hired to lead a vibrant group of four-year-olds. As the parents escorted their children into the room, I attempted to deal with crying kids, teary-eyed moms and tense dads. Finally, I managed to (A)seat/sit the kids on the carpet, and we were ready to start our "morning circle time." We were in the middle of a rousing rendition of "Old McDonald" when the door opened and a mysterious woman (B)entered/entered into the room. She stood next to the door, quietly observing the children and me. My voice and smile never faltered, (C)but/and quite frankly, I was very nervous.

(A)	(B)	(C)
① seat	entered	but
② seat	entered into	and
③ seat	entered	and
④ sit	entered into	but
⑤ sit	entered into	and

[1~2] 다음 빈칸에 들어갈 알맞은 말을 고르시오.

01

I'll be very sad when she _____.

① leave
② leaving
③ to leave
④ leaves
⑤ left

02

He spent 30 minutes _____ for her at the bus stop.

① wait
② to wait
③ waiting
④ waited
⑤ have wait

03 다음 중 어법상 어색한 것은?

A: ① Oh, I have to go home now.

② I really enjoyed eating Korean food.

B: ③ Thanks for coming to my house.

A: ④ Thank you for inviting me.

B: ⑤ Please remember saying hello to your parents.

A: OK, I will.

04 주어진 단어를 활용하여 문장을 완성하시오.

> In Korea, elections for President _____ every four years.
> (hold)

05 빈칸에 should를 쓰기에 어색한 것은?

① I think we _____ go home now.
② It is natural that you _____ think so.
③ He insisted that you _____ do the work.
④ You _____ not waste paper.
⑤ All drivers _____ to keep the traffic rules.

[6~7] 다음 글의 밑줄 친 부분 중, 어법상 틀린 것은?

06

> "We like to ride at the back of the train each time we take a trip," wrote many passengers. "And we can't hear the conductor ①when he announces the stops. The loudspeaker that used to announce the stops ②are out of order. As a result, we often miss our stops. Please help us." After many hours of careful thought, the people at the transportation authority decided ③to put a conductor at the back of the train to announce the stops. They wanted all their passengers to be ④satisfied. Soon there were two conductors to announce the stops on train number 814. The passengers sat back, relaxed and waited to hear the conductors ⑤announce their stops.

07

> Susan came back home from Rome yesterday. She ①<u>has been</u> there for her study for two years. Mike prepared two cinema tickets. She would like it very much. After ②<u>seeing the film</u>, he's going to a excellent restaurant with her. He decides to propose a marriage to her at the restaurant. He loves her very much and believes that she loves him too. So he has waited her for two years. He pushes the bell and Susan opens the door. She smiles a very sweet smile at him and ③<u>embraces him gently</u>. Then Mike sees a foreigner ④<u>to stand</u> beside her. She introduces ⑤<u>him to Mike</u>. He is her fiance. She says they got engaged six months ago. Mike feels dizzy for a moment.

[8~9] 밑줄 친 (A), (B), (C)에서 어법에 맞는 표현을 골라 짝지은 것으로 가장 적절한 것을 고르시오.

08

> Winged Victory is a famous piece of Greek sculpture that (A)<u>didn't/was not</u> mentioned in ancient literature. The figure — in the form of the Greek goddess of victory, Nike — (B)<u>found/was found</u> in 1893 on the island of Samoth. The head and arms of Nike are missing. Some experts (C)<u>think/is taught</u> the statue dates to 300 B.C.; others place its origin one or two centuries later. The sculptor and date of Winged Victory is unknown.

(A)	(B)	(C)
① didn't	found	think
② didn't	was founded	think
③ was not	found	is taught
④ was not	was founded	think
⑤ didn't	found	is taught

09

Everyone knows the long-term importance of eating a balanced diet, but many don't realize the short-term benefits. If we (A)make/will make the extra effort to prepare or find good, healthy, balanced meals at the right time and in the right amounts and proportions, we will feel better. We can study better, exercise better, play better, dance better, sleep better — everything we do, we can do better, because our bodies (B)are/had properly fueled. It is not always easy to eat a balanced diet. Those with busy schedules have a particularly hard time eating right, and it is tempting to just grab a snack or eat some junk food when there isn't much time. But the rewards for eating right (C)is/are many, both now and in the future.

(A)	(B)	(C)
① make	are	is
② make	are	are
③ make	had	is
④ will make	are	is
⑤ will make	had	are

10 빈칸 (A)와 (B)에 가장 적절한 것끼리 짝지은 것은?

A chorus of groans erupted after the announcement that our flight had been delayed an hour and a half because bad weather in Chicago was allowing only a few planes _____(A)_____ . But a short time after, another announcement caused those same people to cheer. We were told that a medical delivery man was transporting bone marrow needed for a transplant, and this gave _____(B)_____ to land in Chicago. In a few minutes we landed thanks to the important mission of another person.

*bone marrow 골수

	(A)		(B)
①	land		our flight priority
②	land		priority our flight
③	to land		our flight priority
④	to land		priority our flight
⑤	landing		priority our flight

[1~2] 다음 빈칸에 들어갈 알맞은 말을 고르시오.

01

| I object to _____ like this. |

① treat   ② treating

③ to treat   ④ being treated

⑤ to be treated

02

| She _____ to enter the room. |

① have seen   ② saw

③ seen   ④ was seeing

⑤ was seen

03 우리말과 같은 뜻이 되도록 빈칸에 알맞은 단어를 쓰시오.

공기와 물이 없다면, 우리는 살 수 없을 텐데.

= _____ _____ air and water, we couldn't live.

04 밑줄 친 부분 중, 어법상 어색한 것은?

① We learned that the moon <u>moved</u> around the earth.
② He said that he usually <u>gets</u> up at six.
③ Father told me that honesty <u>is</u> the best policy.
④ I know that World War II <u>broke</u> out in 1939.
⑤ He knew that she <u>had been</u> honest.

05 문맥상 빈칸에 가장 알맞은 말을 쓰시오.

He acted as if he were a monkey. It was so funny. I couldn't _____ laughing.

[6~7] 다음 글의 밑줄 친 부분 중, 어법상 틀린 것은?

06

Every plant and animal ①<u>needs</u> energy to survive and this energy must be obtained from its surroundings. Plants and animals feed on other living things, while they, in turn, provide other living things ②<u>with</u> food. Each organism in an ecosystem is interdependent on other living things. ③<u>This</u> means that each organism depends on other organisms and there are organisms which in turn ④<u>depend</u> upon it. In short, no living thing is totally independent. That's ⑤<u>because</u> we must start considering the importance of the environment.

07

In some ways, the American criminal-justice system ①resembles with a "wedding cake" with four layers, representing different kinds of cases. In the top layer are criminal cases ②that get heavy news coverage. The next layer down is made up of other serious crimes — murders, rapes, robberies — that don't get as much news coverage. In most of these cases the criminals are able to agree to plead guilty to a lesser crime, but they usually ③do serve time in prison. In the next layer are "less serious" crimes, such as car theft, that may not result in prison terms. Finally, the lowest and largest layer is made up of ④the huge number of smaller crimes such as traffic violations. These cases ⑤are handled in a routine way, and seldom result in jail terms.

[8~10] 밑줄 친 (A), (B), (C)에서 어법에 맞는 표현을 골라 짝지은 것으로 가장 적절한 것을 고르시오.

08

Hoping (A)move/to move from modeling into acting, the young woman began trying out for acting jobs with several movie studios in Hollywood. She finally got a (B)two-year/two-years contract with Twentieth Century-Fox. A casting director at the studio suggested that the young actress (C)change/changed her first name to Marilyn. She then changed her last name to Monroe because she liked the sound of the two names together.

	(A)	(B)	(C)
①	move	two-years	change
②	move	two-year	changed
③	to move	two-year	changed
④	to move	two-year	change
⑤	to move	two-years	changed

09

My five-year-old son Rick found a cheap water pistol at the supermarket and begged me to buy it. I pointed out that the bun (A)<u>must/could</u> break easily, finishing my argument by suggesting that we could find a much better one elsewhere. Unconvinced, Rick continued to (B)<u>beg/begging</u>, so I took the easy way. We were just getting out of the car at home when the plastic gun fell to the pavement and shattered. "See, what did I tell you?" I said, annoyed. He looked up at me and said, "You (C)<u>must/should</u> not have listened to me. I'm just a kid."

	(A)	(B)	(C)
①	must	beg	should
②	must	begging	must
③	could	beg	should
④	could	begging	must
⑤	could	beg	must

10 다음 글의 빈칸 (A)와 (B)에 가장 적절한 것으로 짝지어진 것은?

Bedtime came early for Mama's girls. The children were sent to bed at the same time regardless of age. Mama had found that to do so is the best way for all. In the place, the children had no feeling of separation from each other as they would have had, _____(A)_____ to bed at different times. And it meant that Mama could have a few quiet hours for reading or knitting or even just chatting with Papa without _____(B)_____ her little ones.

(A)	(B)
① if they went	disturb
② they went	disturbing
③ had they gone	disturbing by
④ if they would go	being disturbed by
⑤ if they had gone	being disturbed by

정답 및 해설

 **Review Test ①** **Pages 28-29**

[정답] 1. ① 2. laugh 3. ④ are not knowing → don't know 4. ② 5. ④ 6. ⑤

01~02 [전문 해석] 1900년경, Charlie Chaplin이라는 검은 머리의 조그만 소년이 런던 극장가의 뒷문 밖에서 기다리고 있는 것이 자주 목격되었다. 그는 야위고 허기져 보였으나 파란 두 눈은 강한 의지를 담고 있었다. 그는 연예계에서 일자리를 얻기를 바라고 있었다. 그는 노래하고 춤 출 수 있었다. 그의 부모는 공연장 아티스트였으며, 따라서 그는 무대의 인생으로 태어난 것이었다. 그의 소년 시절은 고통스럽고 힘들었지만 그는 사람들을 웃기는 방법을 알고 있었다.

[문제 해결] 1. 지각동사(see)가 수동태가 되면 원형부정사 앞에 to를 쓴다.
2. 사역동사(make)의 목적격 보어가 필요하므로 동사원형이 정답이다.

[어휘 해결] **named** ~라고 불리는 / **thin** 얇은, 여윈, 수척한 / **strong will** 강한 의지 / **show business** 예능계, 연예계 / **be born into** ~로 태어나다 / **boyhood** 소년 시절

[정답] 1. ① 2. laugh

03~04 [전문 해석] 대부분의 미국 십대들은 그저 재미삼아 데이트를 한다. 데이트를 한다는 것이 결혼하겠다는 것을 의미하지는 않는다. 젊은이들은 심지어 한 번에 여러 명과 데이트를 하기도 한다. 대개는 스스로 데이트 상대를 고르지만 가끔은 다른 사람이 서로 모르는 데이트를 주선하기도 한다. 이를 "blind date"라고 한다.

[문제 해결] 3. 지속적인 상태(know, think, resemble 등)를 나타내는 동사들은 현재진행형을 취할 수 없다.
4. 미국 십대들은 결혼을 위한 데이트가 아니라 재미삼아 데이트를 즐기고 있으므로 light-hearted(가벼운)가 정답이다.

[어휘 해결] **teenager** 십대 / **get married** 결혼하다 / **choose** 선택하다 / **arrange** 주선하다

[정답] 3. ④ are not knowing → don't know 4. ②

05 [전문 해석] 어른들은 아이들이 금전관리 계획에 따르도록 도와줌으로써 돈을 잘 관리하도록 가르칠 수 있다. 첫째로, 아이들은 돈 버는 방법을 배워야 한다. 아이 봐주기, 신문 배달, 또는 가정에서 할 수 있는 작은 일 등을 선택할 수 있다. 그 다음에는, 어떤 특별한 일을 위해 저축하는 법을 알아야 한다. 생일카드나 캔디 등의 작은 물건을 사는 데에 번 돈의 약간을 쓰도록 허락하는 것으로 계획을 발전시킬 수 있다. 아이들이 번 돈의 나머지는 은행에 저축할 수 있다. 돈이 충분하다면, 아이는 특별한 구매를 해도 될 것이다.

[문제 해결] (A) 전치사(by) 다음에는 목적어로 동명사(~ing)가 와야 하므로 helping이 알맞고, help는 사역동사로 목적어와 목적격 보어의 관계가 능동일 경우에는 '동사원형이나 to 동사원형'을 사용한다.
(B) [주어 + allow + 목적어 + to 동사원형]의 형식을 취해야 하므로 them to use가 적절하다.

[어휘 해결] **handle** 다루다, 사용하다 / **money management** 금전 관리 / **baby-sitting** 아이 봐주기 / **newspaper route** 신문 배달(구역) / **option** 선택지, 선택하는 것 / **minor purchase** 소구매품 / **put** (돈을) ~에게 투자하다

[정답] ④

06 [전문 해석] 18세 이하의 4명 중 1명의 소녀, 10명 중 1명의 소년을 희생시키는 비극인 아동 성적 학대는 종종 예방될 수 있다. 아주 어린 나이일 때, 어린이들은 자기 자신의 신체에 대해 개인적인 권리가 있음을 배워야 한다. 또한, 부모들은 아이들이 잠재적인 학대자들을 알아차리고 어른들에게 '싫어요'라고 말하는 법을 가르쳐야 한다. 성적 학대 피해 어린이의 85% 정도는 안면이 있고 그들이 신뢰하는 어른에게 학대를 당한다. 마찬가지로, 부모들은 아이들에게 불쾌함을 느끼게 하는 어른들을 피하는 본능을 믿도록 격려해야 한다.

[문제 해결] ① 문맥상 '종종 예방될 수 있다'는 수동의 의미가 되어야 하고, often은 빈도부사로 조동사 can 뒤에 온다.
② 내용상 '배워야 한다'는 수동의 의미이므로 알맞은 표현이다.
④ [주어 + encourage + 목적어 + to 동사원형]에 의해 어법상 적절하다.
⑤ 사역동사(make)의 목적격 보어가 필요하므로 feel이라는 동사원형으로 고쳐야 한다.

[어휘 해결] **sexual abuse** 성적 학대 / **victimize** 희생시키다 / **potential** 가능성 있는, 잠재적인 / **trust** 신뢰하다, 믿다 / **instinct** 본능

[정답] ⑤

 **Review Test ②** **Pages 48-49**

[정답] 1. attractive 2. made their waists appear much slimmer 3. ① 4. ④ 5. ②

01~02 [전문 해석] 사람들은 보다 매력적으로 보이기 위하여 유행을 좇아왔다. 1800년대에, 뉴욕의 여성들은 파리의 패션을 흠모하기 시작하였다. 사실, 프랑스 패션은 한때 너무도 인기가 있어서 미국의 의상 디자이너들은 자신들의 이름을 프랑스식으로 바꾸곤 하였다! 프랑스 혁명기간 동안에 많은 여성들은 허리를 더 날씬하게 보

이게 하는 코르셋이나 벨트를 착용하곤 했다. 오늘날에도 우리들은 이상적인 사람이란 키가 크고 날씬한 사람이라고 생각한다.

문제 해결 1. 불완전 자동사 look의 보어가 필요하므로 형용사 attractive(매력적인)가 적절하다.
2. [사역동사 + 목적어 + 동사원형]의 형식이어야 하고, 비교급을 강조하는 부사인 much는 비교급 앞에 위치한다.

어휘 해결 **follow the fashion** 유행을 따르다 / **attractive** 매력적인 / **admire** 흠모하다, 열망하다 / **slim** 호리호리한, 날씬한

[정답] 1. **attractive** 2. **made their waists appear much slimmer**

03 전문 해석 어떤 면에서, 미국의 형벌 제도는 4단 웨딩 케이크와 같이 각기 다른 종류의 사례를 나타낸다. 맨 위층에는 중요 뉴스거리인 형사 사건이 있다. 그 아래층은 중요한 뉴스거리가 되지는 않지만 다른 심각한 범죄, 즉 살인, 강간이나 강도로 구성되어 있다. 대부분의 경우에 범인들은 더 작은 죄를 지었다고 인정할 수도 있지만, 그들은 대개 교도소에 감금된다. 그 다음 아래층에는 자동차 절도와 같은 덜 심각한 범죄가 있으며, 교도소에 감금되지 않을 수도 있다. 마지막으로 가장 아래층이면서 가장 큰 층은 교통 위반과 같은 아주 많은 사소한 범죄로 구성되어 있다. 이러한 사건들은 관례적으로 처리되고, 좀처럼 교도소에 감금되지 않는다.

문제 해결 ① resemble(닮다)는 절대 3형식 동사로 전치사 없이 목적어를 취하는 동사이므로 with를 생략해야 한다.
② that은 주격 관계대명사이며 선행사가 복수(cases)이므로 동사도 get으로 복수로 사용하는 것이 옳다.
③ do는 동사를 강조하는 조동사이다.
④ [the numble of + 복수명사]이다.
⑤ 내용상 '처리 된다' 는 수동의 의미이므로 적절한 표현이다.

어휘 해결 **criminal-justice** 형사 재판, 형벌 / **layer** 층 / **case** 사건 / **coverage** 보도, 취재 / **rape** 강간 / **plead guilty** 죄를 인정하다 / **violation** 위반 / **routine** 일상의, 기계적인

[정답] ①

04 전문 해석 어떤 때 우리는 옷이 세탁되기를 바라지만 때로는 옷이 단지 다림질되기를 원할 때도 있다. 옷들이 세탁될 때 먼저 옷의 얼룩이 제거된다. 옷들은 물에 씻기는 것이 아니다. 그것들은 특별한 세탁기에 넣어져서 돌려진다. 그런 후에 커다란 다리미가 다림질을 하기 위해 이용된다. 그것들이 다림질 된 후에 속이 들여다보이는 봉투로 옷을 씌운다. 이 봉투는 옷들이 더러워지는 것을 막아준다. 그것들은 또한 우리가 옷을 제대로 돌려받았는지를 알 수 있도록 해준다.

문제 해결 (A)에는 앞의 절(clothes are)과 뒤의 절(spots are)을 연결시키는 접속사가 필요하고, (B)에는 [주어 + keep + 목적어 + from

~ing(…가 ~하지 못하게 하다)]라는 관용구문에 착안하여 정답을 찾는다.

어휘 해결 **press** (옷 등을) 다리다 / **spot** 얼룩, 점 / **run through** 지나가다, 통과하다 / **iron** 다림질하다 / **see-through** 속히 환히 들여다보이는 / **dusty** 먼지투성이의

[정답] ④

05 전문 해석 모든 식물과 동물들은 생존하기 위해서 에너지가 필요하고 이러한 에너지를 주변 환경으로부터 얻어야 한다. 식물과 동물들은 다른 생물을 먹이로 삼고 있으며, 반면 그들 또한 다른 생물에게 먹이를 제공한다. 생태계의 모든 유기체는 다른 생물에 상호 의존한다. 이는 각 유기체가 다른 유기체에 의존하고 또한 그것에 의존하는 다른 유기체가 있다는 것을 의미한다. 간단히 말해서, 어떤 생물도 전적으로 독립적일 수는 없다. 그런 이유로 우리는 이제 환경의 중요성을 고려하기 시작해야 한다.

문제 해결 (A) need의 주어는 Every plant and animal이라는 복수 형태이지만 Every가 붙어 있는 경우는 언제든지 단수 취급을 하므로 needs로 고쳐야 한다.
(C) [provide A with B(=provide B for A)]는 'A에게 B를 제공하다' 라는 표현으로, 밑줄 친 (C)는 with food로 고쳐야 한다.

어휘 해결 **obtain** 얻다, 획득하다 / **surroundings** 주변, 환경 / **feed on** 먹이를 먹고 살다 / **in turn** 차례로, 이번에는 / **ecosystem** 생태계 / **interdependent** 상호의존적인 / **organism** 유기체, 조직체 / **independent** 독립한, 독자적인

[정답] ②

Review Test ❸ Pages 72-74

[정답] 1. **walked** 2. ③ 3. (1) **a loud suit** (2) **a pearl necklace** 4. **has been known** 5. ② 6. ⑤ 7. ④ 8. ⑤

01~03 전문 해석 지난 주 어느 날 아침, 검은 머리의 매력적인 30대 여인이 Glasgow의 한 대형 백화점으로 걸어 들어왔다. 그녀는 모자가 달린 두툼한 코트를 입고 있었다. 한 손에는 큰 사각형 꾸러미를, 또 한 손에는 쇼핑백을 들고 있었다. 의류 코너에서 그녀는 일련의 옷들에 찬사를 보냈다. 눈 깜짝할 사이, 그녀는 화려한 옷 한 벌을 코트 안감에 마련한 큰 비밀 주머니에 숨겨 넣었다. 보석 코너에서 그녀는 진주 목걸이를 시험 삼아 목에 걸었다. 능숙하게 그녀는 그것을 코트의 모자 속으로 집어넣었다.

문제 해결 1. 명백한 과거부사 last week와 함께 쓸 수 있는 시제는 과거시제이다.

2. 이 글은 검은 머리의 매력적인 30대 여인이 한 백화점에서 행한 도벽에 관한 내용임에 착안한다.

3. 주인공은 '옷 한 벌과 진주 목걸이'를 훔쳤다.

어휘 해결 **bulky** 부피가 큰 / **with hood attached** 두건이 부착된 / **square** 정사각형의, 사각형의 / **parcel** 꾸러미, 소포 / **admire** 감탄하다, 칭찬하다 / **a row of** 한 줄의 / **in a twinkling** 눈 깜짝할 사이에 *cf.* **twinkling** 반짝임, 번뜩임 / **tuck away** 챙겨 넣다, 감추다 / **loud** 화려한 / **coat lining** 코트 속

[정답] 1. walked 2. ③ 3. (1) a loud suit(화려한 옷 한 벌)
(2) a pearl necklace(진주 목걸이)

04~06 **전문 해석** 햇빛과 암의 관계는 오랫동안 알려져 왔다. 1894년에 독일의 과학자들은 너무 많은 햇빛이 피부암을 유발할 수 있다고 주장했다. 그 후 1928년에 영국의 어떤 과학자가 이 이론이 사실이라는 것을 입증했다. 오늘날, 피부암의 위험으로부터 보호해 주는 많은 종류의 피부용 크림이 있다. 의사들은 모든 사람들, 특히 젊은 사람들에게 햇빛에 나가 있을 때에는 이 크림들을 사용하라고 충고한다. 그러나 최근의 연구에 따르면 이 충고는 지켜지지 않고 있다. 사실 대부분의 젊은이들은 이 크림들을 사용하지 않는다.

문제 해결 4. (A)가 포함된 문장의 의미가 '햇빛과 암의 관계는 오랫동안 알려져 왔다'이므로 현재완료 수동으로 표현해야 한다.

5. 햇빛에 노출된 피부를 암으로부터 보호하기 위하여 크림을 바르라고 의사들이 충고하고 있지만 대부분의 젊은이들은 이 충고를 따르지 않고 있다는 내용의 글이다.

6. 독일과 영국의 과학자들이 암을 유발시키는 원인이라고 주장한 것은 햇빛이다.

어휘 해결 **connection** 관계, 관련 / **cancer** 암 / **claim** 주장하다 / **prove** 입증하다, 증명하다 / **theory** 이론, 학설 / **in connection with** ~와 관련하여

[정답] 4. has been known 5. ② 6. ⑤

07 **전문 해석** 나는 사실 한 번도 내가 아름다운 다리를 가졌다고 생각해 본 적이 없었다. 나는 내 다리의 무릎 부분은 너무 크고, 허벅지는 너무 뚱뚱하며, 종아리는 너무 작다고 생각했다. 지난 목요일에 나는 몇 명의 남자애들과 농구를 하는 동안에 운동복 반바지를 입고 있었다. 나중에 내 남자 친구가 많은 남자 아이들이 내가 정말 예쁜 다리를 가졌다고 생각하더라는 말을 나에게 했다. 나는 내 다리를 바라보며 생각했다. "야, 내 다리가 정말 예뻐 보이는데." 그래서 나는 오늘 다시 치마를 입어 보았다. 여자 친구들 두어 명이 내 다리가 예쁘다고 말했다. 이상하게 들릴지 모르지만, 내 다리가 점점 더 예뻐 보이기 시작했다. 이제 나는 내 다리를 자랑하고 싶다.

문제 해결 ① 명백한 과거를 나타내는 부사구(Last Thursday)가 있으므로 동사의 시제는 과거를 사용해야 한다. 그리고 바지(shorts)

는 항상 복수형으로 사용되는 명사임에 주의한다.

② 시간·조건·양보를 나타내는 부사절에서는 주어와 be동사를 생략할 수 있다. 원래의 문장은 while I was playing에서 I was가 생략되었다.

③ look은 불완전 자동사로 보어를 필요로 하므로 good이라는 형용사가 올바르게 사용되었다.

④ smell, taste, touch, feel, sound와 같은 동사는 불완전 자동사로 반드시 뒤에는 형용사 보어가 동반되어야 한다.

⑤ 2어동사(show off) 다음에 대명사가 목적어로 올 경우에는 반드시 중간에 끼워야 한다.

어휘 해결 **knee** 무릎 / **thigh** 허벅지 / **calf** 종아리 / **gym** 체육관, 체육 / **shorts** 반바지 / **boy** (감탄사) 야! 이런! / **better and better** 점점 더 나은 / **show off** 자랑하다, 드러내 보이다

[정답] ④

08 **전문 해석** 그는 1947년에 오스트리아에서 태어났다. 그는 어렸을 때부터 스포츠를 즐겼고, 축구와 수영을 하기 위한 힘을 기르기 위해 역도를 시작했다. 그러다가 15세가 될 무렵에 보디빌딩을 위해 진지하게 역도를 하기 시작했다. 그는 또한 이 무렵에 영국에서 보디빌딩 대회에 참가했다. 그는 18세 때 주니어 미스터 유럽 대회에서 우승했다. 그 뒤에 그는 미스터 올림피아에서 우승했다. 1970년 후반 13개의 세계 챔피언을 딴 후에 그는 마침내 보디빌딩을 그만두기로 했다. 연속해서 8년 동안, 그는 세계 챔피언 보디빌더였다.

문제 해결 (A) 앞에 있는 enjoy는 동명사를 목적어로 취하는 동사이다. (B)와 (C)의 start, begin은 부정사(to+동사원형)나 동명사(~ing)를 둘 다 목적어로 취하는 동사이다. (D) 앞에 나온 decide는 부정사만을 목적어로 취하는 동사이므로 to stop으로 고쳐야 한다. (E)의 have won은 앞에 나온 동사(decided, 과거)보다 먼저 발생한 일이므로 대과거로 표현해야 한다.

어휘 해결 **lift weight** 역기를 들다 / **strength** 힘, 강인함 / **seriously** 진지하게, 심각하게 / **take part in** ~에 참가하다 / **competition** 시합, 대회 / **in a row** 연속해서

[정답] ⑤

Review Test ④ **Pages 96-98**

[정답] 1. ③ 2. (1) reading (2) writing (3) arithmetic 3. ④ 4. ⑤ 5. ⑤

01~02 **전문 해석** 대중 교육의 기초는 읽기와 쓰기, 셈, 즉 3 Rs였다. 그러나 학교에서는 이 기초를 모르는 학생들도 모든 다른 과

목의 수업을 받을 수 있다고 주장한다. 잘 읽거나 세지도 못하면서 젊은이들이 역사나 과학 수업을 듣는다면 무슨 소용이 있는가? 학교는 이런 기본 원리에 뒤떨어진 학생들이 적정 수준에 이를 때까지는 3 Rs에 모든 시간을 보내도록 요구해야만 한다.

문제 해결 1. (A) insist 뒤에 that절의 동사는 [(should) + 동사원형]이므로 continue가 알맞다.
(B) 뒤에 목적어가 없으므로 자동사 sit이 올바르다. seat은 타동사로 목적어를 필요로 한다.
(C) 주격 관계대명사 뒤에 나오는 동사의 수는 선행사(students, 복수)에 일치시켜야 하므로 복수동사 are가 어법상 적절하다.
2. 첫 문장 'The foundation of public education has always been reading, writing and arithmetic — the three "Rs."(대중 교육의 기초는 읽기와 쓰기, 셈, 즉 3 Rs였다.)'

어휘 해결 foundation 기초 / arithmetic 산수, 셈하기 / insist 주장하다 / fundamental 근본, 기본 / sit in (회의 등에) 출석하다, 방청하다 / calculate 계산하다 / require ~을 요구하다 / behind 뒤쳐져서 / devote (시간, 노력 등을) 바치다, 헌신하다

[정답] 1. ③ 2. (1) reading (2) writing (3) arithmetic

03 전문 해석 6천 5백만 년 전에, 갑자기 공룡의 시대가 끝났다. 모든 공룡들이 지구 상에서 없어졌다. 과학자들은 왜 이런 일이 일어났는지 늘 궁금했다. 멕시코에서 발견된 폭이 180km나 되는 큰 원이 그들에게 답을 줄지도 모른다. 이 원은 아마도 지구와 부딪친 어떤 매우 큰 물체로 인해 생긴 것 같았다. 그것이 부딪쳤을 때, 공룡들에게 치명적이었을 지구의 기후나 해수면에 변화를 일으켰는지도 모른다.

문제 해결 밑줄 친 부분이 포함된 내용이 문맥상 '공룡들에게 치명적이었을 지구의 기후나 해수면에 변화를 일으켰는지도 모른다'는 과거의 약한 추측을 나타내어야 하므로 may have caused로 고쳐야 한다.

어휘 해결 dinosaur 공룡 / come to an end 끝나다 / probably 아마도, 대개 / disastrous 파멸을 초래하는, 재난을 일으키는

[정답] ④

04 전문 해석 내 인생에 가장 커다란 영향을 준 사람은 나의 생명을 구해준 사람이다. 지난겨울 집으로 돌아오던 중에 나는 심한 교통사고를 당했다. 나는 운전 중이었다. 나는 부딪친 후에 차에서 나올 수가 없었다. 그 순간에 아주 특별한 한 여자가 차로 곧장 달려왔다. 그 여자는 내가 다친 것을 보고 움직이지 말라고 말했다. 약 30초 후에 차에서 연기가 나기 시작했다. 이 여자는 키가 5피트에 불과하였고 체중이 100파운드를 넘었을 리가 없다. 그렇게 작은 사람이 나를 어떻게 들어 차에서 꺼냈는지 알 수가 없다. 잠시 후 내가

돌아왔을 때 운전석은 완전히 화염에 휩싸여 있었다.

문제 해결 (A)가 포함된 문장의 본동사 is가 있으므로 (A)에는 [주어 + 동사]의 형태는 사용할 수 없고 관계대명사가 이끄는 형용사절로 나타내어야 한다. (B)에는 내용상 '체중이 100 파운드를 넘었을 리가 없다'의 의미가 되어야 하므로 cannot have weighed가 알맞다.

어휘 해결 affect 영향을 끼치다(=influence) / no more than 단지 / totally 완전히, 전적으로 / flame 불꽃, 화염

[정답] ⑤

05 전문 해석 창가에 달려 있는 새장 안의 새 한 마리가 밤이 되면 노래를 부르곤 했다. 새의 노랫소리를 들은 박쥐 한 마리가 다가와 왜 낮에는 노래를 부르지 않고 밤에만 노래를 부르는지 물어 보았다. 새는 그럴만한 이유가 있다고 설명했다. 자신이 사로잡힌 것은 바로 낮에 노래를 부르는 동안이었으며, 이것이 자신에게 교훈을 가르쳐 주었다는 것이다. "이제 조심해 봐야 소용없어. 너는 잡히기 전에 조심했어야 했어"라고 박쥐가 말했다.

문제 해결 ① '노래를 부르곤 했다'는 의미로 과거의 규칙적인 습관을 나타내는 [used to + 동사원형]을 사용한 올바른 표현이다.
② 간접의문문 [의문사 + 주어 + 동사]의 어순으로 적절한 표현이다.
③ 주어인 she는 bird를 지칭하며, 결국 새가 잡힌 것이므로 수동태로 쓰인 옳은 표현이다.
④ It is no good ~ing은 '~해도 소용없다'는 의미의 표현이다.
⑤ 문맥상 의미가 '너는 잡히기 전에 조심했어야 했는데'이므로, 과거의 후회와 원망을 나타내는 should have been careful로 고쳐야 한다.

어휘 해결 capture 사로잡다 / lesson 교훈 / It is no good(use) ~ing ~해도 소용없다 / precaution 조심, 경계

[정답] ⑤

 Review Test ⑤ **Pages 120-121**

[정답] 1. ③ 2. ③ 3. ② 4. ② 5. ④

01~02 전문 해석 중국에는 2,400킬로미터에 이르는 벽이 있다. 그것은 만리장성이라고 불린다. 이 벽(성)의 모든 부분은 손으로 만들어졌다. 만리장성은 오래전에 만들어졌다. 중국인들은 그것을 적의 침입을 막기 위해 만들었다. 성(길)을 따라서 망루(감시탑)들이 있다. 만리장성은 벽돌과 흙으로 만들어져 있다. 만리장성은 높고 위는 넓다. 흔히들 만리장성의 한 부분만 만드는 데도 10년이 걸렸다고 한다. 만리장성은 세계에서 가장 인기 있는 관광지 중 하나이다. 만리장성은 전 세계의 사람들로부터 방문을 받고 있다.

문제 해결 1. 밑줄 친 (A)는 '만리장성'을 지칭하는 말로, 바로 뒤 문장에 기계가 아닌 사람의 손으로 만들어졌다고 나와 있다.
2. ③ be made of는 '~으로 만들어지다' 이다.

어휘 해결 **the Great Wall of China** 만리장성 / **bit** 작은 조각(부분) / **keep out** 물리치다 / **watchtower** 감시탑 / **brick** 벽돌 / **earth** 지구, 흙 / **around the world** 전 세계적인

[정답] 1. ③ 2. ③

03 **전문 해석** 고대 이집트인들은 우주에 질서가 있다고 굳게 믿었다. 이는 아마도 매년 같은 시기에 나일 강이 넘쳐, 경작지와 농작물에 물을 댈 수 있었기 때문일 것이다. 태양 역시 그들에게는 매우 중요했으며 그것의 움직임은 나일 강 보다 더 규칙적이었다. 또한 이집트인들은 사회에도 질서가 있어, 그 사회의 사람들은 기대되는 바대로 행동하는 것이라고 믿었다. 그들은 질서정연한 사회를 우주의 질서와 연결된 것으로 보았다. 그들은 우주의 이러한 질서를 ma'at라고 불렀다.

문제 해결 (A) brought이라는 본동사는 이미 앞에 flooded라는 동사가 있으므로 사용할 수 없고, 분사구문으로 처리해야 한다.
(B) 내용상 '연결되다' 는 수동의 의미이므로 being connected가 올바르다.

어휘 해결 **ancient** 옛날의, 고대의 / **order** 정돈하다, 명령하다, 주문하다 *cf.* **ordered** 정돈된, 질서정연한 / **due to** ~ 때문에 / **flood** 홍수지게 하다, 물에 잠기게 하다 / **extremely** 극단적으로, 대단히

[정답] ②

04 **전문 해석** 만일 당신이 주소를 변경한다면, 적어도 6주 전 우리에게 서면으로 통보해 주세요. 그 정도면 변경 사실을 처리할 충분한 시간이 됩니다. 당신의 편지에 당신의 성과 이름 그리고 정확한 주소와 전화번호를 빠뜨리지 않아야 합니다. 건물/사무실/부서, 거리, 마을, 도시 이름과 우편번호를 적으십시오. 당신의 주소를 정확히 하기 위해 가장 가까운 두 곳의 거리 이름을 포함시키십시오. 상점이나 건물 같은 이정표도 포함시키십시오. 거듭 말하지만 이것은 배달 사고를 없애고 보다 체계적으로 확실히 하기 위해서입니다.

문제 해결 ① enough가 형용사로 명사를 수식할 경우에는 앞에서 뒤에 있는 명사를 수식하는 것을 원칙으로 한다.
② 내용상 '포함되어야 하는' 이라는 미래의 의미를 나타내야 하므로 부정사(to include)로 고쳐야 한다.
③ complete는 형용사로 be동사의 보어로 적절하다.
④ 문맥상 수동의 의미가 되어야 하므로 is located가 올바르다.
⑤ be동사의 보어로 명사적 용법으로 사용된 to부정사이다.

어휘 해결 **notify** 알리다, 통보하다 / **indicate** 지적하다 / **locate** 위치하다 / **delivery** 배달 / **error-free** 사고 없는, 실수

없는 / **systematic** 조직적인, 질서정연한, 체계적인

[정답] ②

05 **전문 해석** 많은 대중 인사들은 정치적이거나 사업적인 의도로 연설문을 작성할 작가들을 고용했다. 여러분은 "내 말을 믿으세요" 또는 "더 친절하고, 인정 있는 나라"와 같이 유명한 말들을 들었을 것이다. 한 전문 여성 연설 작가는 추상적인 아이디어들을 얻어 실제적인 언어로 바꿈으로써, 이러한 말들을 만들어 내는 것으로 정평이 나 있다. 바로 그녀와 같은 연설 작가의 존재가 많은 정치가나 사업가들로 하여금, 그들이 실력 있는 연설 작가만 고용한다면, 하룻밤새 기억에 남을 연설가가 될 수 있다고 생각하게끔 만든다. 불행하게도, 그런 가정은 잘못된 것이다. 현실적으로 연설 작가들은 그들의 의뢰인들을 위대하거나 심지어 훌륭한 연설가로 만들 수 없다.

문제 해결 (A)에는 여성 작가가 사람들로부터 명성을 얻은 것이므로 수동의 형태가 되어야 한다. 따라서 is credited가 올바르다. (B)에는 [주어 + cause + 목적어 + to 동사원형(~로 하여금 …하게 하다)] 구문이 쓰였으므로 to think가 들어가는 것이 옳다.

오답 해부 (B)에는 동사원형(원형부정사)을 쓸 수 없다. 원형부정사를 목적격 보어로 사용하는 것은 사역동사나 지각동사일 때이다.

어휘 해결 **figure** 인물, 숫자, 모습, 통계 / **credit** 신용하다, 명성을 얻게 만들다 / **capture** 사로잡다, 포획하다 / **abstract** 추상적인 / **overnight** 하룻밤에 / **assumption** 가정 / **client** 고객, 의뢰인

[정답] ④

Review Test ❻ Pages 142-144

[정답] 1. ⑤ 2. were 3. ④ 4. ③ 5. ② 6. ④

01~02 **전문 해석** 1년 이상 된 나무를 잘라 그 횡단면을 보면, 나무의 밝고 어둡게 교차된 테를 볼 수 있을 것이다. 그 두 테를 합쳐서 '나이테' 라고 부르는데, 이는 한 계절 또는 한 해 동안 나무가 자란 양을 의미한다. 나이테의 밝고 어두움은 나무가 다른 계절 동안 다른 방식으로 자라기 때문이다. 봄이나 초여름에 나무 세포는 더 커지고 세포벽은 더 얇아진다. 이 현상이 나이테를 더 밝게 보이게 한다. 늦여름에 세포는 더 작아지고 세포벽은 더 두꺼워져서 꽉 압축이 된다. 이것이 더 어두운 나이테를 만들어 낸다.

문제 해결 1. 이 글은 '나이테 형성 과정' 에 관한 것으로, 나이테가 밝고 어두운 것은 계절의 영향이라고 설명하고 있다.
2. (A) 뒤에 나오는 would see가 가정법 과거의 귀결절이므로 조건절은 [If 주어 + 과거동사(were)]이다. 따라서 were가 알맞다.

어휘 해결 cut down 베다 / cross section 횡단면 / alternating 교대의, 번갈아 하는 / annual ring 나이테 / cell 세포 / packed 꽉찬, 압축된

[정답] 1. ⑤ 2. were

03~04 **전문 해석** 바다에는 우리가 이용하지 못하고 있는 수많은 자원이 있다. 바다 밑바닥에는 철, 니켈, 구리의 화학적 화합물이 있다. 많은 해안선의 끝 부분부터 얕은 바다가 시작되어 깊은 바다로 가면서 경사가 깊어진다. 이런 대륙붕 중 몇 군데 밑에 방대한 석유 자원이 묻혀 있다. 수많은 물고기 떼들이 대륙붕에 깔려 있는 해초를 먹고 산다. 이런 물고기들이 잡히면 배고픈 사람들의 식량이 될 수 있을 것이다. 바닷물 자체는 염분을 제거하여 인류가 먹을 수 있는 민물로 사용할 수 있을 것이다.

문제 해결 3. 가정법의 조건절이 가정법 과거(could be)이므로, ④는 would provide로 고쳐야 한다.
4. 글의 초반부는 바다 속에 풍부한 자원이 있음을 전제한 후, 후반부에서는 인간에게 유익하게 활용될 수 있음을 이야기하고 있다.

어휘 해결 compound 복합물, 화합물 / copper 구리 / shallow 얕은 / edge 가장자리 / slope 경사지다, 비탈지다 / beneath ~의 아래에 / swarm (곤충, 동물 등의) 떼, 무리 / desalt (바닷물 등에서) 염분을 제거하다

[정답] 3. ④ 4. ③

05 **전문 해석** 때때로 당신의 신체가 화상을 입었다는 것을 알려주는 유일한 단서는 통증이다. 통증이 없으면 당신은 열의 원천(즉, 뜨거운 물체)으로부터 멀리 떨어져야 할 이유가 없을 것이다. 따라서 통증은 당신의 신체에게 손상을 입을 것이라고 경보를 발할 뿐만 아니라 당신의 신체가 더 손상을 입지 않도록 스스로를 보호하는 데 도움을 준다. 통증이 신체가 더 손상을 입지 않도록 보호하는 데 도움을 주는 또 하나의 방법은 그것이 종종 신체의 다친 부분을 쉬게 한다는 것이다. 발목을 삐었다고 가정해 보아라. 당신은 아마 며칠 동안 다친 발로 걷지 않음으로써 이 부상이 주는 통증을 피하려고 할 것이다.

문제 해결 (A) 뒤에 나오는 가정법 과거의 뒷모습(would have)과 연관된 '~이 없다면'의 뜻이 되어야 하므로 If it were not for(=Were it not for), But for(=Without) 등으로 바꿔야 한다.
(B) not only A but (also) B에서 A와 B는 병렬 구조를 이루어야 한다.
(D) [주어 + cause + 목적어 + to 동사원형]이므로 올바른 표현이다.
(E) 동명사(walking)의 부정은 동명사 앞에 not을 붙인다.

어휘 해결 clue 단서, 실마리 / alert 경고하다, 경보를 발하다 / injury 상해, 손상, 부상 / further 더 추가된, 그 이상의 / sprain (발목 등을) 삐다 / ankle 발목 / avoid 피하다, 회피하다

[정답] ②

06 **전문 해석** 한밤중이었다. 오른편으로는 4마일 가량 뻗어 있는 긴 길을 따라서 마을 전체가 보였다. 모든 것이 깊고 고요한 잠 속에 묻혀 있었다. 자연이 그토록 고요할 수 있다는 것이 믿기 힘들 정도였다. 달빛이 비치는 날 밤에 오두막, 건초더미, 그리고 잠자고 있는 버드나무가 있는 넓은 마을 길을 볼 때 걱정과 우울한 기분은 어둠 속에 싸여 사라져버린다. 마치 별들이 온화하게 마을을 내려다보고 있는 것처럼 보이고, 또 지구 상에는 악이 없고 모든 것이 순조로운 것 같이 보인다.

문제 해결 (A) 부사구를 강조하여 문두에 위치한 문장으로 도치가 일어났다. [부사구 + 동사 + 주어]이다. 그러므로 주어인 the whole village는 see의 대상이므로 수동태로 표시해야 한다.
(B) hardly라는 정도의 부사는 조동사 뒤에 위치한다.
(C) as if 구문으로 가정법이 연결되어야 하고 내용상 현재시제이므로 가정법으로는 과거시제로 표현한다.

어휘 해결 stretch 뻗다, 펼치다 / still 조용한 / cottage 시골집, 오두막 / haystack 건초더미 / willow 버드나무 / wrap 감싸다, 싸다, 얽다 / tenderness 부드러움, 상냥함

[정답] ④

Review Test ⑦ **Pages 166-167**

[정답] 1. **To weigh 또는 Weighing** 2. **to do** 3. ③ 4. ⑤ 5. ②

01 **전문 해석** 미국에서는 성인의 3분의 2와 6세에서 19세까지 연령층의 15퍼센트가 과체중이거나 비만이다. 체중이 너무 많이 나가면 당뇨병, 심장병 및 다른 건강상의 문제가 생길 가능성이 더 높다.

문제 해결 (Weigh) too much가 문장의 주어가 되어야 하므로, to 부정사의 명사적 용법 To weigh나 동명사 Weighing이 알맞다.

어휘 해결 obese 살찐, 비만의 / weigh 무게가 나가다

[정답] **To weigh 또는 Weighing**

02~03 **전문 해석** Reeser 부인은 32년 동안 교사로 근무했다. 그녀가 가르치는 것을 그만두었을 때, 그녀는 전에 해본 적이 없는 어떤 일을 하기로 마음먹었다. 그녀가 하고 싶었던 한 가지 일은 비행하는 법을 배우는 것이었다. 몇 시간 동안 비행 교육을 받은 후에, Reeser 부인은 또 다른 생각을 해냈다 — 그녀는 비행기에서 강하하고 싶었다. 그녀는 낙하산을 타고 비행기 문을 열고, 강하했다. 그녀는 공중에서 떠돌며 내려왔다. Reeser 부인은 비행기에서 강하한 여성 중 가장 나이 든 여성이었다. 그녀가 강하했던 때, 그녀는 61세였다.

문제 해결 2. decide는 부정사만을 목적어로 취하는 동사이므로 to do로 고쳐야 한다.

3. '낙하산을 타고 비행기에서 강하했다'는 내용은 있지만, '낙하산 만드는 방법을 스스로 개발했다'는 언급은 없다.

어휘 해결 **put on** 입다, 신다 / **parachute** 낙하산 / **leap** 껑충 뛰다, 강하하다 / **float** 뜨다, 표류하다

[정답] **2. to do 3. ③**

---

04 **전문 해석** 어제 시내 금융가에서 은행 강도 사건이 있었다. 마감시간 직전 한 남자가 Chase Manhattan 은행의 Wall Street 지점에 들어갔다. 그는 산탄총을 소지했고 머리에 나일론 스타킹을 덮어 쓰고 있었다. 그 시간에 은행에는 단지 몇 명의 고객들이 있었다. 그는 그들을 바닥에 엎드리게 했고, 출납계원에게 돈을 자루에 담으라고 강요했다. 그가 떠날 때, 안전요원이 경보기를 울리려고 했다. 강도는 그에게 총을 쏘았고, 그 안전요원은 지금 St. Vincent 병원에 입원해 있다. 의사들이 그의 생명을 구하려고 노력하고 있다.

문제 해결 (A) 형용사 financial은 명사 district를 수식하고 있으므로 올바르게 사용되었다.

(B) enter는 절대 3형식 동사로 전치사 없이 목적어를 취해야 한다.

(C) a few는 수를 나타내는 형용사이므로 복수 명사 customers를 수식할 수 있다.

(D) 앞에 나온 사역동사 make의 목적격 보어이므로 동사원형인 lie로 고쳐야 한다.

(E) [주어 + force + 목적어 + to 동사원형]의 구조를 취해야 하므로 to put이 올바르다.

어휘 해결 **robbery** 강도 / **financial district** 금융가 / **branch** 지점 / **shotgun** 산탄총, 엽총 / **teller** 출납계원 / **sack** 자루 / **security guard** 안전요원, 경호원 / **alarm** 경보 / **surgeon** 외과 의사

[정답] **⑤**

---

05 **전문 해석** 우리가 다른 사람의 경험에 대해 어떻게 알 수 있는가라는 질문에 대한 분명한 대답은, 몸짓, 눈물, 웃음 등의 형태로 자연적인 표정을 통해서 혹은 언어를 사용함으로써 그 경험들이 우리에게 전달된다는 것이다. 다른 사람이 생각하고 느끼는 것을 알아내는 가장 좋은 방법은 그에게 물어보는 것이다. 그가 대답하지 않을지 모르지만 혹은 그가 대답한다 해도 그는 진솔하게 대답하지 않을 수도 있다. 그러나 대개는 진솔하게 대답할 것이다. 그러나 우리는 그 대답 하나에만 의존하지는 않는다. 왜냐하면 그들이 그들 자신에 관해 말한 것에 우리가 기초를 둔 결론보다 우리가 사람들의 비언어적 행동으로부터 이끌어내는 결론이 더 확실하고 그리고 행동이 말보다 더 정직하게 알려 줄 가능성이 있기 때문이다.

문제 해결 (A) way라는 명사를 수식하는 형용사 형태의 표현이 적절하므로 to find out(부정사의 형용사적 용법)이 올바르다.

(B) 주어는 바로 앞에 있는 behavior가 아니라 inferences(복수)이므로 are가 옳다.

(C) 전치사(about) 뒤에는 목적어가 나온다. 목적어 자리에 문장 주어가 반복될 경우에는 재귀대명사를 사용해야 하므로 themselves가 적절하다.

어휘 해결 **obvious** 명백한, 확실한 / **and so forth** ~ 등등, ~ 따위(=and so on) / **draw the inference** 추론하다 / **nonverbal** 말을 사용하지 않는, 말로 할 수 없는 / **base upon(on)** ~에 근거를 두다

[정답] **②**

Review Test ⑧ Pages 184-185

[정답] 1. ① 2. ① 3. **to conduct** 4. ⑤ 5. ①

---

01 **전문 해석** 다른 사람 앞에서든 혹은 군중들 앞에서든 간에, 대화를 잘 하기 위해서는 긴장을 풀고 편안함을 느끼는 것이 대단히 필요하다. 많은 지적인 사람들은 자신들을 느리고 우둔하다고 생각했다. 왜냐하면 그들은 그들의 동료들이 할 수 있는 것처럼 빠르게 계속해서 재치 있는 말을 할 수 없기 때문이다. 이것은 무대 공포증과도 같이 종종 당황함이나 자아의식에서 생기는 아픔 때문이다. 다른 사람들 앞에서는 마음이 불편하고 불안하게 느끼기 때문에 사람은 자기 마음이 제대로 움직여 주지 않는 것을 알게 된다.

문제 해결 ① 내용상 '대화를 잘 하기 위해서'라는 의미의 목적을 표시해야 하므로 To converse well로 고쳐야 한다.

② 앞의 feel은 불완전 자동사로 보어가 필요하므로 relaxed and comfortable(형용사)은 적절하다.

③ themselves는 문장 주어인 Many intelligent people을 가리킨다. 문장 주어가 목적어 자리에 반복될 경우에는 반드시 재귀대명사를 사용해야 하므로 올바른 표현이다.

④ because of 뒤에는 명사가 연결되어 어법상 자연스럽다.

⑤ 분사구문으로 '불편하고 불안하게 느끼기 때문에'라는 이유를 나타내고, 복문으로 바꾸면 As one feels a little uncomfortable~이다.

어휘 해결 **converse** ~와 대화하다 / **vitally** 참으로, 지극히 / **intelligent** 지적인, 지능이 있는 / **witty** 재치 있는 / **remark** 말 / **succession** 연속, 계속 / **companion** 동료, 친구 / **pang** 아픔, 공포 / **self-consciousness** 자의식 / **akin** ~와 같은 / **fright** 공포

[정답] **①**

---

02 **전문 해석** 밖의 날씨가 추워지면 집 없이 떠도는 사람들은 밤을 보낼 수 있는 따뜻하고 물기 없는 곳을 찾아야 하는 문제에 직면

하게 된다. 미국에서 하룻밤을 보내는 장소로 상상할 수 있는 곳은 지하철인데, 그곳은 집 없는 사람들의 몇 가지 요구를 충족시키기 때문이다. 첫째로, 지하철은 비싸지 않다. 1달러 정도면 한 사람이 밤새도록 타고 다닐 수 있다. 또한 지하철은 난방이 되어 밤을 보낼 수 있는 따뜻한 장소로 충분하다. 마지막으로, 밤에 지하철을 타고 다니는 것은 법에 저촉되지 않는다는 점인데, 승객은 요금을 내기만 하면 목적지가 있다는 것을 입증할 필요가 없기 때문이다.

문제 해결 (A)에는 이미 문장의 본동사 is가 있으므로 meets나 met과 같은 동사의 형태는 쓸 수 없다. 이유는 한 문장에 동사는 1개 밖에 없기 때문이다. 그러므로 which meets와 같이 관계대명사를 이용해야 한다. (B)에서 make는 목적어로 to 동사원형을 쓸 수 없으므로 그 자리에는 가목적어 it을 사용해야 하고, to 동사원형의 진목적어는 뒤로 돌린다.

어휘 해결 challenge 도전, 문제, 과제 / imaginative 상상의 / meet 충족시키다, 만족시키다 / inexpensive 비싸지 않은 / legal 합법적인 / fare 요금 / prove 입증하다, 증명하다

[정답] ①

03~04 전문 해석 보통 집고양이들은 작은 동물이나 새에게 위협적이다. 두 명의 영국인 과학자가 자신들의 애완동물이 집으로 가져오는 많은 작은 동물들을 보고는 연구하기로 결심했다. 그들은 매년 영국에서 5백만 마리의 집고양이들이 7천만 마리의 작은 동물과 새를 죽였다는 결론을 얻었다. 그들의 연구 결과는 한 영국 마을에서 고양이들이 일 년 동안에 집으로 가져온 새와 작은 동물의 수에 근거를 두고 있다. 또 고양이들은 집 밖에서 그것들을 먹어치우기도 한다. 잔디 깎는 기계가 많은 작은 동물들의 서식지를 망쳐 놓는다.

문제 해결 3. decide는 to부정사를 목적어로 취하는 동사이다.
4. 고양이가 작은 동물이나 새에게 위협적인 존재임을 설명하는 글로, ⑤의 '잔디 깎는 기계가 많은 작은 동물들의 서식지를 망쳐놓는다' 는 글의 흐름에 맞지 않는다.

어휘 해결 pose 자세를 취하다, 위험을 내포하다 / conduct a study 연구(조사)하다 / conclude 결론짓다 / finding 발견 / consume 소비하다, 먹어치우다 / victim 희생물 / lawn mover 잔디 깎는 기계 / habitat (동식물의) 서식지

[정답] 3. to conduct 4. ⑤

05 전문 해석 학생들은 세상에서 가장 힘든 일 중의 한 가지를 하고 있다. 그렇게 많은 다양한 과목을 배우는 것은 쉽지 않다. 교사도 그렇게 할 수는 없다. 그게 바로 과목별로 각기 다른 교사가 있는 이유이다. 학생들은 그렇게 어려운 일을 맡아 포기하지 않는 것에 대한 보상을 받아야 한다. 가능한 어떤 방식으로든 학생들이 목표를 이룰 수 있도록 지원해 주고, 성취한 것에 대해 칭찬하고 격려해야 한다.

문제 해결 ① It이 가주어이므로 진주어에 해당하는 to learn이 올바르다.

어휘 해결 subject 주제, 학과, 과목 / reward 보상하다, 보답하다 / take on ~을 떠맡다 / challenge 도전, 어려운 일 / praise 칭찬하다 / promote 장려하다, 승진시키다 / achievement 성취, 성공

[정답] ①

Review Test ❾ Pages 206-208

[정답] 1. because they know how to turn on our passion 2. ② 3. not to feel 4. ④ 5. ① 6. ⑤

01~02 전문 해석 우리 인간 본성의 어떤 것은 완전한 정서적인 몰입, 즉 우리가 휩쓸려 들어가 (자신을 망각하게 되는) 신비한 순간에 대한 경험을 갈망한다. 우리를 즐겁게 해 주는 것은 열정이다. 책이 열정 없이 쓰였을 때 당신은 흥미를 잃게 된다. 한 팀이 열정 없이 경기를 하면 그 경기는 따분하게 된다. "저 녀석들 졸고 있구먼"이라고 팬은 불평을 한다. 이런 욕구를 만족시키기 위해서 우리는 우리의 감정을 최고조로 자극하는 사람들에게 보상을 한다 — 배우들, 운동선수들, 그리고 록 음악가들은 그들이 우리의 열정을 자극하는 법을 알기 때문에 수백만 달러를 버는 것이다.

문제 해결 1.타동사 know는 to부정사를 목적어로 바로 취할 수 없고, 문맥에 맞는 의문사를 중간에 끼워야 한다.
2. 필자는 모든 일을 하는 데 있어 우리에게 필요한 것은 열정이라고 보고 있다. 책과 운동 경기를 예로 들면서 열정이 없을 때 우리가 느끼는 감정이 어떤가를 설명하고 있다.

어휘 해결 long for ~을 갈망하다 / absorption 흡수, 몰입 / magical 신비의, 마법의 / sweep away 휩쓸다 / passion 열정 / complain 불평하다 / stir 휘젓다, 자극시키다 / appetite 식욕, 흥미

[정답] 1. because they know how to turn on our passion 2. ②

03~04 전문 해석 단지 사람의 육체적인 행동을 보는 것만으로도 사람의 감정 상태에 대해 많은 것을 아는 것이 가능하다. 그러한 관찰은 대상자가 말로 인정하지 않는 대조적인 메시지를 밝혀 준다. 우리는 단지 권위를 가지고 말하면서도 초조하게 타이를 당기거나 안경을 조정하는 초빙 강사의 모습을 생각해 보기만 하면 된다. 이런 종류의 몸짓은 명백하게 말로는 표현되지 않는 내재적인 긴장과 불안을 보여 준다. 마찬가지로 관리자는 그의 일에서 압박을 느끼지 않는다고 주장할 수도 있다. 그러나 그는 지나치게 곧은 자세나 굳은 얼굴 표정 등에 의해서 그의 걱정을 드러낼 수도 있다.

문제 해결 3. to부정사의 부정은 to 앞에 not을 넣는다.

4. 주어진 지문의 마지막 문장에 쓰인 대명사 he가 가리키는 대상이 guest lecturer가 아닌 manager를 가리킨다는 것을 이해할 수 있어야 한다.

어휘 해결 state 상태, 주(州), 국가 / observe 관찰하다, 주시하다 *cf.* observation 관찰, 주목 / contradictory 반대의, 모순되는 / subject 대상자, 주제, 과목 / verbally 말로, 구두로 / acknowledge 인정하다, 알아차렸음을 알리다 / authority 권위 / nervously 초조하게 / adjust 조정하다 / underlying 뒤에 숨은, 잠재적인 / tension 긴장 / anxiety 걱정, 불안 / excessive 지나친 / posture 자세 / stiff 굳은, 뻣뻣한 / facial 얼굴의

[정답] 3. not to feel 4. ④

05 **전문 해석** 일 중독은 심각한 문제가 될 수도 있다. 진짜 일 중독자는 다른 일을 하는 것보다 일만 하려고 하기 때문에, 쉬는 방법을 알지 못하는 수도 있다. 일 중독자의 삶은 보통 긴장이 심하고, 이런 압박감과 걱정은 건강문제를 야기한다. 더욱이, 전형적인 일 중독자들은 가정에 별 관심이 없다. 그들은 자녀와 같이 하는 시간이 별로 없어서, 그들의 결혼 생활은 이혼으로 끝장이 나기도 한다.

문제 해결 (A)에는 know라는 동사가 [to 동사원형]을 목적어로 취할 경우에는 문맥에 맞는 의문사를 부정사 앞에 끼워야 한다. (B)에는 pay attention to라는 타동사 구를 수동태로 전환하면 be paid attention to by의 형태가 된다. attention은 추상명사이므로 much로 수식해야 한다.

어휘 해결 workaholism 일 중독 / stressful 긴장이 많은 / tension 불안, 긴장 / typical 전형적인, 대표적인 / divorce 이혼

[정답] ①

06 **전문 해석** 튼튼하고 빠르고 똑똑한 동물들은 이러한 형질 덕분에 먹이를 얻고 적과 싸움을 할 수 있기 때문에 살아남는 경향이 있다. 이러한 형질이 없는 동물들은 살아남지 못하는 경향이 있다. 그 자신의 종(種)을 번식시킬 정도로 오래 살았다면 그 생물은 살아남은 것으로 간주된다. 그 결과 유리한 형질을 갖고 있는 생물만이 번식을 하는 경향이 있기 때문에 불리한 형질은 소멸되는 반면에 그 유리한 형질은 남아 있는 경향이 있다.

문제 해결 (A)의 주어가 Animals(복수)이므로 tend가 적합하다. (B)에는 내용상 is considered보다 survive(살아남다)가 먼저 일어난 일이므로 완료부정사가 알맞다. (C)에는 enough가 부사로 형용사나 부사를 수식할 경우에는 후위 수식을 하므로 long enough가 어법상 올바르다.

어휘 해결 tend to ∼하는 경향이 있다 / survive 살아남다, 생존하다 / trait 특질, 특성, 형질 / reproduce 생식하다, 번식하다 / favorable 유리한, 적합한

[정답] ⑤

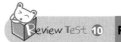

[정답] 1. eating 2. ④ 3. ① 4. ④ 5. ② 6. ⑤

01~02 **전문 해석** Johns Hopkins 의료 연구소에 있는 연구가들이 최근에 음악이 식사에 미치는 영향을 연구했다. 그들은 90명의 사람들에게 두 끼의 식사를 제공했다. 첫 번째 식사는 활기 있는 음악을 연주하면서 제공하였다. 식사를 하는 사람들의 반이 한 번 더 먹기를 원했고 단지 31분 만에 식사를 모두 마쳤다. 3주 후에 연구가들은 동일한 사람들에게 느리고 편안한 음악과 함께 동일한 음식을 제공했다. 한 번 더 먹기를 원하는 사람은 거의 없었을 뿐만 아니라 이들 중 대부분은 처음 제공한 음식마저 다 먹지 못했다. 또 식사를 다 마치는 데 거의 한 시간이 소요되었다.

> 식사를 하는 동안 여러분이 듣는 음악의 종류는 식사 습관에 영향을 미칠 수 있다.

문제 해결 1. finish는 동명사(∼ing)를 목적어로 취하는 동사이므로 eating이 알맞다.

2. 이 글은 음악의 종류에 따라 식사 습관이 달라질 수 있다는 점을 시사하고 있는 글임에 착안한다.

어휘 해결 researcher 연구자, 조사자 / meal 식사, 한 끼니 / spirited 기운찬, 활발한, 용기 있는 / tune 곡조, 가락, 멜로디 / relaxing 나른한, 편안한

[정답] 1. eating 2. ④

03 **전문 해석** Brown 씨는 그의 딸이 대단히 총명하다고 생각했다. 그녀는 겨우 다섯 살밖에 되지 않았지만 계산을 아주 잘했다. 그는 딸이 수학에 대해 가진 능력을 계발해주기를 바랐다. 그러나 그의 딸은 친구들과 어울려 게임을 하고 싶어 했으며, 수학보다는 무용과 음악을 듣는 것을 더 즐겼다. 그녀는 무용가가 되는 것이 꿈이라고 말했다. Brown 씨는 귀담아들으려 하지 않고 그의 딸이 수학적 재능을 계발하기 위해 특수학교에 들어가기 전에 개인 교사가 있어야 한다고 고집했다. 특수학교에 들어간 지 1년 후, 그의 딸이 선생님들조차 그녀가 불행했다는 데 동의했다.

문제 해결 (A)에는 enjoy라는 동사의 목적어는 동명사가 되어야 하고, 등위접속사 and로 보아 앞뒤에는 병렬 구조가 이루어져야 하므로 dancing and listening이 올바르다. (B)에는 [주어 + insist that 주어 + (should) 동사원형]이므로 should have나 have가 알맞다.

어휘 해결 extremely 극도로, 대단히, 매우 / calculation 계산(법), 셈 / ability 재능, 능력 / refuse 거부하다, 거절하다 / agree 동의하다, 의견이 일치하다

[정답] ①

04 **전문 해석** 대부분의 경우에 나무를 심는 지침을 따른다면, 여러분은 언제든지 나무를 성공적으로 옮겨 심을 수 있다. 가장 중요

한 일은 충분히 뿌리를 파내는 것이지만, 이 과정은 어렵다. 나무를 파낼 때 뿌리 주위에 공 모양의 흙덩어리를 남겨두어라. 이 흙덩어리는 너비가 대략 1피트 정도는 되어야 한다. 너무 많은 주근을 자르지 않도록 충분히 깊게 땅을 파라. 줄기 지름이 몇 인치 이상 달하는 나무를 이식하기 위해서는 나무 전문가를 불러오는 것이 현명하다.

문제 해결 (A) 전치사 for 다음에는 동명사(planting)를 써야 한다. (B) 문맥상 '주근을 자르지 않도록 해야 한다'는 의미이므로, 우선 avoid가 to에 연결되어야 한다. avoid는 동명사를 목적어로 취하므로 cutting off가 알맞다.

어휘 해결 **transplant** 이식하다 / **instruction** 가르침, 지침 (사항) / **dig out** 파내다 / **process** 절차, 과정 / **measure** (길이나 폭이) ~ 정도 되다 / **expert** 전문가, 숙련가 / **trunk** (식물 등의) 줄기 / **diameter** 직경, 지름

[정답] ④

05 전문 해석 벌에 쏘이면 어떻게 해야 하는지 알고 있는가? 이런 일이 여러분에게 일어난다면, 많은 단계를 따라야 한다. 벌침을 제거하는 것은 여러분이 첫 번째로 해야 하는 것이다. 벌침에는 독이 있다. 그것이 피부와 접촉하는 한 독을 계속해서 방출할 것이다. 벌침이 제거되면, 얼음을 상처에 갖다 대라. 이렇게 하면 붓는 것을 줄여줄 것이다. 그 다음에 소량의 베이킹 소다를 바르면 독성이 약화될 것이다. 마지막으로 호흡 곤란과 같은 알레르기 반응이 있는지 살펴보라. 알레르기가 생기면, 쏘인 사람을 치료를 위해 가능한 한 빨리 병원으로 데려가야 한다.

문제 해결 ② 동사 Remove는 단독으로 주어가 될 수 없으므로 주어가 될 수 있는 동명사(Removing)로 고쳐야 한다.

어휘 해결 **sting** (바늘·가시로) 찌르다, 쏘다 *cf.* **sting-stung-stung** / **step** 단계 / **remove** 제거하다 / **stinger** (벌)침 / **release** 방출하다 / **wound** 상처 / **reduce** 감소시키다, 줄이다 / **swelling** 붓기 / **apply** (약 등을) 바르다, 적용하다, 지원하다 / **reaction** 반응 / **victim** 희생자

[정답] ②

06 전문 해석 물질의 소유에 높은 가치를 두는 것을 "물질주의"라고 한다. 그러나 이 물질주의란 말은 대부분의 미국인들이 그들에게 불쾌감을 주는 것으로 알고 있는 단어이다. 사람에게 물질적이라고 말하는 것은 모욕이다. 미국인에게, 이 말은 그 사람이 다른 어떤 것보다 물질적 소유물에 높은 가치를 둔다는 것을 의미한다. 미국인들은 물질적이라고 불리는 것을 싫어한다. 왜냐하면 이 말이 그들이 오직 물질적인 것만을 사랑하며 또한 종교적 가치를 갖지 못했다고 부당하게 그들을 비난하는 것으로 느끼기 때문이다.

문제 해결 (A)에는 문장 주어가 필요하므로 Placing(동명사)이 적절하다. (B)에는 내용상 '불린다'는 수동의 의미가 되어야 하므로

be called가 정답이다. (C)에는 전치사(of) 다음에는 동명사가 오므로 loving이 옳다.

어휘 해결 **place value on** ~에 가치를 두다 / **possession** 소유 / **materialism** 물질주의 / **offensive** 마음을 상하게 만드는, 불쾌감을 주는 / **insult** 모욕 / **accuse A of B** A가 B하는 것을 비난하다 / **religious** 종교의, 신앙심 깊은

[정답] ⑤

Review TeSt ⑪ Pages 244-246

[정답] 1. cleaning 2. ④ 3. ③ 4. ④ 5. ① 6. ⑤

01~02 전문 해석 우기 중 어느 날, 나의 남동생 Jack은 방과 후 걸어서 귀가해 더러운 신발을 신은 채로 어머니의 깨끗한 부엌으로 곧바로 들어갔다. 마루에 묻은 진흙을 보고 어머니는 동생에게 신발을 깨끗하게 하고, 다시는 그런 식으로 주위를 더럽히지 말라고 말씀하셨다. "엄마, 신발을 깨끗이 해도 소용없어요. 또 더러워질 텐데요 뭐"라고 동생이 말했다. 다음 날 그는 방과 후 식당으로 들어갔으나 식탁이 비어있었다. 그는 어머니에게 자신의 점심이 어디 있냐고 물었다. "점심이라고?" 어머니는 차분하게 말씀하셨다. "일부러 점심을 차리지 않았다. 네가 또다시 배고플 것이기 때문에 너에게 먹을 것을 줘도 소용이 없을 것이라고 나는 생각했어." 나의 동생은 신발을 닦으러 뛰어갔다.

문제 해결 1. it is no use ~ing는 '~해도 소용없다'는 의미의 동명사의 관용 표현이다.
2. 어린 아들의 태도를 고치려는 어머니의 목적이 이루어졌으므로 어머니는 흐뭇해 하셨을 것이다.

어휘 해결 **spotless** 완벽한, 더러워지지 않는 / **make a mess** 망쳐놓다 *cf.* **mess** 어수선함, 혼란 / **bare** 빈(=empty) / **there is no point in ~ing** ~해도 소용없다

[정답] 1. cleaning 2. ④

03 전문 해석 Tom Sawyer와 같은 변화무쌍한 등장인물의 창작자인 Mark Twain은 이야기하는 것을 좋아했다. 그는 또한 청중이기도 하였다. 그러나 여러분은 그가 자신의 말을 한마디도 듣지 못하는 사람에게 몇 시간 동안 이야기하며 보냈다는 것을 알았는가? 그에게 특별한 어린 친구인 Helen Keller보다 더 좋은 청중은 없었다. Helen은 볼 수도 들을 수도 없었다. 그러나 그녀는 그의 입술 모양이나 움직임을 느낄 수 있었고, 그래서 말을 이해할 수 있었다. 그녀가 그의 이야기를 즐겼다는 것은 명백하다. Twain은 Helen이 웃어야 할 때에 웃었다고 회상했다.

문제 해결 (A) also는 빈도(정도)부사로 be동사나 조동사 뒤에 위치하고, 일반동사 앞에 놓는다.

(B) [spend + 시간 + ~ing(~하는 데 시간을 소비하다)]라는 구문에 의해 tell은 telling으로 고쳐야 한다.

(C) heard라는 동사의 주어 역할과 접속사의 역할을 동시에 할 수 있는 관계대명사가 필요하므로 whom을 who로 바꿔야 한다.

(D) both A and B(A와 B 둘 다)라는 의미로 A와 B는 병렬구조를 이루어야 한다.

(E) 앞(It is clear)과 뒤(she enjoyed)를 연결하는 접속사(that)가 필요하므로 올바른 표현이다.

어휘 해결 **colorful** 색이 풍부한, 다채로운 / **blind** 눈먼, 맹인의 / **deaf** 귀머거리의 / **make out** 이해하다 / **recall** 회상하다 / **in all the right places** 모든 올바른 부분에서 (웃어야 할 부분에서)

[정답] ③

04 **전문 해석** 총을 쉽게 이용할 수 있는 위험한 사회에서는 많은 젊은이들이 폭력으로 모욕이나 논쟁에 반응하는 것 외에는 다른 선택이 없다고 생각한다. 만약 그들의 가족이나 이웃들이 언어폭력이나 물리적 폭력으로 스트레스를 대처하는 것을 보고 자란다면, 그들은 다른 대안이 있다는 것을 모를 수도 있다. 총을 가지고 다니거나 뒤로 물러나기를 거부하는 행동은 젊은이들에게 통제에 대한 잘못된 생각을 안겨 주지만, 그들이 정말로 필요한 것은 예를 들어 화가 날 때 싸움에서 벗어나는 것과 같은 진정한 통제를 배우는 것이다.

문제 해결 (A) 뒤따라오는 절에서 명사가 생략된 부분이 없는 완전한 문장이므로 관계부사 where를 써야 한다.

(B) '~하는 것 외에 다른 방법이 없다'의 뜻으로 [have no choice but to 동사원형]의 형태가 옳다.

(C) need의 목적어인 관계대명사와 선행사가 포함된 what이 적절하다.

어휘 해결 **readily** 쉽게 / **available** 이용할 수 있는, 손에 넣을 수 있는 / **have no choice but to 동사원형** ~하지 않을 수 없다 / **insult** 모욕 / **verbal** 언어의, 말의 / **illusion** 환상, 잘못된 생각 / **desperately** 필사적으로 / **provoked** 화가 난, 성이 난

[정답] ④

05 **전문 해석** 90세 생일이 지난 후, 내 친구 Marie는 크리스마스 선물을 위해 쇼핑을 한다는 것이 너무 힘들어졌다고 생각하여 대신 모든 이들에게 수표를 보내기로 결정하였다. 각각의 카드에는 "마음대로 자신의 선물을 구입하세요."라고 적어 일찌감치 우편으로 보냈다. Marie는 으레 그랬듯이 한바탕 가족 축제를 즐겼다. 크리스마스가 지나서야 그녀는 어질러진 책상을 정리할 여유가 생겼다. 한 더미의 종이 뭉치 아래서 그녀는 깜박 잊은 채 동봉하지 못한 선물용 수표를 발견하고는 소스라치게 놀랐다.

문제 해결 (A)의 동사 decide의 목적어로는 to부정사 형태만을 사용하며, (B)의 feel free는 관용적인 숙어로서 뒤에 to부정사가 온다. (C)의 동사 forget 다음에 to부정사가 오면 '할 일을 잊었다'는 의미로 사용되어 그러한 행동을 하지 않았다는 것이고, 동명사가 오면 '이미 한 일을 잊다'는 의미로 자신이 이미 한 행동을 잊었다는 의미가 된다.

어휘 해결 **check** 수표 / **feel free to** 마음대로 ~하다 / **flurry** 일진광풍, 동요 / **festivity** 축제 / **get around to** ~할 여유가 있다 / **clutter** 어지르다 / **stack** 산더미, 쌓아올림 / **enclose** 동봉하다

[정답] ①

06 **전문 해석** 당신이 만나는 그 누구에게라도 책을 쓸 생각을 가져 본 적이 있냐고 물어 보라. 그러면 그들 대부분은 눈을 크게 뜨고 '예'라고 대답한다. 실제로 책을 쓰는 사람과 그렇지 않은 사람의 차이는 간단하다. 책을 쓰지 않는 사람은 자신이 책을 쓸 수 없다고 믿기 때문이다. 이것은 간단히 말해 사실이 아니다. 사실, 누구나 이 꿈을 실현시킬 수 있다. 좋아하는 책 5권을 골라서 각각의 책을 펼쳐 놓고 몇 단락을 읽어 보라. 그것들 모두가 구어체로 쓰여져 있다는 것을 알아차릴 수 있을 것이다. 구어체는 읽고, 이해하고, 쓰기 쉽기 때문에 가장 좋은 문체이다. 구어체는 쓸데없는 말을 없애 준다. 사람들이 이해하기 위해서 사전에 의존해야만 하는 긴 단어들을 구어체를 사용함으로써 없앨 수 있다. 구어체를 사용하는 것에 익숙하기만 하면 책을 쓰는 것이 그렇게 어렵지 않다는 것을 깨달을 것이다.

문제 해결 ⑤ be used to ~ing는 '~에 익숙하다'는 의미의 관용 표현이다.

어휘 해결 **paragraph** 단락, 절 / **notice** 인식하다, 알아차리다 / **conversational** 구어적인, 회화적인 / **get rid of** 제거하다 / **jargon** 이해할 수 없는 말, 은어 / **eliminate** 제거하다

[정답] ⑤

Review Test ⑫ **Pages 268-270**

[정답] 1. **putting** 2. ⑤ 3. ⑤ 4. ① 5. ③ 6. ④

01~02 **전문 해석** 어머니에 의해 자기의 침실로 오게 된 어린 소녀가 어머니로부터 잠을 잘 동안 하느님이 같이 계시고 지켜 주실 것이니까 어두워도 두려워하지 말라는 말을 들었다. 그리고는 어머니는 불을 끄고 아래층으로 내려갔다. 그러나 곧 그 어린 소녀도 잠옷을 입은 채 따라 내려왔다. 왜 내려왔느냐고 묻자, 소녀는 "엄마, 여기 밝은 아래층에 있을래요. 엄마가 내 방으로 올라가서 <u>하느님과 함께 앉아 계세요.</u>"라고 대답했다.

문제 해결 1. 문장 주어인 the mother가 put out(불을 끄다)한 주체이므로 '현재분사를 이용한 분사구문'이 알맞다.

2. 첫 번째 문장(A little girl, led into bed by her mother, was told not to be afraid in the dark, since God would be there to watch and guard her while she slept.)이 엄마가 딸에게 두려워 말고 잠을 자도록 안심시킨 내용임에 유의한다.

어휘 해결 **guard** 지키다, 보호하다 / **put out** (불 등을) 끄다 (=extinguish) / **go downstairs** 아래층으로 내려가다 / **reply** 대답하다

[정답] 1. putting 2. ⑤

03 전문 해석 미식축구의 스타인 한국계 미국인 Hines Ward가 한국을 방문하고 있다. 그의 방문은 한국이 직면하고 있는 혼혈아 문제에 관심을 끌고 있다. 그는 혼혈 아동들을 만나 대화를 나누고 그들에게 용기를 북돋아 줄 예정이다. 부모가 한국인이 아니고 남부 아시아인인 아이들은 피부색깔이 다르기 때문에 괴롭힘과 들볶음을 당하고 있다는 사실은 잘 알려져 있다. "저는 여기에 있는 혼혈인들이 차별을 받고 있다는 이야기를 들었어요. 저는 이러한 편견들을 바꾸는데 도움을 주고 싶어요."라고 그는 말했다. 그의 어머니는 인종은 중요한 것이 아니며, 모든 다른 배경을 가진 사람들을 이해하는 것을 그에게 가르치셨다.

문제 해결 (A)가 포함된 문장의 본동사는 is drawing이므로 밑줄 친 (A)에는 동사의 형태가 아닌 분사로 명사(discrimination)를 수식해야 한다. 밑줄 친 부분 다음에 in this country라는 부사구가 있으므로 후위에서 꾸며야 하고 내용상 수동이므로 faced가 올바르다. (B)에는 [주어 + hope (that) 주어 + help (to) 동사원형]이 올바른 구문이다. 동사 hope는 [주어 + hope + 목적어 + to 동사원형]의 형태로는 사용할 수 없음에 착안한다.

어휘 해결 **parentage** 어버이임, 태생 / **biracial** 두 인종의 *cf.* **biracial children** 혼혈아 / **discrimination** 차별, 구별 / **encouragement** 격려 / **publicize** 선전하다, 공표하다 / **tease** 괴롭히다 / **bully** 들볶다 / **bias** 편견, 선입견

[정답] ⑤

04 전문 해석 올해 가뭄이 여름 내내 계속 되었다. 비의 부족 때문에 물의 사용에 대한 몇 가지 제한이 지속되고 있다. 8월말까지는 여름 동안의 일반적인 양보다는 훨씬 더 적은 겨우 3인치 정도의 강우량이 있을 거라는 예측이 있다. 지난 여름의 평균 강우량은 가을까지 최소한 10인치였다. 만일 앞으로 몇 주 후에 소나기가 온다면, 저수지의 물의 수치는 정상으로 올라갈 것이다. 지난 가뭄 동안에 우리 지역 사회는 산불과 가정의 물소비의 엄격한 제한을 포함하여 물과 관련된 심각한 문제들로 고생을 했다.

문제 해결 (A) '비의 부족 때문에'의 의미가 되어야 한다.
(B) 분사구문으로 접속사는 If 혹은 When이 되어야 하며, 주어가 소나기(showers)로 주절의 주어 the water level과 다르기 때문에 생략할 수 없다. 따라서 If(When) showers fall 혹은 Showers falling이 적절하다.

어휘 해결 **drought** 가뭄 / **restriction** 제한 / **prediction** 예상, 예언 / **indicate** 나타내다, 가리키다 / **rainfall** 강우량 / **reservoir** 저장고, 저수지 / **consumption** 소비

[정답] ①

05 전문 해석 무엇이 최근의 증가를 야기했는가? 그것은 주로 사람들이 자기 건강을 더 잘 돌봄으로써 사망률이 떨어졌기 때문이다. 영아는 더 적게 사망하고 노인들은 더 오래 산다. 분명히 이런 증가가 영원히 계속될 수는 없다. 그것을 중단시키는 한 가지 방법은 산아 제한에 의한 것이다. 선진국에서 지금 인구증가가 평형 상태를 유지하는 조짐을 보이는 것을 보면, 산아 제한이 분명히 효과가 있는 듯하다. 그러나 인구가 계속해서 급속히 증가하고 있는 많은 개발도상국들에서는 그렇지가 못하다.

문제 해결 (A) due to가 전치사(구)이기 때문에 뒤에는 동명사 taking이 와야 한다. people은 동명사 taking의 의미상 주어이다.
(B) 문맥상 '효과'라는 뜻이 되어야 하므로 effect가 올바르다. affect는 '~에 영향을 미치다'라는 동사이다.
(C) 글의 흐름상 '개발도상국'의 의미가 되어야 하므로 developing이 알맞다.

어휘 해결 **death rate** 사망률 / **infant** 영아, 유아 / **obviously** 분명히, 명백하게 / **birth control** 산아 제한, 임신 조절 / **effect** 효과, 영향, 결과 / **developed country** 선진국 *cf.* **developing country** 개발도상국 / **stabilize** 안정시키다 / **rapidly** 급속히, 빠르게

[정답] ③

06 전문 해석 지역 정원사인 Wes Lind 씨는 "왜 쓰레기를 유용한 것으로 재활용하지 못하죠?"라고 말한다. 퇴비로 만드는 것은 쓰레기를 좋은 토양으로 바꾸는 과정이다. 심지어 도시에 있는 사람도 옥상, 안뜰, 발코니에서 퇴비를 만들 수 있다. 퇴비를 만들기 위해서 정원사는 플라스틱, 금속 혹은 나무로 된 뚜껑이 있는 퇴비 양동이만 필요하다. 대충 말해서, 당신은 대략 3피트 넓이와 3피트 깊이로 된 공간과 톱밥, 짚, 마른 잎, 잔가지, 나무 조각들과 같은 '갈색' 재료들이 있어야 할 것이다.

문제 해결 ④ roughly speaking은 '대충 말하자면'이라는 의미를 지닌 비인칭 독립 분사구문이다.

어휘 해결 **recycle** 재활용하다 / **compost** 퇴비로 만들다 / **rooftop** 옥상 / **patio** 안뜰 / **bin** 양동이 / **lid** 뚜껑 / **approximately** 대략 / **sawdust** 톱밥 / **straw** 짚 / **twig** 잔가지

[정답] ④

[정답] 1. ① 2. ③ 3. ⑤ 4. ② 5. watching 6. ③ 7. ① 8. ④ 9. ① 10. ②

01 전문 해석 나는 부모님을 위해서 새 집을 짓도록 했다.

문제 해결 have가 사역동사로 쓰일 때 [have + 목적어 + 동사원형 /과거분사]이다. 목적어와 목적 보어의 관계가 동작의 대상이므로 수동의 의미를 나타내는 과거분사를 써야 한다.

[정답] ①

02 전문 해석 Susan이 좀 더 예뻤더라면, 매우 인기가 있었을 것이다.

문제 해결 가정법 과거완료는 [If 주어 + had 과거분사 ~, 주어 + 조동사의 과거형 + have 과거분사 …]이고, 과거 사실의 반대를 가정한다.

어휘 해결 **popular** 인기 있는

[정답] ③

03 전문 해석 ① Ann은 현재 집에 다섯 마리의 개를 가지고 있다.
② 한국전쟁은 1950년에 일어났다.
③ 내 친구는 내년에 LCD TV를 살 예정이다.
④ 식물들은 물과 빛을 필요로 한다.
⑤ 그녀는 한 달 전에 프랑스로 갔다.

문제 해결 ① 현재시제를 나타내는 now로 보아 현재동사 has는 알맞다.
② 역사적 사실은 과거시제로 나타낸다.
③ next year는 미래를 나타내므로 미래 조동사 will이 옳다.
④ 불변의 진리를 나타낼 경우에는 현재시제를 사용한다.
⑤ a month ago로 보아 과거동사 flew로 고쳐야 한다.

어휘 해결 **break out** (전쟁·화재 등이) 일어나다, 발생하다 / **plant** 식물 / **fly** 날다 *cf.* **fly-flew-flown**

[정답] ⑤

04 전문 해석 ① 러닝슈즈 있으세요?
② 이 방 안에 잠자고 있는 아기가 있다.
③ 그 할머니는 지팡이를 가지고 있다.
④ 그녀는 작년에 가끔 수영장에 갔다.
⑤ 이 건물에는 춤추는 방이 있다.

문제 해결 ①, ③, ④, ⑤와 같이 수식하는 명사의 용도나 목적을 나타내는 것은 동명사이고, ②와 같이 수식하는 명사의 동작이나 상태를 나타내는 것은 현재분사이다.

어휘 해결 **walking stick** 지팡이 / **swimming pool** 수영장

[정답] ②

05 전문 해석 • 나는 TV 보는 것을 좋아하지 않는다.
• Bill은 영화를 보는 것을 즐긴다.

문제 해결 like와 enjoy는 동명사를 목적어로 취할 수 있다.

어휘 해결 **enjoy** 즐기다

[정답] **watching**

06 전문 해석 아이들이 단번에 정상까지 뛰어오를 수는 없다. "발판을 만들어 주는 것"은 아이들이 한 걸음 한 걸음 위로 올라갈 수 있게 한다. 예를 들어, 자녀가 "태국은 어디 있어요?"라고 물으면, 발판을 만들어 주는 부모는 "우리 함께 알아보기로 하자"라고 말할 것이다. 부모는 자녀에게 스스로 더 높이 움직일 수 있게 하는 도구를 제공하고 참고 자료들을 사용하는 법을 가르쳐 줄 수 있는 기회를 갖는다. 또한, 아이의 숙제를 당신이 해주지 마라: 숙제는 아이가 의무적으로 해야 하는 것이다. 자녀가 숙제를 했는지 부모가 확인해야 하지만, 부모인 당신이 대신 해주면 안 된다. 만약 부모가 아들의 산수 문제를 풀어주거나 Einstein에 대한 보고서를 쓰기 위한 조사를 해줄 경우, 자녀는 자기 스스로 하는 법을 배우지 못하게 된다.

문제 해결 ① reach는 완전 타동사로 전치사의 도움 없이 목적어 (the top)를 취한다.
② 2어동사(look up)의 목적어가 대명사일 경우에는 2어동사 사이에 대명사 목적어를 끼워야 한다.
③ [주어 + 동사 ~, 분사(~ing/p.p)]의 분사구문에서 문장의 주어가 분사의 동작의 주체일 경우에는 현재분사(~ing)를, 동작의 대상일 경우에는 과거분사(p.p)를 사용해야 한다. 이 문장에는 문장 주어인 The parent가 equip의 동작의 주체이므로 현재분사(equipping)로 고쳐야 한다.
④ 전치사 for 다음에 동명사(~ing)가 오는 것이 올바르다.
⑤ do는 solve와 병렬구조이다.

어휘 해결 **scaffolding** 발판 / **framework** 틀, 구성 / **step by step** 한 걸음씩, 점차로 / **look up** 찾다, 조사하다 / **seize** 잡다 / **opportunity** 기회 / **reference** 언급, 참고 / **equip** 갖추다 / **responsibility** 책임, 의무 / **arithmetic** 산수(의) / **stand on one's own two feet** 스스로 해나가다

[정답] ③

07 [전문 해석] 이주자들이 민주주의에 감화되는 데는 그리 오랜 시간이 걸리지 않았다. 초기에 많은 "자유인들"은 왕의 요구나 미국의 무역을 통제하는 법안들을 지키는 것조차 거부했다. 결국 원안은 철회되었고 한동안 미국의 식민지 주민들은 Edmond Andros라는 독재 통치자의 지배를 받으며 살았다. 통치자 Andros는 실제로 미국 식민지 주민들이 인디언들로부터 샀거나 거주권에 의해 자신들의 것으로 주장했던 땅의 일부를 탈취했다.

[문제 해결] ① '~가 …하는데 시간이 걸리다'는 의미의 표현은 [It takes + (목적어) + 시간 + to부정사(= It takes + 시간 + for 목적어 + to부정사)]이다.
② 앞에 있는 refuse는 to부정사를 목적어로 취하는 동사이다.
③ established는 앞에 있는 명사를 후위에서 수식하는 분사로 명사와의 관계가 수동이므로 올바른 표현이다.
④ 목적격 관계대명사로 사용된 that이다.
⑤ 소유대명사로 their lands의 의미이다.

[어휘 해결] **newcomer** 새로 온 사람 / **infect** 감화하다, 영향을 주다 / **observe** 지키다, 따르다 / **request** 요구, 요청 / **establish** (법·제도 등을) 제정하다 / **regulate** 제한(통제)하다 / **charter** 선언, 헌장 / **withdraw** 철회하다, 철수하다 *cf.* withdraw-withdrew-withdrawn / **dictatorial** 독재적인 / **take away** 탈취하다 / **settlement** 정착, 거주

[정답] ①

08 [전문 해석] 한밤중이었다. 오른편으로는 4마일 가량 뻗어 있는 긴 길을 따라서 마을 전체가 보였다. 모든 것이 깊고 고요한 잠 속에 묻혀 있었다. 자연이 그토록 고요할 수 있다는 것이 믿기 힘들 정도였다. 달빛이 비치는 날 밤에 오두막, 건초더미, 그리고 잠자고 있는 버드나무가 있는 넓은 마을 길을 볼 때 걱정과 우울한 기분은 어둠 속에 싸여 사라져버린다. 마치 별들이 온화하게 마을을 내려다보고 있는 것처럼 보이고, 또 지구 상에는 악이 없고 모든 것이 순조로운 것 같이 보인다.

[문제 해결] (A) 부사구를 강조하여 문두에 위치한 문장으로 도치가 일어났다. [부사구 + 동사 + 주어]이다. 그러므로 주어인 the whole village는 see의 대상이므로 수동태로 표시해야 한다.
(B) hardly라는 정도의 부사는 조동사 뒤에 위치한다.
(C) as if 구문으로 가정법이 연결되어야 하고 내용상 현재시제이므로 가정법으로는 과거시제로 표현한다.

[어휘 해결] **stretch** 뻗다, 펼치다 / **still** 조용한 / **haystack** 건초더미 / **willow** 버드나무 / **wrap** 감싸다, 싸다, 얽다 / **tenderness** 부드러움, 상냥함

[정답] ④

09 [전문 해석] 그리스 신 중 헤르메스는 사람들을 놀리는 것을 좋아했다. 태어난 날 밤, 헤르메스는 요람에서 몰래 걸어 나왔다. 그리고는 형의 가축 중 최상급의 흰 소 20마리를 가져가 올림포스 산에 숨겼다. 그 소들 중 두 마리의 창자로는 수금의 현을 만들었다. 다음 날 아침 그의 형 아폴로는 헤르메스에게 소를 모두 돌려달라고 요구했다. 헤르메스는 "난 지금 막 태어난 아이일 뿐이에요. 어떻게 내가 물건 따위를 훔칠 수 있겠어요?"라고 대답했다. 아폴로는 그의 아버지 제우스에게 헤르메스가 한 일을 고했고 제우스는 웃으며 헤르메스에게 소들을 어디에 숨겼는지 형에게 보여주라고 말했다. 헤르메스는 아폴로를 소가 있는 곳으로 데리고 가서 수금을 뜯기 시작했다. 아폴로는 헤르메스의 연주를 듣고 그의 소와 헤르메스의 수금을 맞바꾸자고 제안했다. 헤르메스는 교환하되, 아폴로의 마술지팡이도 함께 줄 때만 교환하겠다고 말했다.

[문제 해결] (A)에는 '주장(insist), 명령(order), 요구(demand, require)' 등의 동사 뒤에 오는 that절의 동사는 [(should) + 동사원형]이 된다. (B)는 동사 told의 직접목적어로 간접의문문(의문사 + 주어 + 동사)이 되어야 한다. (C)에는 [지각동사(heard) + 목적어 + 동사원형]이므로 play가 올바르다.

[어휘 해결] **sneak out of** 살금살금 나가다 / **crib** 요람, 유아용 침대 / **herd** 가축의 떼 / **intestines** 창자, 장 / **lyre** 수금, 리라 / **newborn** 갓 태어난 / **magic wand** 마술 지팡이 / **thief** 도둑

[정답] ①

10 [전문 해석] 여러 분야에서 필요로 하는 남성 인력의 부족 때문에, 전통적으로 남성이 차지하던 직업에 여성이 고용되고 있다. 1991년 한국 군대에 여성의 숫자가 놀랄 만큼 증가하였다. 점점 더 많은 여성들이 정치에 참여하고 있고 한국 여성의 고용 평등의 가장 최근의 단계를 보면, 국가의 주요 고속버스 회사에서는 여성의 운전직 신청을 받고 있다. 많은 사람들이 이러한 변화를 긍정적으로 생각하고 있다. 여성이 남성보다 안전하게 운전한다고 느끼는 것이 일반적이다. 버스 회사의 관리자들은 만일 여성 신입사원들이 일을 하게 되면, 여성 운전자의 고용이 증가할 것이라고 말했다.

[문제 해결] (A) [because(접속사) 주어 + 동사, because of (전치사구) + 명사]이므로 because of가 정답이다.
(B) 내용상 '가장 최신의'라는 최상급의 의미가 되어야 하므로 latest가 알맞다. latter는 '후자'라는 뜻이다.
(C) 조건(if)을 나타내는 부사절에서는 미래 대신 현재를 사용해야 하므로 work가 알맞다.

[어휘 해결] **shortage** 부족, 결핍 / **field** 분야 / **dramatic** 극적인, 눈부신 / **application** 신청, 지원 / **driver position** 운전직 / **recruit** 신입사원, 풋내기 / **increase** 증가하다, 늘다

[정답] ②

[정답] 1. ② 2. ② 3. ⑤ 4. ② 5. ③ 6. ⑤ 7. ①
8. ② 9. ④ 10. ②

01 전문 해석 Nick은 그것을 알고 놀랐다.

문제 해결 '원인'을 나타내는 to부정사의 부사적 용법이 필요하다.

어휘 해결 **surprise** 놀라게 하다

[정답] ②

02 전문 해석 땅에 있는 낙엽을 보아라!

문제 해결 명사를 수식하는 과거분사는 '수동·완료'의 의미를 지닌다.

[정답] ②

03 전문 해석 그는 _____처럼 보인다.

문제 해결 look(~처럼 보이다)은 불완전 자동사로 '형용사' 보어를 취한다.

어휘 해결 **sick** 아픈

[정답] ⑤

04 전문 해석 ① 내 취미는 요리하는 것이다.
② 아버지는 자동차를 판매하고 계신다.
③ 탁구를 치는 것은 재미있다.
④ 내 소망은 경기를 이기는 것이다.
⑤ 너는 숙제를 끝냈니?

문제 해결 ②는 현재분사이고, 나머지는 동명사이다.

어휘 해결 **hobby** 취미 / **table tennis** 탁구

[정답] ②

05 전문 해석 나는 너무 배가 고파서 잠을 잘 수가 없었다.

문제 해결 [too ~ to …(너무 ~해서 …할 수 없다)]는 [so ~ that 주어 + can't …] 구문과 의미가 같다.

[정답] ③

06 전문 해석 내가 미소를 지을 때 친구들은 장난삼아 나에게 소리친다. "그만 웃어라!" 또는 "너는 너무 많이 웃어"라는 말을 나는 자주 듣는다. 그러나 이와 같은 친구들은 내가 웃는 것을 막지 못한다. 나와 잘 웃는 다른 사람들은 이 냉담한 세계에서 정말로 중요한 역할을 한다고 생각한다. 만일 당신이 어떤 여자에게 미소를 짓는다면, 그녀는 미소로 답한다. 그녀는 누군가가 자기에게 웃었다는 것에 대하여 좋게 느꼈음에 틀림없다. 이 여자가 기분이 좋아졌기 때문에 다른 사람에 대한 그녀의 행동은 더욱 멋지게 될 것이다. 그러므로 다음에 당신이 집을 나설 때, 미소 짓는 것을 잊지 마라. "미소 없이는 완전히 단장할 수 없다"라는 노래처럼.

문제 해결 ① 내용상 '웃지 마라!'는 뜻이므로 smiling은 어법상 적절하다.
② [주어 + keep + 목적어 + from ~ing]는 '~하지 못하게 하다'의 의미이므로 올바르다.
③ 문맥상 '느꼈음에 틀림없다'라는 과거의 확실성 있는 추측이므로 must have felt는 적절하다.
④ be동사의 보어이므로 형용사 nicer가 알맞다.
⑤ 문맥상 '미소 지을 것을 잊지 마라'는 미래의 의미이므로 to smile로 고쳐야 한다.

어휘 해결 **playfully** 장난삼아 / **yell** 소리를 지르다 / **make a difference** 중요하다 / **as the song goes** 노래에서 말하는 것처럼

[정답] ⑤

07 전문 해석 만약 당신의 어린이가 새 의부모를 받아들이기 쉽다고 생각한다면 Benjamin Spock 박사의 경험을 고려해 보아라. Spock 박사는 유명한 아동 보호의 권위자이다. 그러나 그는 재혼하기 전에는 11살짜리 양녀가 보여주는 문제들을 이해하지 못했다고 시인했다. 그는 아내의 딸과 잘 지내려고 노력할 때 좌절을 맛보았다. 마침내 그는 가정 문제 전문가에게 조언을 구했다. "그녀가 말한 대로, 저는 아이들은 다 1, 2년만 지나면 의부모를 받아들인다고 순진하게 생각하면서 헛된 기대를 한 겁니다"라고 Spock 박사는 말한다.

문제 해결 ① to accept 이하의 가주어가 필요하므로 that을 it으로 바꿔야 한다.
② eleven-year-old는 합성형용사로 명사가 단수로 올바르게 사용되었다.
③ 문장 주어인 He가 frustrate 되는 것이므로 과거분사가 적절하다.
④ 선행사가 사람이고 뒤에 주어가 없으므로 주격 관계대명사 who는 어법상 옳다.

어휘 해결 **step-parent** 의부모 / **frustrate** 좌절하게 하다, 실패하게 하다 / **seek** (충고 등을) 구하다 *cf.* **seek-sought-sought** / **counselor** 상담원 / **specialize in** ~을 전공하다 / **naively** 소박하게, 순진하게

[정답] ①

08 전문 해석 모든 이들이 우정을 생생하고 신선하게 유지하는 것이 때때로 어렵다고 느낀다. 그러나 타인과의 관계에서 당신이 할 수 있는 일로, 당신에게 도움이 될 다섯 가지가 있다. 그것들은 무엇인가? 무엇보다도 우선 당신의 친구와 당신 사이에 존재하는 차이점들을 받아들여라. 둘째로 언제 갈등이 생기는지 알아차리는 법을 터득하고 그것을 현명하고 건설적인 방식으로 처리하라. 셋째로 관계에서 뭔가 당신을 화나게 하는 일이 있으면 상대방에게 알려라. 넷째로 당신이 거절당하고 있다고 느낄 때라도 관계를 깨지 마라. 그리고 다섯째로 타인의 기대에 맞춰 살려고 하기보다는 당신 자신에게 충실 하라.

문제 해결 (A) 뒤에 나오는 to keep 이하의 진목적어에 대한 가목적어 it이 와야 한다.
(B) keep이라는 동사의 목적격 보어에 해당하는 형용사가 들어가야 한다. living은 수식적 용법에 사용되고, alive는 서술적 용법(보어)으로만 사용됨에 주의한다.
(C) 문맥상 '거절당하다'는 수동의 의미가 되어야 함에 착안한다.

어휘 해결 **at times** 때때로(=sometimes) / **conflict** 충돌, 대립 / **deal with** (문제 등을) 처리하다, 다루다 / **constructive** 건설적인 / **bother** 괴롭히다, 성가시게 하다 / **live up to** ~에 따라 생활하다 / **expectation** 기대, 예상 / **true to oneself** 자기 본분에 충실한

[정답] ②

09 전문 해석 이제 약 1년 동안 할아버지는 관절염 때문에 어떠한 사회적 활동을 하러 나가지 않았다. 어느 날 시내에 살고 있는 할아버지의 가장 나이 어린 아들인 아저씨로부터 한 달 지나서 교회에서 결혼할 계획에 대하여 우리에게 말하는 편지가 왔다. 그는 그를 위하여 할아버지가 거기에 올 것을 분명히 요구하였다. 이것은 할아버지가 구두를 신어야 함을 의미한다. 그러므로 발을 보다 쉽게 적응시키기 위해서 할아버지는 가죽구두 한 켤레를 사서 매일 집 주변에서 그것을 신었다. 그는 이상하게 보일지 모르지만 자기 발은 다가오는 특별 기회에 다시 구두를 착용하는데 익숙해질 필요가 있다고 말했다.

문제 해결 (A) 분사구문 중에서 내용상 능동의 의미에 해당하는 telling이 적절하다.
(B) 등위접속사 and가 있으므로 앞에 나온 동사(bought-과거)와 병치관계를 이루어야 한다.
(C) be used to ~ing는 '~에 익숙하다'는 뜻이고, [be used to + 동사원형]은 '~하기 위해 사용되다'는 의미이다.

어휘 해결 **socialize** 사회 활동을 하다, 교제하다 / **request** 요구, 요청 / **leather** 가죽 / **weird** 이상한 / **upcoming** 다가오는, 곧 나올 / **occasion** 특별한 일, 행사, 기회

[정답] ④

10 전문 해석 우리가 다른 사람의 경험에 대해 어떻게 알 수 있는가라는 질문에 대한 분명한 대답은 몸짓, 눈물, 웃음 등의 형태로 자연적인 표정을 통해서 혹은 언어를 사용함으로써 그 경험들이 우리에게 전달된다는 것이다. 다른 사람이 생각하고 느끼는 것을 알아내는 가장 좋은 방법은 그에게 물어보는 것이다. 그가 대답하지 않을지 모르지만 혹은 그가 대답한다 해도 그는 진솔하게 대답하지 않을 수도 있다. 그러나 대개는 진솔하게 대답할 것이다. 그러나 우리는 그 대답 하나에만 의존하지는 않는다. 왜냐하면 그들이 그들 자신에 관해 말한 것에 우리가 기초를 둔 결론보다 우리가 사람들의 비언어적 행동으로부터 이끌어내는 결론이 더 확실하고 그리고 행동이 말보다 더 정직하게 알려 줄 가능성이 있기 때문이다.

문제 해결 (A) way라는 명사를 수식하는 형용사 형태의 표현이 적절하므로 to find out(부정사의 형용사적 용법)이 올바르다.
(B) 주어가 바로 앞에 있는 behavior가 아니라 inferences(복수)이므로 are가 옳다.
(C) 전치사(about) 뒤에는 목적어가 나온다. 목적어 자리에 문장 주어가 반복될 경우에는 재귀대명사를 사용해야 하므로 themselves가 적절하다.

어휘 해결 **obvious** 명백한, 확실한 / **and so forth** 등등(=and so on) / **draw the inference** 추론하다 / **non-verbal** 말을 사용하지 않는, 말로 할 수 없는 / **base upon(on)** ~에 근거를 두다

[정답] ②

[정답] 1. ⑤ 2. ④ 3. ① 4. ④ 5. ⑤ 6. ④ 7. ④
8. ⑤ 9. ④ 10. ①

01 전문 해석 그는 정말 그를 도울 수 있는 누군가가 필요했다.

문제 해결 명사 somebody를 수식하는 to부정사의 형용사적 용법이 필요하다.

[정답] ⑤

02 전문 해석 내가 그의 집 근처에 살기 때문에 나는 자주 그를 만난다.

문제 해결 [As I live near his house, ~]를 분사구문으로 고치면 [Living near his house, ~]이다.

어휘 해결 **come across** 우연히 만나다

[정답] ④

03 전문 해석 ① 나는 너에게 말할 게 있다.
② 항상 일찍 일어나는 것은 어렵다.
③ 내 취미는 비디오 게임을 하는 것이다.
④ 하루에 10개의 CD를 파는 것이 나의 목표이다.
⑤ Tom은 내년에 한국에 오기를 원한다.

문제 해결 ① to부정사의 형용사적 용법이고, 나머지는 명사적 용법의 to부정사이다.

어휘 해결 **goal** 목표

[정답] ①

04 전문 해석 그는 어젯밤 훔쳤던 시계를 나에게 주었다.

문제 해결 gave(과거)보다 '훔친 것'이 더 먼저 일어난 일이므로 대과거(had stolen)로 써야 한다.

어휘 해결 **steal** 훔치다 cf. **steal-stole-stolen**

[정답] ④

05 전문 해석 그는 인생에서 성공하기 위해 열심히 일했다.

문제 해결 ⑤는 결과를 나타내는 말로 '그는 대단히 열심히 일해서 인생에서 성공했다'는 의미이고, 나머지는 모두 '그는 인생에서 성공하기 위해 열심히 일했다'는 뜻이다.

어휘 해결 **succeed** 성공하다

[정답] ⑤

06 전문 해석 인터넷상에서 사람을 만나는 것은 문제가 될 수 있다. 우선, 채팅 방에 불쾌한 사람이 찾아 올 수 있다. 처음엔 멀쩡해 보이다가 나중에 무례하게 변하는 사람이 있는 것이다. 둘째, 인터넷상에서는 사람들이 스스로에 대해 속이기가 아주 쉽다. 그래서 어떤 사람을 인터넷에서 처음 알게 될 때, 처음엔 마음이 통하는 친구를 만나게 되었다고 생각할지도 모르지만 진실을 알게 되면 실망하게 될 것이다. 더욱이 인터넷 서핑은 혼자 하는 일이다. 당신이 집에서 혼자 컴퓨터를 할 때, 당신은 얼굴을 맞대고 사람을 만나는 실제 세상에 있는 것이 아니다.

문제 해결 ① Meeting은 문장의 주어이므로 동명사 표현은 알맞다.
② seem이라는 불완전 자동사의 보어로 형용사 nice가 올바르게 사용되었다.
③ 부정사의 의미상의 주어는 [for + 목적격]이므로 어법상 적절하다.
④ 시간(when)을 나타내는 부사절에서는 현재가 미래를 대신하므로 will come out을 comes out으로 바꾸어야 한다.
⑤ something과 you do 사이에는 목적격 관계대명사 that이 생략되었다.

어휘 해결 **chat** 잡담하다, 수다 떨다 / **attract** 끌다, 당기다 / **rude** 무례한, 버릇없는 / **soul mate** 마음이 맞는 친구 / **disappoint** 실망시키다, 낙담시키다 / **what is more** 게다가, 더구나

[정답] ④

07 전문 해석 옛날에 동물을 무척 좋아하던 유명한 내과 의사가 파리에 살았다. 어느 날 그의 친구 한 명이 다리가 부러진 애완견 한 마리를 그에게 데리고 왔다. 친절한 의사는 그 다친 동물을 진찰하였고, 곧 치료해 주었다. 그 후로 오래지 않아 의사가 방에 있을 때 문에서 마치 어떤 동물이 들어가기 위해서 긁어대는 것 같은 소리를 들었다. 마침내 그는 문을 열었다. 매우 놀랍게도, 그가 치료해 주었던 개가 다른 개를 데리고 들어오는 것을 보았다. 데리고 온 개도 또한 다리가 부러져 있었다. 의사가 치료해 주었던 그 개는 친구도 낫게 해 주려고 자신의 은인에게로 그를 데리고 온 것이었다.

문제 해결 ① a, an, this, that, some, any, no 등의 수식을 받는 명사는 소유격과 함께 나란히 쓸 수 없으므로 [a + 명사 + of 소유대명사]의 이중소유격으로 표현한 것이다.
② '부상당한' 동물이란 뜻이므로 wound의 과거분사형 wounded는 올바른 것이다.
③ [to one's + 추상명사]는 '누가 ~하게도'라는 의미의 관용구이다.
④ 의사가 이전에 치료해 준 것이므로 본동사보다 앞선 시제인 대과거 시제 [had + 과거분사]를 사용해야 한다.
⑤ 치료를 받는 것이므로 수동태 표현을 썼다.

celebrated 유명한, 고명한 / **physician** 내과 의사 / **be fond of** ~을 좋아하다(=like) / **wound** 부상하게 하다 / **to one's astonishment** 놀랍게도 / **latter** 후자 / **benefactor** 은인, 은혜를 베푸는 사람

[정답] ④

08 전문 해석 확실히 이혼의 가능성은 결혼생활에 접어들거나 결혼을 생각하고 있는 어떠한 커플에게도 걱정거리가 될 수 있다. 사실, 미국의 이혼율은 확실히 높다. 1990년대 조사에 따르면, 미국에서 기혼 10쌍 중 약 4쌍이 자신의 결혼생활이 이혼으로 끝났다고 한다. 그러나 비록 이혼이 흔하지만, 커플이 이런 통계를 글자 그대로 받아들일 이유는 없다는 것을 명심해야 한다. 만약에 부부가 이혼을 선택 또는 기회로서보다는 마지막 방법으로서 바라본다면, 현재 이혼율의 경향이 해가 지나면서 더 나아질 수 있을 것이다.

문제 해결 (A) consider는 동사를 목적어로 가질 때 동명사 형태로 쓰이므로 getting이 알맞다.
(B) 내용상 [가주어 it, 진주어 that절] 구문으로 that절의 그 내용이 명심되어져야 한다는 수동의 뜻이므로 be kept가 적절하다.
(C) If절을 보면 동사가 과거형(viewed)으로 나왔기에, 현재 사실의 반대로 가정을 한 가정법 과거 문장인 것을 알 수 있다. 그래서 주절에 would become이 와야 한다.

어휘 해결 **possibility** 가능성, 가망 / **divorce** 이혼 / **concern** 걱정거리, 관심 / **keep in mind** 명심하다 / **statistics** 통계(수치) / **literally** 글자 그대로 / **trend** 경향, 추세

[정답] ⑤

09 전문 해석 영국 음반 산업의 중역들은 전통 음악과 전 세계 음악의 관심을 증가시킬 수 있는 방법에 대해 의논했으며, 두 형태의 음악을 동일시할 수 있는 하나의 포괄적인 이름을 찾아내기로 결정했다. 제안들 중에는 Tropical Music(열대지역 음악)이 포함되었지만, 이는 온대지역 음악을 배제시키는 듯 보였다. 그 중역들은 Ethnic Music(인종 음악)은 너무나 학구적이기 때문에 반대했다. Roots Music(뿌리 음악)은 비전통적인 음악을 배제시킨다고 생각된 반면에, International Pop(국제적인 대중 음악)은 더 많은 전통 음악을 배제시켰다. World Music(세계 음악)이 선정되었는데, 왜냐면 가장 많은 것을 포함하면서 가장 적게 배제시키는 듯했기 때문이다.

문제 해결 (A) decide는 to부정사를 목적어로 취한다. 소망, 기대, 의도를 나타내는 동사들(wish, hope, want, expect, pretend, promise, decide 등)은 to부정사를 목적어로 취한다.
(B) sound는 2형식 동사이므로 보어가 필요하다. 그래서 형용사 academic이 알맞다.
(C) despite는 전치사이고 '비록 ~이지만, ~임에도 불구하고' 라는 뜻으로 쓰이며, while은 접속사이고 '~하고 있는 동안에, ~한 반면에' 라는 뜻인데, 내용상 두 절을 대조적으로 받고 있고 바로 뒤에

[주어+동사]가 오므로 접속사 while이 적절하다.

어휘 해결 **executive** 중역, 집행부 / **generic** 일반적인, 포괄적인 / **identify** 동일시하다, 확인하다 / **include** 포함하다 (↔ exclude 제외하다) / **temperate** 온화한, 온대성의 / **reject** 반대하다 / **academic** 학구적인

[정답] ④

10 전문 해석 그것은 내가 처음으로 가르치는 일이었고, 나는 멋진 첫인상을 만들고 싶었다. 나는 4세의 활기 넘치는 그룹을 지도하기 위하여 고용되었다. 부모들은 아이들을 호위하며 방으로 들어왔으며, 나는 우는 아이, 눈물 맺힌 엄마, 그리고 긴장한 아빠들을 다루려고 시도했다. 마지막으로, 나는 양탄자에 아이들을 앉혔으며, 우리는 '아침 원형 시간'을 시작할 준비를 했다. 우리가 '늙은 McDonald' 공연의 절정에 있었을 때, 문이 열리면서 신비한 여자가 방으로 들어왔다. 그녀는 문 앞에 서서 조용하게 아이들과 나를 관찰했다. 나의 음성과 미소는 결코 흔들리지 않았지만, 정말 솔직하게, 나는 매우 신경이 쓰였다.

문제 해결 (A) sit은 자동사로 목적어 the kids와 쓰일 수 없으므로 타동사 seat을 써야 한다.
(B) enter는 완전 타동사로 전치사 없이 목적어 the room을 바로 쓴다.
(C) 내용상 '나의 음성과 미소는 결코 흔들리지 않았지만' 과 '나는 신경이 매우 쓰였다' 의 사이에는 역접의 연결사 but이 오는 것이 적절하다.

어휘 해결 **impression** 인상, 감명 / **vibrant** 진동하는, 활기 넘치는 / **escort** 호위하다, (여성을) 바래다주다 / **rousing** 각성시키는, 흥분시키는 / **rendition** 공연, 연출, 번역 / **falter** 비틀거리다, 더듬다

[정답] ①

 mal Test ④ **Pages 287-291**

[정답] 1. ④ 2. ③ 3. ⑤ 4. **are held** 5. ⑤ 6. ②
7. ④ 8. ④ 9. ② 10. ③

01 전문 해석 그녀가 떠날 때 나는 매우 슬플 것이다.

문제 해결 시간이나 조건을 나타내는 부사절에서는 현재가 미래시제를 대신한다.

[정답] ④

02 전문 해석 그는 버스 정류장에서 그를 30분 기다렸다.

문제 해결 [spend + 시간/돈 + ~ing]라는 동명사의 관용 표현이다.

어휘 해결 **bus stop** 버스 정류장

[정답] ③

03 전문 해석 A: 아, 나는 지금 집에 가야해.
한국 음식을 정말 잘 먹었어.
B: 우리 집에 와줘서 고마워.
A: 초대해 줘서 고마워.
B: 부모님에게 안부 전해주는 것 기억해.
A: 알았어. 그렇게 할게.

문제 해결 ⑤ remember 뒤에 to부정사가 오면 '미래'를 나타내고, 동명사가 오면 '과거'를 나타낸다.

어휘 해결 **say hello to** ~에게 안부를 전하다

[정답] ⑤

04 전문 해석 한국에서 대통령 선거는 4년마다 열린다(개최된다).

문제 해결 의미상 '~당하다, ~되다'일 때는 수동형(be + 과거분사)을 쓴다. 이 때 be동사는 주어와 시제에 맞게 변형시킨다.

어휘 해결 **election** 선거 / **president** 대통령 / **hold** 개최하다, 잡다, 생각을 품다

[정답] **are held**

05 전문 해석 ① 나는 지금 집에 가야 한다.
② 당신이 그렇게 생각하는 것은 당연하다.
③ 그는 당신이 그 일을 해야만 한다고 주장했다.
④ 너는 종이를 낭비하지 말아야 한다.
⑤ 모든 운전기사들은 교통 규칙을 지켜야 한다.

문제 해결 ⑤ should와 같은 의미는 ought to이다.

어휘 해결 **insist** 주장하다 / **waste** 낭비하다 / **traffic rule** 교통 규칙

[정답] ⑤

06 전문 해석 "우리는 여행할 때마다 열차의 뒤쪽에 타기를 좋아합니다. 그런데 정차 방송을 할 때 차장의 목소리가 들리지 않아요. 정차 역을 알려 주는 확성기가 고장이 난 것입니다. 그 결과 우리가 내려야 할 역을 지나쳐 버리는 일이 많습니다. 제발 도와주세요." 많은 승객들이 그런 편지를 썼다. 오랜 숙고 끝에 교통 당국 사람들은 정거장을 알려 주기 위하여 열차 뒤쪽에 차장을 배치하기로 하였다. 당국 사람들은 승객 모두가 만족하기를 바랐다. 곧 정차 역을 알려 주기 위하여 차장 두 명이 814호에 배치되었다. 승객들은 의자에 깊숙이 앉아 마음을 느긋하게 하고 차장들이 정차 역을 외쳐 주기를 기다렸다.

문제 해결 ② 주어는 stops가 아니라 The loudspeaker(단수)이므로 단수 동사 is로 고쳐야 한다.
⑤ 지각동사(hear) 다음에 나오는 목적격 보어는 목적어와의 관계가 능동이면 동사원형, 수동이면 과거분사를 사용한다.

어휘 해결 **passenger** 승객, 탑승객 / **conductor** (버스·기차의) 차장 / **loudspeaker** 확성기 / **transportation** 운송, 수송 / **transportation authority** 교통 당국 / **out of order** 고장 난

[정답] ②

07 전문 해석 Susan은 로마에서 어제 집으로 돌아왔다. 그녀는 공부를 하러 2년 동안 그곳에 있었던 것이다. Mike는 영화표를 두 장 준비했다. 그녀는 영화를 매우 좋아할 것이다. 영화를 본 후, 그는 그녀와 근사한 식당으로 가려고 한다. 그는 그 식당에서 그녀에게 청혼을 하기로 결심한다. 그는 그녀를 매우 사랑하고 또 그녀도 그를 사랑한다고 믿고 있다. 그래서 그는 2년 동안 그녀를 기다려왔다. 그가 벨을 누르자 Susan이 문을 연다. 그녀는 그에게 다정한 미소를 보내며 그를 가볍게 안는다. 그때 Mike는 그녀 옆에 한 외국인이 서 있는 것을 보게 된다. 그녀는 Mike에게 그 외국인을 소개한다. 그는 그녀의 약혼자이다. 그녀는 6개월 전에 약혼을 했다고 말한다. Mike는 잠시 현기증을 느낀다.

문제 해결 ① '2년 동안 그곳에 있었던 것이다'는 내용이므로 현재완료를 사용하는 것이 적절하다.
② After he sees ~에서 의미상 주어가 주절의 주어인 he와 일치하므로 능동의 뜻을 가진 seeing이라는 현재분사가 적절하다.
③ 앞에 있는 등위접속사 and로 보아 앞에 나온 동사 smiles와 병렬 관계가 이루어지고 있다.
④ 지각동사(see)의 목적 보어로 쓰이는 동사는 동사원형이나 분사의 형태로 와야 하므로 stand(standing)로 고쳐야 한다.

embrace 껴안다 / **fiance** (남자) 약혼자 *cf.* **fiancee** (여자) 약혼자 / **engaged** 약혼한 / **dizzy** 현기증 나는

[정답] ④

08 전문 해석 날개 돋친 승리의 여신상은 고대 문학에서 언급되지 않은 그리스의 유명한 조각상이다. 그리스의 유명한 여신인 Nike의 모습을 한 그 형상은 1893년 사모스족의 섬에서 발견되었다. Nike의 머리와 두 팔은 떨어져 나가고 없다. 어떤 전문가들은 조각상의 연대가 기원전 300년 전이라고 생각하고, 다른 전문가들은 그 기원을 한 두 세기 더 뒤로 보고 있다. 날개 돋친 승리의 여신상을 조각한 사람과 제작 연대는 알려지지 않고 있다.

문제 해결 (A) '언급되는'이라는 수동의 의미를 가지므로 수동태(was not)가 와야 한다.
(B) 그 형상은 '발견되는 것'이므로 역시 수동태(was founded)가 적절하다.
(C) 기술자들이 생각하는 것이므로 능동형(think)으로 써야 한다.

어휘 해결 **sculpture** 조각상 *cf.* **sculptor** 조각가 / **goddess** 여신 / **statue** 상, 조각상 / **origin** 기원

[정답] ④

09 전문 해석 누구나 균형 잡힌 식단의 장기적인 중요성을 알고 있지만, 많은 이들이 단기간의 이점은 잘 깨닫지 못한다. 만약 우리가 건강에 좋고 균형 잡힌 좋은 식사를 적당한 시간에 적당한 분량과 배분으로 준비하거나 찾고자 노력한다면, 우리는 기분이 더 좋아질 것이다. 우리는 공부를 더 잘 할 것이고, 운동을 더 잘 할 것이고, 더 잘 놀 것이고, 춤을 더 잘 출 것이고, 잠을 더 잘 잘 것이고 — 우리가 하는 모든 것을 더 잘 할 것이다. 왜냐하면 우리 몸이 에너지를 적절하게 공급받기 때문이다. 균형 잡힌 식사를 하는 것이 항상 쉬운 것은 아니다. 일정이 바쁜 사람들은 바른 식사를 하는데 특히 어려움을 겪고 있으며, 시간이 별로 없을 때 간식을 대충 먹거나 영양가 없는 즉석 식품을 먹는 것에 유혹을 느낀다. 그러나 바른 식사를 함으로써 얻는 보상은 현재에도 미래에도 많이 있다.

문제 해결 (A) 조건의 부사절에서는 미래시제 대신에 현재시제를 쓴다. 따라서 will make가 아니라 make를 쓰는 것이 바람직하다.
(B) 현재시제가 나열되고 있으므로 과거완료 had fueled는 적절하지 못하다.
(C) 주어가 rewards로 복수이므로 동사는 are를 써야 한다.

어휘 해결 **long-term** 장기간의 *cf.* **short-term** 단기간의 / **diet** 식단 / **benefit** 이익, 이득, 효용 / **proportion** 할당, 몫 / **fuel** ~에 연료를 공급하다 / **tempting** 유혹하는 / **grab** ~을 잡아채다, 갑자기 움켜쥐다 / **snack** (정해진 식사 사이에 먹는) 가벼운 식사 / **junk food** 칼로리는 높지만 영양가가 낮은 식품, 즉석 식품

[정답] ②

10 전문 해석 Chicago의 악천후로 인해서 비행기 몇 대만의 착륙이 허용되기 때문에 우리가 탄 비행기가 1시간 반이나 지연되었다는 안내 방송이 나오자 불평하는 소리가 터져 나왔다. 그러나 잠시 후, 다른 안내 방송이 같은 사람들로 하여금 환호하도록 만들었다. 우리는 어떤 의료품을 운반하는 사람이 이식수술에 사용될 골수를 운반하고 있어서 우리 비행기가 Chicago에 착륙할 우선권을 갖게 되었다는 이야기를 들었다. 우리는 다른 사람의 중요한 임무 덕분에 몇 분 후 착륙하게 되었다.

문제 해결 (A) [주어 + allow + 목적어 + to부정사]는 '~로 하여금 …하게 만들다'라는 의미이다.
(B) [주어 + give + 간접목적어 + 직접목적어]는 '~에게 …을 주다'라는 의미이다.

어휘 해결 **chorus** 합창, 일제히 발하는 소리 / **groan** 불평 소리, 신음 소리 / **erupt** 분출하다 / **announcement** 알림, 공고 / **flight** 항공편, 비행기 여행 / **medical** 의학의 / **delivery** 배달, 납품 / **transport** 운반하다 / **transplant** 이식하다 / **priority** 우선권 / **mission** 임무

[정답] ③

Final Test 5 **Pages 292-296**

[정답] 1. ④ 2. ⑤ 3. **But for** 4. ① 5. **help (avoid, stop)** 6. ⑤ 7. ① 8. ④ 9. ③ 10. ⑤

01 전문해석 나는 이런 식으로 취급당하는 것에 반대한다.

문제해결 object to ~ing는 '~에 반대하다'는 의미의 표현이다.

어휘해결 **object to ~ing** ~에 반대하다 / **treat** 다루다, 취급하다

[정답] ④

02 전문해석 그녀가 방에 들어가는 것이 목격되었다.

문제해결 지각동사(see)가 수동태가 되면 [주어 + 지각동사 + to동사원형]이 된다.

[정답] ⑤

03 문제해결 but for나 without은 가정법 과거, 가정법 과거완료에서 '~이 없다면, ~이 없었더라면'의 뜻으로 쓰인다.

[정답] **But for**

04 전문해석 ① 우리는 달이 지구 주위를 돈다고 배웠다.
② 그는 보통 6시에 일어난다고 말했다.
③ 아버지는 내게 정직이 최선의 방책이라고 말씀하셨다.
④ 나는 제2차 세계대전이 1939년에 일어난 것을 안다.
⑤ 그는 그녀가 정직했던 것을 알았다.

문제해결 ① 종속절에서 '달이 지구의 주위를 도는 것'은 불변의 진리이므로 항상 현재시제를 사용해야 한다.

어휘해결 **honesty** 정직 / **policy** 방책, 정책 / **break out** (전쟁이나 화재 등이) 발생하다, 일어나다

[정답] ①

05 전문해석 그는 원숭이처럼 행동했다. 그것은 매우 재미있었다. 나는 웃지 않을 수 없었다.

문제해결 cannot help ~ing는 '~하지 않을 수 없다'는 의미이다.

어휘해결 **as if** 마치 ~인 것처럼

[정답] **help(avoid, stop)**

06 전문해석 모든 식물과 동물들은 생존하기 위해서 에너지가 필요한데 이러한 에너지를 주변 환경으로부터 얻어야 한다. 식물과 동물들은 다른 생물을 먹이로 삼고 있으며, 반면 그들 또한 다른 생물에게 먹이를 제공한다. 생태계의 모든 유기체는 다른 생물에 상호 의존한다. 이는 각 유기체가 다른 유기체에 의존하고 또한 그것에 의존하는 다른 유기체가 있다는 것을 의미한다. 간단히 말해서, 어떤 생물도 전적으로 독립적일 수는 없다. 그런 이유로 우리는 이제 환경의 중요성을 고려하기 시작해야 한다.

문제해결 ① needs의 주어는 Every plant and animal이라는 복수 형태이지만 Every가 수식하는 경우에는 언제든지 단수 취급을 하므로 needs는 알맞다.
② [provide A with B(=provide B for A)]는 'A에게 B를 제공하다'는 의미의 표현이다.
③ 지시대명사로 앞 문장 전체를 받는다.
④ 주격 관계대명사(which) 다음에 사용되는 동사의 수는 선행사(organisms-복수)에 따라 결정되므로 어법상 맞다.
⑤ 원인 + that is why + 결과]와 [결과 + that is because + 원인] 구조에 착안한다.

어휘해결 **obtain** 얻다, 획득하다 / **surroundings** 주변, 환경 / **feed on** 먹이를 먹고 살다 / **in turn** 차례로, 이번에는 / **ecosystem** 생태계 / **interdependent** 상호의존적인 / **organism** 유기체, 조직체 / **independent** 독립한, 독자적인

[정답] ⑤

07 전문해석 어떤 면에서, 미국의 형벌 제도는 4단 웨딩 케이크와 같이 각기 다른 종류의 사건을 나타낸다. 맨 위층에는 중요 뉴스거리인 형사 사건이 있다. 그 아래층은 중요한 뉴스거리가 되지는 않지만 다른 심각한 범죄 즉 살인, 강간이나 강도로 구성되어 있다. 대부분의 경우에 범인들은 더 작은 죄를 지었다고 인정할 수도 있지만, 그들은 대개 교도소에 감금된다. 그 다음 아래층에는 자동차 절도와 같은 덜 심각한 범죄가 있으며, 교도소에 감금되지 않을 수도 있다. 마지막으로 가장 아래층이면서 가장 큰 층은 교통 위반과 같은 아주 많은 사소한 범죄로 구성되어 있다. 이러한 사건들은 관례적으로 처리되고, 좀처럼 교도소에 감금되지 않는다.

문제해결 ① resemble(닮다)은 절대 3형식 동사로 전치사 없이 목적어를 취하는 동사이므로 with를 생략해야 한다.
② that은 주격 관계대명사이며 선행사가 복수(cases)이므로 동사도 get으로 복수로 사용하는 것이 옳다.
③ do는 동사를 강조하는 조동사이다.
④ [the number of + 복수명사]이다.
⑤ 내용상 '처리된다'는 수동의 의미이므로 적절한 표현이다.

어휘해결 **criminal-justice** 형사 재판, 형벌 / **layer** 층 / **case** 사건 / **coverage** 보도, 취재 / **rape** 강간 / **plead guilty** 죄를 인정하다 / **violation** 위반

[정답] ①

08 전문 해석 모델에서 배우로 전환하길 바라면서 그 젊은 여인은 Hollywood에 있는 몇몇 스튜디오에서 배우 일을 구하기 시작했다. 그녀는 마침내 20세기 폭스사와 2년 계약을 하게 되었다. 그 스튜디오의 배역 감독은 이 젊은 여자 배우에게 이름을 Marilyn으로 바꾸자고 제안을 했다. 그러자 그녀는 성도 Monroe로 바꾸었다. 왜냐하면 그녀는 그 성과 이름이 합쳐진 발음을 좋아했기 때문이다.

문제 해결 (A) hope는 to부정사를 목적어로 취하는 동사이다.
(B) [수사 + 명사]가 형용사의 역할을 할 때는 수사가 복수여도 단수 명사가 온다.
(C) suggested는 미래의 일을 제안하는 의미로 쓰였으므로 [(should) + 동사원형]으로 써야 한다.

어휘 해결 **contract** 계약 / **casting director** 배역 감독

[정답] ④

09 전문 해석 나의 다섯 살짜리 아들 Rick이 슈퍼마켓에서 값싼 장난감 물총을 발견하고는 그것을 사 달라고 졸라댔다. 나는 그 총은 부서지기 쉬우며 다른 곳에서 훨씬 더 좋은 것을 찾을 수 있을 거라는 점을 넌지시 비추면서 내가 하고 싶은 말을 마무리 지었다. 나의 말을 믿지 않는 듯 Rick이 계속 졸라대었기 때문에 나는 쉬운 방법을 택했다(장난감 총을 사주었다). 우리가 집에 도착하여 차에서 막 내리려는 순간 그 플라스틱 총이 포장도로에 떨어져 박살이 났다. "자 봐, 아빠가 뭐라고 그랬어?"라고 나는 짜증을 내며 말했다. 아들이 나를 쳐다보더니 "아빠는 내 말을 듣지 말았어야 했어요, 저는 어린애잖아요"라고 말했다.

문제 해결 (A) 문맥상 가능성을 나타내는 can의 과거형 could가 알맞다.
(B) 타동사 continue는 to부정사와 동명사를 모두 목적어로 받을 수 있다.
(C) [should have + 과거분사]는 과거의 행위에 대한 유감이나 비난의 뜻을 나타낸다.

어휘 해결 **water pistol** 물총 / **point out** 지적하다 / **argument** 주장 / **unconvinced** 설득되지 않은 / **pavement** 포장 도로 / **shatter** 부서지다, 박살나다 / **annoyed** 짜증이 나는

[정답] ③

10 전문 해석 엄마의 딸들에게 잠을 자야 하는 시간은 일찍 찾아왔다. 그 아이들은 나이에 관계없이 일찍 침대로 보내졌다. 엄마는 그렇게 하는 것이 가장 좋은 방법임을 깨달았었다. 그 곳에서 아이들은 서로 헤어진다는 느낌을 가지지 않았다. 만약 다른 시간에 침대로 보내어졌다면 그렇게 느끼게 되었을 지도 모른다. 그리고 그것은 엄마가 귀여운 아이들의 방해를 받지 않고서 책을 읽거나, 뜨개질을 하거나, 혹은 아빠와 이야기를 나눌 수 있는 조용한 몇 시간을 가질 수 있다는 것을 의미한다.

문제 해결 (A) would have had로 보아 가정법 과거완료의 형태가 와야 한다. 주절과 if절은 서로 순서가 바뀌는 경우도 있기 때문에 if절이 항상 먼저 나온다는 생각은 하지 말아야 한다. if they had gone이 들어가야 가장 적절한 표현이다.
(B) 의미상으로 '방해를 받는 것'이므로 수동태가 들어가야 하는데, without이 전치사여서 뒤에 동명사가 위치해야 하므로 being disturbed by가 들어가야 한다.

어휘 해결 **regardless of** ~와 관계없이 / **in the place** 그 곳에서 / **separation** 분리, 헤어짐 / **knit** 뜨개질하다, 짜다 / **disturb** 방해하다

[정답] ⑤

m·e·m·o